幼儿园岗位工作必备

幼儿园业务园长/保教主任工作指南

乔 梅 沈心燕 陈 立 主编

北京师范大学出版集团
BEIJING NORMAL UNIVERSITY PUBLISHING GROUP
北京师范大学出版社

图书在版编目（CIP）数据

幼儿园业务园长/保教主任工作指南/乔梅，沈心燕，陈立
主编. —北京：北京师范大学出版社，2017.11（2023.10 重印）
（幼儿园岗位工作必备丛书）
ISBN 978-7-303-22328-2

Ⅰ.①幼… Ⅱ.①乔… ②沈… ③陈… Ⅲ.①幼儿园—管
理—指南 Ⅳ.①G617-62

中国版本图书馆 CIP 数据核字（2017）第 100826 号

图书意见反馈 gaozhifk@bnupg.com 010-58805079
营销中心电话 010-58802181 58805532
编辑部电话 010-58808898

出版发行：北京师范大学出版社 www.bnupg.com
北京市西城区新街口外大街 12-3 号
邮政编码：100088
印　　刷：北京溢漾印刷有限公司
经　　销：全国新华书店
开　　本：787 mm×1092 mm 1/16
印　　张：15
字　　数：278 千字
版　　次：2017 年 11 月第 1 版
印　　次：2023 年 10 月第 8 次印刷
定　　价：36.00 元

策划编辑：罗佩珍　　　　　责任编辑：陈　倩　李娟娟
美术编辑：陈　涛　焦　丽　装帧设计：陈　涛　焦　丽
责任校对：陈　民　　　　　责任印制：马　洁

编委会

序一：不忘初心，为爱前行

目前，学前教育受到自下而上、自上而下的前所未有的重视。虞永平教授在接受《中国教育报》采访时说："没有质量或低质量的学前教育，是愧对儿童、家长和政府的""提升学前教育质量，是当前和今后学前教育必须努力的方向，对质量的追求是学前教育工作者必须不断付出努力的工作，而树立科学的质量观是提升学前教育质量的关键所在""专业能力是决定教育质量最关键的能力"。教育部等三部门颁发的《关于实施第二期学前教育三年行动计划的意见》中将"提升质量"作为四大重点工作任务之一，更将"完善区域教研和园本教研制度""构建幼儿园保教质量评估体系"等内容列为提升质量的重要措施。

2030 年可持续发展议程，是一张旨在结束全球贫困、为所有人构建尊严生活、不让一个人被落下的路线图，包括 17 条综合的、相互关联、不可分割的可持续发展目标。其中第四条是：确保包容和公平的优质教育，让全民终身享有学习机会。总之，提升教育质量已成为世界范围内普遍关注的一个话题，是体现教育公平的备受关注的要素。

保教管理工作是幼儿园质量工作的基础。正如书中所述，所谓保教管理工作实际上就是对幼儿园保教工作的管理，是对幼儿园保教工作中涉及的人、财、物各个方面的统筹安排和决策。其目的是充分调动和安排幼儿园保教工作的各方面力量，最优化地配置各种资源，对幼儿实施体、智、德、美诸方面全面发展的教育，促进其身心和谐发展，为幼儿一生的发展打下良好的基础。保教管理工作质量的提升是幼儿园质量提升的重要组成部分。提高幼教从业人员素质，抓好保教管理工作，成为提升园所质量、促进幼儿发展的重要前提。因此，北京市西城区行政及教研团队集多年的学习、思考和实践，对幼儿园保教管理工作经验进行研究、梳理和总结，就越凸显其重要意义。

保教管理就是对与保教工作相关的制度、手段、方法、过程、目标、资源等一系列因素的思考和运用，是将幼儿园的各项资源（人力和物力资源）进行优化和整合，最终促进幼儿全面发展和教师专业成长的过程。本书针对幼儿园业务园长、保教主任而写，通过对保教管理工作林林总总的论述，不仅回答了保教管理者的定位、特点、所需素质、保教管理途径方法等问题，而且是对保教管理工作从制度建设、保教计划管理、日常保教管理、园本研修等方面进行了科学、系统的阐述。

现代管理学之父德鲁克认为，管理的本质是激发人的善意。因此，我们不妨以此演绎，保教管理工作的本质也是激发一线教师的善意，激发一线教师对保教管理工作的认知和理解、兴趣和热忱，激发一线教师投入工作的主动性和积极性，激发一线教师理解、尊重幼儿的初心，最终激发教师享受职业幸福的良好的工作及心理状态。

所以，从这个角度而言，保教管理者应是教师的引领者、同行者、同修者，而一切保教制度、策略和方法则应该是达成激发一线教师进入良好工作状态的最佳路径。爱是用最初的心，陪你走最远的路。愿我们的保教管理工作能激发更多一线教师的爱，让我们能不忘初心，通过规范、科学的保教工作，提升教育质量，促进幼儿和谐、全面、健康发展。

北京教育科学研究院早期教育研究所所长　苏婧

2017 年 2 月

序二：研究、培训、助成长

自 2010 年学前教育"国十条"发布后，全国开启了学前教育大发展的序幕，特别是自 2011 年以来，教育部发布学前教育第一期、第二期、第三期学前教育三年行动计划后，幼儿园如雨后春笋般多了起来。随着幼儿园规模的扩大与发展，教师队伍的建设也提上了重要日程。保育教育的质量是幼儿园的生命线，人民对我们的期待是上优质幼儿园，而保障幼儿园质量的关键是师资素质，从更严格意义上讲，应该是师资队伍素质的管理与培养。

北京市西城区在近十年内加强了学前教育师资队伍的培养与建设。我们采取经验总结交流式培训、专题班培训、课题研究式培训、竞赛式培训，以及管理岗位挂职培训等方式，先后举办了园长、副园长、保教主任、班组长、保健医、炊事员、信息员等岗位系列基本功的培养培训和经验交流活动，对从业人员上岗后的继续教育起到了非常重要的作用。我们把这些年大家边研究边实践的各管理岗位的基本功总结出来，力求对于新上岗人员有一些帮助，使他们起步不会手忙脚乱，有个拐棍可以拄，做到俗话说的"扶上马，送一程"。当每个从业者能够不断从实践中自我总结经验，找到工作规律后，工作起来自然就会轻松自如许多，孩子和家长也就受益更多。

幼儿园的保教管理岗位包括业务园长、保教主任、教研组长和班长等，从事这些岗位的大多是教师出身，而且在实践中被提拔起来就用，因此难免在管理中出现重业务轻管理、重局部轻整体、重使用轻培养等现象，其结果是非常优秀的教师不一定能成为很好的管理干部，因而既不能引领教师得到全面发展，也无法使保教质量得到更好的提升。管理是一门艺术，保教管理者仅仅懂得专业是不够的，还需要懂道理、懂管理、懂心理，需要不断地学习与修炼，通过培养培训提升综合素质；在理论联系实际中，树立观察反思的意识，学习系统思考的本领，锻炼谋划发展和组织实施的能力。教育部颁布的《幼儿园教师专业标准（试行）》《幼儿园园长专业标准》让我们对幼儿园教师、园长的岗位要求有了进一步的清晰认识，但对保教管理者而言缺乏相应的工作规范和专业标准，本书可以提供一定的借鉴。

本书主要针对保教管理岗位的业务园长、保教主任的需求而撰写，目的是落实教育部《幼儿园教师专业标准（试行）》《幼儿园园长专业标准》的新理念和新要求，明确保教管理者的定位、特点、所需素质，介绍保教管理的意义、内容、基本途径、方法、策略，全书理论和案例相结合，便于广大保教管理者理解、操作、运用。

我想，一切发展都要靠人才，队伍培养是个长期建设的工程，更要常抓不懈。希望幼儿园园长、保教管理人员在教育行政部门和教师教育研修、培训部门的带领下，用研究的态度对待幼儿园工作，用研究的行为促进专业成长，用研究的成果惠及更多的工作伙伴。同时，倡导大家树立终身学习的意识，提高学习能力，不断总结岗位实践经验，更好地促进自己的职业成长，改善工作状态，提升工作品质。通过我们的工作，使得幼儿园走上科学管理之路，建设有文化的幼儿园，园园精彩，人人成功。

北京市西城区教育委员会学前教育科科长　乔梅

2017 年 2 月

前　言

　　社会的发展、家长的渴求、幼儿的全面发展对幼儿园的保教工作提出了越来越高的要求。幼儿园保教质量是幼儿园的中心工作，是幼儿园的生命线，和园长一起坚守这条生命线的是幼儿园的业务园长及保教主任，他们是幼儿园的保教管理者，是管理中比较关键的一支队伍，对于幼儿园可持续发展起着至关重要的作用。

一、背景

　　现实工作中，新上任的保教管理者在面对新的工作角色和内容时，常常感到手足无措或有很多的问题，特别需要了解和学习保教管理的相关理论和方法。这时，幼儿园一般依靠老干部的传帮带、口耳相传或者短期培训。但是，这样的学习内容比较松散、缺乏系统，难以让他们快速、全面、系统地了解保教管理工作，难以使优秀教师适应角色，尽快成为一个优秀的保教管理者。这个问题在近些年学前教育事业大发展、扩园增班、很多幼儿园急需优秀的保教管理者、很多年轻骨干教师迅速走上保教管理岗位成为保教管理者的情况下，更显突出。

　　然而长期以来，关于学前教育的专业书籍很多，却很少有系统写保教管理的；关注和研究教师专业成长的人很多，却很少有关注和研究保教管理者成长的；关注保教管理者教科研能力提高的人较多，却很少有关注保教管理者角色意识、综合素质和日常保教管理能力的提高的。其实，教师的专业成长更多依靠幼儿园培养，幼儿园内对教师专业成长影响最大的除了园长，更多的是保教管理者，因为保教管理者是最了解教师实践的，他们的工作直接与教师的保教实践对接，并且与教师专业互动最多，他们的行为会对教师产生潜移默化的影响，进而影响幼儿的发展。古人云："其身正，不令而行，其身不正，虽令不行。"一个以身作则、团结务实、勇于担当和创新的领导班子对于幼儿园的发展起着至关重要的作用。因此，对他们的培养极为关键！

　　由于缺少对这个群体的关注和研究，缺少系统、全面介绍保教管理的书籍，影响了这个群体的健康成长和于幼儿园的发展。这成为我们和北京师范大学出版社合作编写本书的初衷。本书是集结教研员、保教管理者在保教管理方面的一些实践研究和宝贵经验进行梳理、反复推敲、研究打造的成果，希望能给新上任的保教管理者提供比较全面、系统的保教管理理论和实践方法的借鉴。

二、结构、内容和特点

这本书是写给保教管理者的手册，它的基本定位是拿来就能用，可读性和可操作性强。本书的作者多数来自北京市西城区各类型市、区示范幼儿园一线有丰富经验的优秀的业务干部，在拥有关于保教管理的资料甚少的情况下，本书更多依靠的是他们在实践中摸爬滚打得来的管理经验来形成书中一些具体、鲜活的内容。但仅仅依靠经验难以让读者一窥保教管理的全貌，难以让保教管理者学会系统地思考问题，理解保教管理每一步工作的意义、价值和内容。为了让读者不仅知其然，还能知其所以然，做到明明白白做事，教研员分工负责带领业务干部在梳理经验的基础上查阅和借鉴了一些相关文献和管理理论，进行了深入挖掘，并结合国家对幼儿园质量和教师队伍要求进行了系统全面地理性思考和归纳提升，使本书能理论联系实际，为保教管理者开展管理工作提供专业支持。本书分工如下：陈立、刘峰峰负责前言和第一章；顾春晖、薛扬、宋红虹负责第二章和第六章；丁文月和于艳萍负责第三章；张平、尹陆明、汪京丽、魏新丽、刘红磊、张立负责第四章；左晓静、谢鸥、黄艳、蒋小燕负责第五章。

（一）结构和内容

本书主要围绕着"幼儿园保教管理的基本内容和方式"展开阐述，主要内容为两大部分共六章。

第一部分主要是保教管理的基本问题和保教工作制度建设。包括第一章和第二章。

第一章保教管理的基本问题。基于保教管理者常见问题基础上进行阐述，希望保教管理者首先明白：什么是保教管理？它包括什么内容？如何做一位合格的保教管理者？其中一部分借鉴文献阐述的是保教管理的概念、意义，另一部分主要对幼儿园承担保教管理的人群即保教管理者的定位、特点、素质、能力进行了集中描述。在第四节还特别强调了保教管理者站位和对全园保教工作地系统、全面思考。希望保教管理者能够站在事业发展、全园整体发展大背景下系统思考做管理，形成全园合力，以整体提高保教质量。

第二章保教工作制度建设。它想要告诉保教管理者的是为何要制定保教工作制度，如何科学合理的制定，如何实施的问题。因此本章主要讲了保教工作制度建设的含义、意义和原则，制度建设实施的要点和策略。制度建设内容即说明了幼儿园保教管理需要刚性制度的存在，保证幼儿园正常的工作秩序，同时也指出这种刚性制度应该如何更加科学、人本，如何建设才能达到让教师自觉认同并遵守的目的，同时还说明制度其实是相对稳定，随着园所发展和教改的需要进行调节。制度建设实施策略其实也是西城区在"十五"期间跟随国家

"园本教研制度建设"课题进行的尝试研究，所以这部分梳理了制度建设的研究过程，呈现了部分园所比较成熟的管理制度和形成过程的案例。

第二部分保教管理的基本内容主要按照计划—实施—评价的思路编写。这部分将保教管理涉及的基本内容——幼儿发展、教师发展、日常保教管理、家园共育、教科研和培训融入其中分别进行阐述。

第三章保教计划管理。主要讲的是计划在保教管理中的地位和作用，以及如何制订各类计划。关键不在于计划文本本身，而是保教管理者对保教管理的系统、全面思考及把握彼此之间的联系。另外，把总结放在这一章去写也是希望保教管理者能够把握住计划与总结这个保教管理工作头和尾的衔接关系。

第四章日常保教管理。这是保教管理中最关键、最烦琐、也最容易出现问题的环节，即计划的落实。它包含的内容非常多（进班观察、家园共育、大型活动组织、文本材料批阅等），也最不容易梳理出清晰的逻辑线索，我们经过反复探讨、推敲、咨询，最终形成这一章。我们希望保教管理者不仅学会制订保教计划，更要学会如何去落实和完成计划，如何根据管理实际情况进行分析，调整和改进日常保教管理，使保教管理工作有效地落实。

第五章园本研修。本章是把保证幼儿园质量不断提升、教师专业不断发展的培训、教研、科研放到了一起来阐述。因为教育改革发展到今天，我们深深地体会到，人的发展不是哪个因素孤立的产生作用，而是很多因素相互作用的结果。培训、教研、科研这三大方式在教师培养过程中各有价值和意义，如果把它们联系起来思考和设计，发挥它们各自的优势共同作用于幼儿、教师发展和幼儿园质量提高，就会达到事半功倍的效果。因此我们区和很多区域已经开始了研修一体，很多幼儿园也把科研作为提高教师研究能力的良好途径。基于这样的背景我们将这三大方式在这一章进行集中陈述，并努力将它们与幼儿、教师的发展建立起有机联系，将它们整合形成一种合力，希望能让保教管理者对此问题有深刻认识，并引发更多的、更有效的创造。

第六章保教工作评价。考虑到幼儿园一线的需求，本章没有将所有的评价都纳入其中一一介绍，而是在对保教工作评价进行概述之后，针对幼儿园实际工作以及普遍的困惑需求，重点介绍了幼儿发展评价和教师保教工作评价两部分的实施。以原则及实施要点的方式将理念与行为方法联系起来，帮助保教管理者更好地研究和管理。

（二）特点

1. 注重系统全面思考

保教管理本身是一个系统，具有一定的复杂性。它涉及很多要素，各要素之间是彼此联系、相互支持、相互作用、相互结合的有机整体。这需要保教管理者不仅对此有全面清晰的认识，更需要系统地思考和把握。然而很多管理者却难以认识到这一点，所以在管理过程中往往是被动应对，不能主动、系统地思考保教管理问题，往往只见树木不见森林，头疼医头，脚疼医脚，各方面工作缺乏长远打算、彼此联系和密切合作，结果难以使保教管理产生合力而产生效果。本书希望通过整本书结构及各章节概念、意义、途径、策略等对保教工作的系统思考和梳理等帮助保教管理者全面了解保教管理内容并具有系统全面思考设计的意识和能力。帮助他们看到保教管理中的组成要素及它们之间的相互作用，了解并建立起管理各要素之间的有机联系，学会着眼于长远发展而处理好近期工作，站在幼儿、教师和幼儿园长远发展的全局处理局部保教管理问题，学会通过幼儿园复杂的动态工作管理把握静态规律，最终实现幼儿园的有效管理。

2. 突出重点工作

矛盾论告诉我们每件事情都有主要矛盾，次要矛盾，要分清主次去处理各种矛盾，才会有利于化解矛盾，使事情获得更快进展。保教管理工作纷繁复杂，细节颇多，如果我们分不清主次，眉毛胡子一起抓，面面俱到，哪个也未必能抓得深入、抓得彻底。因此，要明确影响保教质量中最关键的因素、部位是什么，抓住关键部位和主要因素的管理就可能起到牵一发而动全身的目的，会事半功倍。如本书告诉保教管理者保教管理其实最重要的是抓好班级工作，因为它是"麻雀虽小五脏俱全"的部门，班级工作涉及保教管理工作的方方面面，抓好班级管理，保教质量的提高就成功了大半，所以保教管理者要意识到班级观察和指导不是可有可无，而是非常重要的。同时，抓好班级管理的关键在于教师。教师的职业道德修养、专业化水平和研究创新能力决定着幼儿和幼儿园的发展和管理理念的实现，而培养优秀教师是保教管理者的重要责任，需要保教管理者无私地付出自己的经验和智慧，为教师成才铺路搭桥。

3. 贴近保教实践

本书作者多来自一线优秀管理者，即使是教研员，也是多年从事为提高幼儿园保教管理质量的服务工作。他们对于如何解决幼儿园和教师工作中常面临的问题和困惑，如何保证保教管理规范和质量提高，如何促进教师专业发展都有着丰富经验。所以书中理论多来自实践经验的提升，书中案例都是发生在保教管理过程中的真实情况，具有鲜活、具体、可操作、可借鉴的特点，其中既有教委办园，也有其他类型，既有共性也有个性，相信会给保教管理者带来启发。例如，对于计划的系统思考和设计、日常保教管理大部分工作、教研、培训、制度建设等都是各园保教管理者要涉及的共同工作要求、标准，但制度本身、科研工作等各园有各自的特点。因此可以说，本书是共性和个性共存。

总之，本书一方面通过理性思考和梳理，帮助保教管理者对保教管理进行系统、全面的认识及思考；另一方面通过保教方方面面工作的实践案例帮助保教管理者形象地了解具体的管理策略。相信这本系统梳理保教管理工作的书籍会使保教管理者对自身角色、管理的内容、策略等有更全面的认识。因自身认识和经验有限，本书编写还会有许多不尽人意的地方，但希望通过我们抛砖引玉，大家能够更加重视这支队伍的建设和研究，使保教管理者的培养工作更加系统和有针对性。

编者

2017 年 2 月

目　　录

目录

第一章　保教管理的基本问题

随着社会的进步和日益现代化，人们生活水平不断提高，对教育有了更高的期待。国家对学前教育高度重视，幼儿园办园条件得到了极大改善。当幼儿园的楼房、设备等硬件条件基本得以保证后，家长和社会则更加关注幼儿园的教育教学和管理质量，许多家长已将教育质量作为选择幼儿园的重要标准。幼儿园必须树立以质量求生存、以质量求发展的意识，不断提高保教质量，提升幼儿园整体质量水平，从而为人民提供满意的教育。

要想提高保教质量，我们首先要了解保教管理工作内涵。保教管理是保障幼儿园保教质量的关键。本章将围绕保教管理的基本问题加以阐述，使保教管理者对保教管理有整体思考的意识和能力。

本章依照新上任的保教管理者的需要，回答保教管理者最关心和最想了解的几个问题：保教管理是什么？它包括哪些方面的内容？保教管理的意义和价值是什么？保教管理的角色和职责是什么？保教管理与全园管理是什么关系？如何在把握全局的前提下做好保教管理工作？等等。

第一节　保教管理的概念和意义

保教管理最大的特点是保教结合。可以说，保教工作做得如何，反映了幼儿园的水平，也直接影响着幼儿园的教育质量。因为幼儿园承担着双重任务——教育幼儿和为家长服务，这在 2016 年新修订的《幼儿园工作规程》（以下简称《规程》）中有明确的规定。其中第三条阐述了幼儿园保教任务，即："贯彻国家的教育方针，按照保育与教育相结合的原则，遵循幼儿身心发展特点和规律，实施德、智、体、美等方面全面发展的教育，促进幼儿身心和谐发展。幼儿园同时面向幼儿家长提供科学育儿指导。"幼儿园正是通过保教结合，促进幼儿健康和谐发展，实现为家长服务的社会功能。

一、保教管理的概念

做好保教管理，首先应明确保教管理的基本概念和内涵是什么。所谓"保"，通常是指保护幼儿健康，为增强其体质、促进其生长发育而进行的各种活动，这些活动涉及体育锻炼、预防疾病、膳食营养、执行科学作息制度、建立保健卫生制度等内容。所谓"教"，通常是指有目的、有计划地影响幼儿身心发展的活动，这些活动包括创设良好环境、合理安排幼儿生活、培养幼儿良好习惯、丰富幼儿的知识和经验、发展其社会适应性等活动。[①]

那什么是管理呢？科学管理之父泰勒提出："管理就是确切地知道你要别人去干什么，并使他用最好的方法去干。"法国管理学家亨利·法约尔提出："管理是由计划、组织、指挥、协调及控制等职能要素组成的活动过程。"美国管理学家、诺贝尔经济学奖获得者西蒙提出："管理就是决策。"[②] 可见，管理是社会组织当中存在的职能，是为了使社会组织更加合理、完善地运转而产生和发展的，涉及计划、组织、指挥、协调、控制、领导、决策等一系列职能。因此，如果要给管理下个定义的话，"管理就是管理者遵照一定的原则，使用各种管理手段，通过计划、组织、指挥、领导和控制各个受分工制约的不同个人的活动，创造出一种远比个人活动力量总和要大的集体力量或社会力量，从而高效率地达到一个组织的预定目标所进行的活动。简单地说，管理就是通过协调不同个人的行为，以有效利用各种资源，去实现组织目标的活动"[③]。

所谓"保教管理"，实际上就是对幼儿园保教工作的管理，是对幼儿园保教工作涉及的教师、幼儿、环境、材料等各个方面的统筹安排和决策。其目的是充分调动和安排幼儿园保教工作的各方面力量，优化配置各种资源，对幼儿实施体、智、德、美诸方面全面发展的教育，促进其身心和谐发展。

可见，保教管理就是对与保教工作相关的制度、手段、方法、过程、目标、资源等一系列因素的思考和运用，是将幼儿园的各项资源（人力和物力资源）进行优化和整合，最终促进幼儿全面发展和教师专业成长的过程。

二、保教管理的意义

保教管理的意义和价值体现在保教工作在幼儿园各项工作中的重要意义和地位上。首先，保教工作是幼儿园全部工作的中心。这是国家明确提出的要求，从上述《规程》明确规定中也可以发现。既然保教工作是幼儿园双重任务的中心和基础，幼儿园的主要工作也是围绕保教工作来进行的，那么，只有做好保教工作，才能真正促进幼儿发展，才能真正为家长参加工作、学习提供便利条件。而促进幼儿发展、做好保教工作都是要由人来完成的，所以教师的发展是确保保教管理质量的毋庸置疑的关键因素。把握关键因素，促进教师的发展则需要规范和创新的保教管理来实现。由此可知，直接指向于保教工作的保教管理必然是幼儿园各项管理工作的中心，是幼儿园管理的重中之重，直接决定

---

① 张燕．学前教育管理学［M］．北京：北京师范大学出版社，2009：143-144.

② 张燕．学前教育管理学［M］．北京：北京师范大学出版社，2009：2.

③ 张燕．学前教育管理学［M］．北京：北京师范大学出版社，2009：3.

了幼儿园保教工作的质量。

其次，从幼儿园管理的具体内容来看，保教管理也是幼儿园管理的中心。幼儿园管理包括行政管理、保教管理、保健管理（包括膳食营养管理）、总务后勤管理、财务管理、班级管理等多方面内容。在这些管理内容之中，保教管理是其中首要的、核心的工作，其他管理工作都是围绕保教管理来进行、在保教管理的基础上来开展的，要和保教管理发生千丝万缕的联系。

第二节　保教管理者的定位和特点

"我是谁？我是干什么的？我应该怎么干？"这些问题是任何生存在社会上的人都常常会问到自己的问题。很多保教管理者在从优秀教师转向管理岗位、承担起保教管理工作的初期，面对各种问题情境时很更容易出现角色认知混淆、角色转换不清的问题，因为难以适应而不断向自己发问。角色认知的不清晰使他们难以明确自身责任和工作内容，发挥保教管理者的作用，从而影响幼儿园质量的提升。因此，保教管理者了解自身角色及特点，有助于保教管理者更清醒地认识自己，更快、更清晰地找准定位，明确工作任务，更顺利地开展保教管理工作。

一、保教管理者的定位

（一）角色定位

管理学大师亨利·明茨伯格（Henry Mintzberg）研究发现，管理者扮演着十种角色，这十种角色可归为三大类：人际角色、信息角色和决策角色。其中，人际角色包含代表人角色、领导者角色和联络者角色；信息角色包含监督者角色、传播者角色和发言人角色；决策角色包含企业家角色、冲突管理着角色、资源分配者角色、谈判者角色和干扰对付者角色。[①]

受上述理论的启发，我们在分析实际工作中保教管理者所扮演的角色时可以发现，保教管理者同样扮演着这三类角色。下面就对这三类角色进行详细的解读。

1. 人际角色

代表人角色：园长、副园长和各部门主任是幼儿园形象的代表人，在某种程度上是幼儿园的象征。因此，在行使保教管理权力的过程中，保教管理者代表幼儿园，代表组织的意志和想法，执行幼儿园的决定。教师并不是以看待某

---

① 周三多. 管理学［M］. 北京：高等教育出版社，2014：6-7；丁家云，谭艳华. 管理学：理论、方法与实践［M］. 合肥：中国科学技术大学出版社，2010：14-17.

个人的眼光来看待保教管理者的，而是将保教管理者和幼儿园整体紧密结合在一起的。因此，保教管理者说话、办事不能以自我为中心，不能太随意，而是要从幼儿园全局来思考问题，处理问题，要谨慎对待说出的每一句话、每一件事，以维护幼儿园的良好形象。

领导者角色：保教管理者同时也是领导者，既要为教师明确发展的方向，又要对教师提供强有力的引领、支持和激励，从而共同朝着幼儿园的发展目标努力。这是保教管理者影响力的直接体现。

联络者角色：保教管理者同时也是联络者，不仅对内联络，和自己所负责的教师交流和沟通，还对外联络，和幼儿园之外的机构、团体等联系。这种联系也会对保教管理工作产生影响。

2. 信息角色

监督者角色：不管是否承认，保教管理者同时也是监督者，通过转班、开教师会、年级组会、教研会等多种形式来监控保教工作的进度质量。

传播者角色：保教管理者同时也是传播者，要将幼儿园的各种信息以及幼儿园外部的各种信息传播给教师，或者是互相传播，这也是保证保教工作思想统一、正常开展的需要。

发言人角色：保教管理者同时也是发言人，这个角色主要是对外的，是将幼儿园的信息传送给幼儿园之外的人，赢得外部的支持与合作。

3. 决策角色

企业家角色：主要是指保教管理者同时也是幼儿园变革和创新的发起者和推动者，要不断地发现幼儿园发展所面临的机遇和挑战，并且积极思考和带领教师应对这种挑战。

冲突管理者角色：保教管理者还要应对冲突、解决突如其来的危机，如面临紧急和突发事件时，保教管理者需要迅速做出反应和决策。

资源分配者角色：保教管理者还要负责分配园所的各种资源，包括人力资源、物力资源、时间资源等，从而保证保教工作的顺利开展。

谈判者角色：实际上是指保教管理者总是需要召开各种各样的会议，协调各种各样的关系，解决各种各样的问题。

干扰对付者角色：是指当幼儿园面对重大的变动时，保教管理者需要承担责任，制定战略，采取各种补救行动。

可见，保教管理者在保教管理过程中扮演了上述各种不同的角色。保教管理者应认真分析自身在管理工作中所承担的角色，使这些角色有机融合与协调，找准定位，更好地发挥自己的作用。

（二）职责定位①

1. 组织结构

如图 1-1 所示，幼儿园保教管理者按照层级可以分为高层、中层和基层。其中，高层管理者主要是指园长、业务园长、园长助理一层，也是决策层；中层管理者主要是指保教主任、教研组长、班长一层，也是纽带层；基层管理者主要是指教师和保教人员一层，也是落实层。幼儿园各层管理是互相联系、相辅相成的。一方面，决策层的教育思想、理念以及课程设想能否落到实处，决策层能否了解落实层的情况、需要和水平，都依赖于纽带层能是否发挥承上启下的作用：以创造性的管理方式下达任务，并指导到落实层的班级保教人员身上。如果班级工作开展的效果不能反映幼儿园管理理念和思想，也只能是空中楼阁而虚无缥缈，难以落到实处。另一方面，班级保教人员的工作质量以及幼儿、教师的发展需要和水平又对幼儿园的管理决策起着参谋和制约的作用，它通过纽带层深入实践掌握第一手材料上传到决策层，或者通过园长亲自进班掌握第一手材料。幼儿园质量的实际发展水平是管理者决策的主要依据之一。所以说，三个层次息息相关、互相依赖。

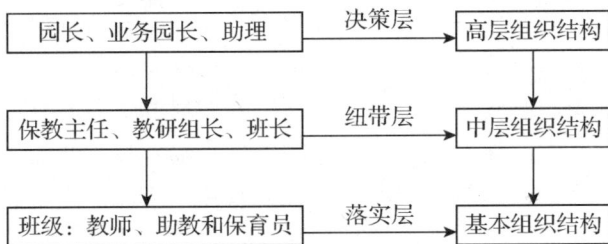

图 1-1　幼儿园保教管理者组织结构图

2. 承担职责

（1）高层管理职责（园长、业务园长、园长助理）

第一，以幼儿发展规律和国家政策为依据，以本园优势和问题为切入点确定本园保教战略目标，制订工作计划。

第二，与基层沟通达成共识，使基层了解具体目标、内容和意义。

第三，建立有效的保教组织机构和规章制度。

第四，做好选人、用人、协调人工作。

第五，科学决策。

第六，深入联系群众，深入调查了解保教质量和教师队伍现状、幼儿发展

---

① 丛中笑.幼儿园管理［M］.北京：中国劳动社会保障出版社，1999.

情况，做到心中有数。

第七，组织相关学习、培训、研究，以保证保教目标的实现，教师思想观念和专业化水平提高。

（2）中层管理职责（保教主任、教研组长、班长）

第一，了解本园保教工作目标和方向，负责具体实施和落实。

第二，深入实际，了解信息（教师思想观念、行为等动态），上传下达，做好保教高层领导的参谋助手。

第三，贯彻落实决策。

第四，对教师日常保教、家园、社区工作等进行观察指导。

第五，开展小组教科研活动，解决教师教育教学中的困惑问题。

第六，督促检查基层组织和人员执行上级指令和制度情况，并及时沟通和反馈。

二、保教管理者的特点

（一）知识的全面性

保教管理者知识的全面性，首先是由幼儿教师的工作性质、内容和特点所决定的，因为幼儿教师本身就是全科教学，任务是保教结合促进幼儿身心健康发展，因此幼儿教师既要有生理学、心理学、教育学知识，还要具备五大领域和教材教法的知识，甚至一些延展性知识，要实现对幼儿的身心发展特点和规律的全面把握。其次，保教管理者又不能仅仅局限于具备幼儿教师的知识，因为他是管理者，是幼儿园领导层面的非普通教师，所以还必须拥有管理学相关知识，比如法律法规、管理方法等相关知识。因此，保教管理者的知识既要全面，更要丰富。在《幼儿园教师专业标准（试行）》以及《幼儿园园长专业标准》中都阐述了作为幼儿园教师和园长应该具有的各类文化知识，这些都是作为主管保教工作的保教管理者应该具备的。

资料链接

《幼儿园教师专业标准（试行）》中的相关规定

教育部2012年颁布出台了《幼儿园教师专业标准（试行）》，提出幼儿园教师应该具备的专业知识如下。

（五）幼儿发展知识：21.了解关于幼儿生存、发展和保护的有关法律法规及政策规定。22.掌握不同年龄幼儿身心发展特点、规律和促进幼儿全面发展的策略与方法。23.了解幼儿在发展水平、速度与优势领域等方面的个体差异，掌握对应的策略与方法。24. 了解幼儿发展中容易出现的问题与适宜的对策。25. 了解有特殊需要幼儿的身心发展特点及教育策略与方法。

（六）幼儿保育和教育知识：26. 熟悉幼儿园教育的目标、任务、内容、要求和基本原则。27. 掌握幼儿园各领域教育的学科特点与基本知识。28. 掌握幼儿园环境创设、一日生活安排、游戏与教育活动、保育和班级管理的知识与方法。29. 熟知幼儿园的安全应急预案，掌握意外事故和危险情况下幼儿安全防护与救助的基本方法。30. 掌握观察、谈话、记录等了解幼儿的基本方法和教育心理学的基本原理和方法。31. 了解 0—3 岁婴幼儿保教和幼小衔接的有关知识与基本方法。

（七）通识性知识：32. 具有一定的自然科学和人文社会科学知识。33. 了解中国教育基本情况。34. 具有相应的艺术欣赏与表现知识。35. 具有一定的现代信息技术知识。

《幼儿园园长专业标准》中的相关规定

教育部 2015 年颁布的《幼儿园园长专业标准》提出了园长应该掌握的专业知识与方法如下（"专业理解与认识""专业能力与行为"略）。

一、规划幼儿园发展：4. 掌握国家的教育方针和相关的法律法规，熟悉《幼儿园工作规程》《幼儿园教育指导纲要（试行）》《3—6 岁儿童学习与发展指南》等学前教育的相关政策。5. 了解国内外学前教育改革发展的基本趋势，学习优质幼儿园的成功经验。6. 掌握幼儿园发展规划制定、实施与测评的理论、方法与技术。

二、营造育人文化：14. 具备一定的自然科学、人文社会科学知识，具有良好的品德和艺术修养。15. 了解幼儿园文化建设的基本理论，掌握促进优秀文化融入幼儿园教育的方法和途径。16. 掌握幼儿身心发展特点，理解和欣赏幼儿的特有表达方式。

三、领导保育教育：24. 掌握国家关于幼儿不同年龄阶段的发展目标和幼儿园保育教育目标。25. 熟悉幼儿园环境创设、幼儿园一日生活、游戏活动等教育活动组织与实施的知识和方法。26. 了解国内外幼儿园保育教育的发展动态和改革经验，了解教育信息技术在幼儿园管理和保育教育活动中应用的一般原理和方法。

四、引领教师成长：34. 把握保教人员的职业素养要求，明确幼儿园教师的权利和义务。35. 熟悉幼儿园教师专业发展各阶段的规律和特点，掌握指导教师开展保育教育实践与研究的方法。36. 掌握园本教研、合作学习等学习型组织建设的方法以及激励教师主动发展的策略。

五、优化内部管理：44. 掌握国家对幼儿园管理的法律法规、政策要求和园长的职责定位。45. 熟悉幼儿园管理的基本知识，了解国内外幼儿园管理的先进经验。46. 掌握幼儿园园舍规划、卫生保健、安全保卫、教职工管理、财务资产等管理方法与实务。

业务园长作为园长最亲密的助手，也是幼儿园高层管理者之一，理应了解和掌握这些知识，特别是要精通保教专业知识和方法，精通育人文化的专业知识，熟悉幼儿学习和发展规律，引领教师专业成长的知识和文化，对《幼儿园教师专业标准（试行）》心中有数，方可更好地协助园长把握好幼儿园管理的思路和方向，使保教工作质量得到不断提升。

（二）管理的复杂性

保教管理的复杂性是学校管理难以比拟的，它的显著不同主要体现在：因为管理对象年龄小，表达途径和方式有限，课程以游戏为主没有固定教材，所以管理内容多而杂，管理时间长，课程灵活多变、富有创造性，家园共育工作勤等。

1. 管理内容多而杂

保教管理者要通过管理引导教师保证幼儿身心健康，在照顾好幼儿的吃、喝、拉、撒、睡的基础上增强幼儿体质，培养幼儿良好的生活卫生习惯和独立生活能力，丰富幼儿的知识、经验，发展幼儿的智力，促进其社会适应性能力提高等。同时，促进教师专业发展也是保教管理者的重要工作之一。其中涉及日常保教质量管理（户外活动、大型活动设计和文本管理等），教师培训、教研、科研等工作管理，幼儿发展和教师发展评价管理，幼儿园与家庭、社区工作管理等。可见，凡涉及幼儿和教师发展、幼儿园质量的问题，都是保教管理者需要管理或者参与管理的内容。

2. 管理的时间长

主要指的是幼儿在园一日生活都是教师的保教工作时间，同时也是保教管理者的管理时间，这与其他学段非班主任教师只管理学生的上课明显不同。事实上，保教管理者管理的时间还不仅限于此，幼儿教师经常为了及时支持幼儿的学习而制作教具、创设环境、投放材料、进行反思等，工作时间显然超出 8 小时，保教管理者作为教师成长的同伴、支持者、引导者，要率先垂范，工作时间肯定也不会少于教师，还有可能付出更多，才能为幼儿、教师发展提供及时的服务和支持。

3. 课程灵活多变、富有创造性

幼儿园一日生活皆课程，它以幼儿游戏和生活为主要实施途径，以五大领域活动为载体，没有具体固定的教材，给幼儿园教师和保教管理带来极大挑战。园长和保教管理者更多需要在《幼儿园教育指导纲要（试行）》（以下简称《纲要》）、《3—6岁儿童学习与发展指南》（以下简称《指南》）、《规程》等国家文件的要求指导下，经常进班带领教师观察、分析、了解幼儿，思考、设计和实施适宜幼儿主动学习、有利于发挥幼儿潜能和获得终身发展能力的课程，支持和促进每名幼儿富有个性地发展。课程的不固定性要求保教管理者必须加强自身的学习和研究，才能引导教师学会观察和站在幼儿的立场思考；必须不断更新观念，积累教育智慧和提高引领能力，才能保证幼儿发展不受局限和不被误导，教师专业发展需求得到及时满足，幼儿园质量不断提高。

4. 家园共育工作勤

幼儿年龄小，身体、心理和智力等各方面正处于发育时期，品质、能力、习惯等处在发展和形成时期，生活自理、语言理解和表达、社会交往、遵守规则、自律等能力的有限，使得他们难以做到独立地面对很多事情和问题，需要教师和家长全面关心、照顾和培养。所以，家园共育是幼儿园主要工作之一。保教管理者要引导教师认识到家园共育的重要性，同时还要引导教师与家长建立平等、和谐、互助的家园关系，学会用专业理念和知识、专业能力跟家长打交道，多沟通、多联系，引导家长科学育儿，争取家长对幼儿园工作的信任、理解、支持和配合。家园共育工作做得好，会使教育事半功倍，否则会事倍功半，纠纷不断。所以，做好教师家园共育工作的指导也是保教管理的工作内容之一，需要保教管理者付出时间和精力。

以上这些幼儿园的特点，对保教管理者的能力和素质提出更多挑战。

第三节　保教管理者需具备的素质

保教管理者不同于普通教师，除了应当具备教育部新颁布的《幼儿园教师专业标准（试行）》当中所提出的"专业理念与师德""专业知识""专业能力"三方面的素养之外，还应当具备管理者的相应素质，具体可参考《幼儿园园长专业标准》中的相关要求。当然，保教管理者还会有些与之不同的管理素养和能力要求，主要体现在做人的素质和做事的能力上。

一、做人的综合素质要高

（一）以德为先

1. 脚踏实地，身先士卒

保教管理者应该是一个踏踏实实做事的人，而不是像一个"语言的巨人、行动的矮子"的演说家一样，只会耍嘴皮子功夫。凡事要干在前、想在前、奉献在前，才可能以理服人、以行动服人，让合作者愿意与你共事，并以你为榜样，愿意为你、为工作付出。所以，保教管理者切忌高屋建瓴、讲空话，而是要做实事。

2. 真诚服务，以情感人

保教管理者要时刻牢记自身首先是服务者。本着为幼儿、家长和教师真诚服务的思想应是保教管理工作的出发点。一方面，保教管理者要以爱心、耐心、真心对待幼儿家长，了解他们的合理需要，诚心诚意地解决他们的问题。另一方面，保教管理者要以关爱、欣赏、平等的态度与教师交流，以合作的方式与教师共同探索研究，急他们所急、想他们所想、解他们所困，为他们创造成长、锻炼和成功的机会。在教师有困难和困惑时能够支招、给思路，支持他们通过自身探索解决问题，获得专业支持、引领和成就感，有方向和目标；在生活上体贴关心教师，做教师的朋友，以情感人，换位思考，理解他们，让教师有安全感和归属感，才会让教师亲其师、信其教。

3. 公平公正，廉洁奉公

公平公正是每一个人都特别期待的处理问题的方式，幼儿和教师也同样需要。管理者的责任是为了给教师提供良好的工作环境，让每位教师的优势得到发挥。所以，保教管理者要本着公平公正的态度对待每位教师，处理问题要不偏不倚，给大家创造平等的学习提高的机会。凡事对事不对人，要做到一视同仁、亲疏有度、管理有法。无论是对骨干教师、"拔尖"人物还是普通教师，都要公平公正，切忌厚此薄彼、亲疏不一。同时，切记要严格要求自己，廉洁守法，避免因贪小便宜收受礼品而难以正己正人。

（二）以合作为基础

1. 团结合作，风雨同舟

幼儿园的发展不是仅仅依靠园长就可以实现的，还需要依靠管理团队的共同努力。作为管理团队成员，保教管理者既要以主人翁的热情和责任感融入团队工作中，又要注意和上下级管理同伴、园长的及时沟通与合作，发挥自身的主动性，创造性地开展好本职工作。在团队中要积极地为幼儿园发展献计献策，团队成员要互相帮助、互相支持、互相补台，形成团结合作、配合默契的团队形象，越是遇到困难和压力越要风雨同舟、共同面对。对外、对教职工的管理，团队成员要口径一致、要求一致，避免因不一致而带来的管理矛盾。可以说，合作的好坏既影响质量，更影响园风。好的幼儿园都会有一个团结协作的团队，想要有好的团队，每个人都要努力。

2. 定位准确，尊上助下

保教管理者是园长的助手，是连接管理层和一线教师的纽带，在管理中扮演着多种角色。保教管理者要对自身的角色定位和职责有清晰的认识，摆正位置，甘心助人，要意识到助人也是助己。对上，要尊重园长的核心地位，维护班子团结和威信，做到到位不越位、补台不拆台；当好助手，做好参谋；想园长之所想、急园长之所急；要对工作有预见性、敏锐性、创造性，积极主动为园长献计献策；要顺从而不盲从，对于园长合理的设想、有效的改革措施要给予肯定和支持，对于错误、欠妥、无意义的事情或者没有注意到的事情，要敢于据理力争，提出自己的见解，切实把好关，以此维护领导集体的威信。对下，甘心做好教师人梯，为教师专业发展和成才倾心尽力。教师获得了发展，保教管理者也会从中获得专业引领的乐趣和成长。这就是我助人人，人人助我。

（三）修炼大格局

人们都说比大地宽阔的是海洋，比海洋宽阔的是天空，比天空宽阔的是人的胸怀。心胸宽广是对干部最基本的要求。保教管理者要心胸宽广，容得下事，容得下人，容得下一切喜怒哀乐，不计较鸡毛蒜皮的小事，平和宽容地对待教师一时的不理解和误会；不猜忌，不搞小团体利益、小单位利益；对于忠言逆耳要听得进，要明是非、知进退。如果一个领导者心胸狭窄，好猜忌，容不下提出忠言的人，不仅领导班子之间搞不好团结，与群众之间的关系也搞不好，脱离了群众，也就成为众矢之的，难以得到教师信任。这样是干不好工作的。

但是，胸怀宽广、容得下事并不是有错不究、该管的不管，而是要敢抓敢管，秉公办事，公而忘私。如果只做老好人，不得罪人，那么想管好幼儿园是根本不可能的。要对得起园长的信任，面对不良行为和现象要进行有效管理，伸张正义。坚持幼儿园制度的规范执行（极特殊情况下例外），同时要讲究方法。

二、做事的专业性要强

（一）幼儿为本

1. 幼儿为主体

保教管理者要树立科学的儿童观、教育观、课程观、发展观。幼儿是生活和游戏的主人，幼儿园的活动要给幼儿提供充分主宰自己生活和游戏的机会。幼儿的健康快乐发展既是幼儿园工作的出发点，也是落脚点。要相信幼儿的潜力，相信他们能够通过自己的眼睛、手、脑，通过自己的努力感知世界、认识世界、发现问题、解决问题，从而获得成长。保教管理者要引导教师在尊重幼儿天性的基础上，支持幼儿充分表达表现，丰富和拓展幼儿经验，促进幼儿发展。游戏是幼儿最主要的活动，也是幼儿感知认识世界的基本途径和重要途径。幼儿一日生活都是课程，各种对幼儿发展有益的经验都可以成为幼儿学习的内容。保教管理者要牢牢把握幼儿教育的特点和规律，引导教师学会观察了解幼儿，把握生活中各种契机开展自然化教育，让幼儿在轻松、自然、安全的环境氛围下玩得自由、学得开心，健康快乐地成长。

2. 多元接纳

"一棵树上没有完全相同的两片叶子，世界上没有完全相同的两个人。"幼儿来自不同的民族、种族、性别和家庭，呈现出不同的脾气秉性和发展水平，保教管理者要引导教师平等对待每名幼儿，尊重个体差异，因人施教，提供适宜教育，促进幼儿富有个性地全面发展。同时，在全球化、多极化的世界新形势下，今天的幼儿有了更多和区域内外、国内外各类人群交往的机会，未来他们会更多地融入世界大家庭中。因此，多元文化的相互渗透也要求我们要引导幼儿学会互相尊重，彼此包容和接纳，在相互学习、彼此了解中更好地生存、适应世界。要想幼儿互相接纳、彼此尊重，管理者与教师也必须做到，因为，良好的成人之间的互动关系不仅会在无形中影响教师之间的关系，也会影响到幼儿，成为幼儿模仿和学习的榜样。

3. 尊重赏识

相信没有不愿意做好工作的教师。每个人都有自尊心，为人师表的教师自尊心更为强烈。管理者在管理过程中要注意与教师沟通的方式和方法，使教师愿意接受管理者的建议并不断改进工作。即所谓"亲其师，信其教"。尊重教师的劳动和想法，及时肯定教师为幼儿发展和质量提高所付出的努力，学会发现教师的闪光点和智慧，在此基础上巧妙地提出问题和改进建议，和教师共同研究改进的方法和策略，支持教师的探索尝试，真诚地帮助教师，教师会更容易接受并在研究中获得价值感、成功感的体验，这是管理者和教师建立信任、合作朋友关系的前提。同时，管理者的这种行为也会让他更爱幼儿、更爱这份事业，在工作中体验自我价值实现的快乐。

（二）能力为重

能力是顺利完成某一活动所必需的主观条件，是直接影响活动效率，并使活动顺利完成的个性心理特征。保教管理者要顺利达成管理目标，必须要有多种能力支撑。那么保教管理者应该具备哪些主要能力呢？

1. 管理方面

（1）协调沟通能力

管理的本质是协调，协调的中心是人。保教管理者是介于园长和教师之间的一个中间纽带，其上情下达、下情上报的协调作用主要体现在对内、对外两个方面。一方面是对内沟通。保教管理者要学会利用各种时机随时与园长沟通协调，要把实践中幼儿、教师的需要、想法与园长沟通，让繁忙的园长及时了解实践现状、教师的思想动态，还要把市、区各级业务部门下达的有关业务管理要求和内容汇报给园长。同时，保教管理者还要与一线教师沟通。将幼儿园和园长的一些理念、想法、落实到一线，通过同伴合作创造性地完成园长交给的各项任务。对于教师在工作和生活中可能会遇到的各种问题，如对幼儿园制度的不理解，对工作安排的困惑，对标准的不满等，或者彼此之间配合出现问题等影响教师工作情绪的问题，保教管理者要随时进行沟通、协调，了解情况，缓解矛盾和不满心理，避免教师带着情绪工作，影响幼儿。另一方面是对外协调。即保教管理者与家长、其他单位、社区学的沟通协调。当班级解决不了问题时，保教管理者要帮助教师与家长沟通、协调以争取家长的理解和支持；保教管理者要与上级单位、业务部门等随时沟通，了解工作内容、标准，反映幼儿园的需要和发展等，为教师专业发展寻求帮助和支持；保教管理者还要与社区等联系，寻求教育资源支持。保教管理者在沟通协调中要有大局观，在教师面前永远在思想和行动上与园长保持一致，维护园长在幼儿园的核心权威，不能错位，否则会造成工作杂音。

（2）政策、制度执行能力

为了保证幼儿园保教工作的规范性开展，保教管理者应首先规范自身行为，模范遵守各项法律法规和幼儿园规章制度，同时，也要通过管理、指导、评价等各种手段和途径，引导保教人员依法执教，落实各项规章制度，保证和提高保教工作质量。《细节管理成败》一书中曾经说道，"我们国家不缺乏制度，缺的是不折不扣的执行者"。可见制度执行起来有时也不是很容易，它往往会因为人情、管理者怕得罪人等原因而难以严格执行，造成管理疏漏甚至酿成大错，如安全问题、师德问题等。因此，保教管理者要明确政策、制度严格执行的意义和重要性，要提高相关政策、制度的执行能力。

（3）决策能力

决策理论学派的创始人西蒙认为：管理就是决策。保教管理者与园长作为幼儿园发展的责任人，同样肩负着幼儿园发展和建设的责任。在协助园长进行管理中，必然会经常遇到幼儿园该往什么方向发展的问题。选用什么课程、营造什么文化、开展什么研究、如何建设幼儿园等很多事情，都需要结合幼儿园实际思考，站在长远发展的角度考虑，为园长做出具有前瞻性的决策建言献策。保教管理者的决策能力主要体现在日常管理中。比如，繁忙工作中教师请假的问题，送教师外出学习选择什么内容、达到什么目的的问题，甚至买什么玩具、开展什么活动、遇到问题怎么处理等，都需要保教管理者具有决策能力，从有利于幼儿、教师和幼儿园发展的角度做出正确判断和选择。

（4）构建和谐人际关系能力

心理学家霍尔指出，人际关系不同，交往时的空间距离也不同。良好的人际关系，可以使你更轻松且愉快地进行社会活动，开展学习和工作，即使面对各种不好办的事，也能心态积极、从容面对；反之，就会觉得困难重重、难以解决和郁郁寡欢，甚至影响身体健康。同时，人际关系也是环境创设的一部分，对幼儿发展有着不可忽视的影响。保教管理者要具有构建和谐人际关系的能力，努力营造干群之间、教师之间、师幼之间、幼儿之间、家园之间平等民主、互敬互爱、真诚互助、宽容接纳、和谐融洽的氛围，给幼儿和教师发展创造一片洁净的环境。

2. 业务方面

（1）勤学常思能力

著名教育家苏霍姆林斯基说过："如果你想成为一个好校长，那你首先就得努力成为一个好教师，成为一个有威信、博学多识的教师。"现代化的高速发展，教育的日新月异，都要求我们保教管理者必须牢固树立终身学习的观念，与时俱进，善于通过各种途径和方式加强学习，成为学习的典范。第一，要对国家要求、质量标准、幼儿园办园目标和理念、对幼儿发展特点和需要等心中有数。有了对幼儿园保教工作的规范要求、对级类幼儿园及示范园的标准的深入了解，以及对办园理念、目标的了解，对教育对象的了解，幼儿园保教管理才有了正确的方向和目标，管理者的指导才更有的放矢而不至于走偏。第二，要握幼教改革的政策方向和研究动态，不断提高自己的专业知识和引领能力，在改革、创新中开展工作。第三，还要向幼儿学，从社会实践中学，并结合园所实际深入思考，敏锐地觉察到一些教育时机，为教师出好点子，做好服务，更好地支持指导教师开展保教工作。"学而不思则罔，思而不学则殆"，只学不思难以学到真才实学，只思不学有可能是原有经验的重复。因此，保教管理者既要勤学也要常思，结合自身实际的学习思考，方能不断开阔眼界，获得顿悟，达到学以致用。

（2）课程实践能力

保教管理者应该是一个身体力行的课程实践者，要对幼儿园课程理念和实践形态有清晰的认识。保教管理者应正确认识游戏是幼儿的基本活动、一日生活皆课程等基本理念，积累丰富的实践经验，这会有助于理解幼儿和教师的困惑和需要。保教管理者要了解一线实践的质量要求，了解不同年龄段幼儿特点和各个年龄段的一些常规工作，在需要的时候，能够亲自尝试带班、带活动来进行研究和示范，以帮助教师更直观地了解一些理论落实到实践的形态，打开工作和研究的局面。

（3）观察倾听能力

观察是保教管理者的基本功。保教管理者要从观察中听到、看到、体验到的信息中获取幼儿和教师的兴趣需要和经验，了解他们的学习方式和不同的个性特点，了解他们成长中的优势和不足等，学会客观地从他们的角度看问题、理解问题，为教师从幼儿发展特点需要出发制订开展适宜、有效的教育教学计划提供良好建议，针对教师的困惑制订促进教师专业发展的培训和教研方案。

（4）分析判断能力

管理者要对各种政策法规、先进理念以及幼儿发展特点等做到心中有数，明确是非和政策导向，有正确和先进的儿童观、教师观、课程观、发展观和教育观，有较丰富的幼儿发展和教师发展知识，在遇到问题时可以依此来分析和判断是非曲直，进行科学的归因，去粗取精，去伪存真，分析归纳，衡量好价值，使自身的管理能够更有效地支持和促进幼儿、教师健康发展。

（5）解决问题能力

解决问题能力是以分析判断能力为基础的，分析判断的准确和细致有助于解决问题方式方法的选择。面对问题时，是建立制度、进行培训还是开展研究、教研，最终目的都是为了改进工作、提高质量、促进发展，因此在设想解决问题策略时必须以此为依据，不畏难，不退缩。

（6）研究思考能力

这里的研究是指保教管理者要以研究的意识看待保教管理工作，以研究的心态做管理。保教管理者不仅要尽快学会开展日常研究、接地气的园本教研，还要率先学会开展科研课题的研究，要尝试用科学的方式指导自己的工作，提高研究水平；不仅要研究幼儿，同时还要研究教师，研究他们的成长规律，使自己的工作为他们的成长提供适宜有效的支持。著名教育家苏霍姆林斯基说："如果你想让教师的劳动能够给教师一些乐趣，使天天上课不致于变成单调乏味的义务，那你就应当引导每一位教师走上从事研究这条幸福的道路上来。"管理者只有先身体力行率先开展研究，尝到研究的乐趣，才能发挥自身的优势带领更多的人走上研究这条路来。而只有人人都爱琢磨了、会研究了，才会有更多的教师发现幼儿的潜力和成长张力，才会在与他们的互动中获得启迪和成长，发自内心地爱上孩子和学前教育事业。由此可见，保教管理者会研究是非常重要的。

（7）创新能力

创造力在一切工作活动中都很重要，有创造才有进步。保教管理者肩负着培养创新型人才的责任，必须先要学会创新的开展管理工作，在借鉴、学习的基础上依据本园保教质量实际创造性地开展管理工作，形成有本园特点的思路和做法，避免单纯、一味地模仿和跟风，脱离本园实际，难以形成自身的特点。例如，有的园结合自身地域特点开展民俗体育研究活动；有的园根据青年教师多的特点开展基本功大赛，夯实青年教师专业能力；有的园基于教师观察幼儿能力弱的情况与教师共同研讨建立记录模板，提高教师观察记录能力。这些都体现了管理者的创新意识。

（8）积累能力

要有积累的意识和能力，一方面注重自身的积累。积累自身的知识经验，可增长个人能力，为幼儿和教师发展提供更好的服务，也会使自己在助推他人成长过程中获得成长。另一方面注重幼儿园工作过程的积累。保教管理者要做有心人，要注重保教管理过程和研究过程的分类积累，随时用照相机、摄像机等现代设备及文字记录研究过程、研究结果，同时要根据工作要求做好业务档案的建立和留存工作。为幼儿园发展留下历史痕迹，为可持续发展尽绵薄之力，这是保教管理者的义务和责任。

可以说，保教管理者要具备的综合素质还需要很多，以上只是一些基本素质。但我们觉得，最主要的是要有一颗爱孩子、爱事业、爱教师的真诚的责任心，更要有甘为人梯的奉献精神，敢于承担责任和敢于创新的勇气。

第四节　保教管理者的系统思考

保教管理是幼儿园全部管理工作的中心环节，做好保教管理，按照科学、规范、标准保质保量地执行和完成每一个保教工作内容和环节，是落实国家方针政策、实现依法治园、保证和提高园所质量、实现幼儿园双重任务的关键。可以说，保教管理的优劣直接影响幼儿安全、健康发展，关系幼儿园的存亡。业务园长和保教主任是保教管理工作的最主要责任人，而保教管理者的态度和能力直接影响幼儿园工作质量。因此，作为保教管理者要清醒地认识到自己的责任，将园所发展、幼儿和教师发展作为己任，不断提高自己的系统思考以及指导能力，科学、积极、创造性地开展工作，配合园长，使幼儿园发展进入规范、良性并生机勃勃的发展轨道。

做好保教管理工作，无非是要搞清楚两个问题：一是管什么。知道管什么才能有目的地去管。二是怎么管。知道怎么管既能规范工作，又能不断提高工作质量。搞清楚这两个问题，并身体力行，从幼儿、教师长远发展考虑统筹安排、系统整合方式思考，通过学习、研究、实践、创造性地解决保教工作的各项问题，就能不断提高工作质量。

一、明确保教管理的内容

总体来说，保教管理的内容包括：幼儿发展、教师发展、日常保教质量

（计划、进班指导、笔记、大型活动等）、家园共育和社区工作、园本研修（园本教研、园本培训、课题研究）。因为幼儿发展依托于日常保教管理和对教师的培养培训进行，因此本书把幼儿发展这部分内容集中放到质量评价中阐述。而教师的培养和发展、家园共育也难以与日常保教管理和教师培训截然分开，同样也离不开日常保教管理，故合并在日常保教管理和园本研修两部分分别阐述。因此，从大的结构上来说，本书将保教管理的内容分为以下几章具体陈述：保教工作制度建设、保教计划管理、日常保教管理（包括家庭和社区）、园本研修、保教工作评价。

二、明确保教管理的流程和要点

保教工作是幼儿园最核心、最重点的工作，幼儿园一切工作都要围绕提高保教工作质量而展开。幼儿园的保教管理责任如此重大，内容又如此繁多、庞杂，怎么管理才能够有序、有重点，才能事半功倍，而不是事倍功半呢？这必须要通过保教管理者的系统思考和科学管理来实现。

（一）保教管理的流程

保教管理应该实现的是一个动态的闭环管理，是一个从计划（保教计划、教研计划）、执行（落实计划全过程）、评价（幼儿发展、教师发展、质量考核）、总结（梳理经验和反思）、再回到计划的一个循环往复、不断上升的过程，在这个循环往复的过程中逐渐实现质量的不断提升。如图1-1。

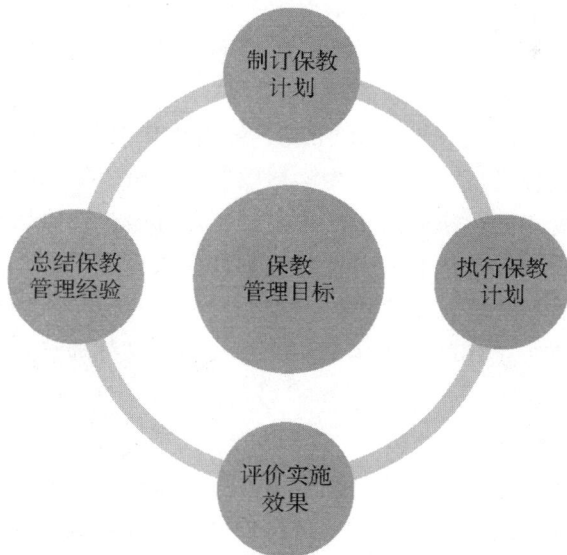

图 1-1 计划管理过程示意图

这个闭环管理中的各个环节之间既有紧密联系，又彼此制约。其中计划是做好一切工作的基础；实施是落实计划、实现幼儿发展和园所质量提高的目标的关键；评价是对计划管理效果的检验；总结既是经验的提升、又是新的计划制订的依据和起点，它对计划制订的针对性、保教管理的有效性起着至关重要的作用。所以，闭环管理中的每一个环节都不可或缺。

每学期的保教计划虽然是保教管理的基础，但它是否科学和有针对性、可操作，是否能够保证管理的有效，依赖于保教工作总结中对质量的客观全面的分析，而对质量的分析又不是信手拈来，它需要幼儿发展质量的科学的评价检测数据，特别是幼儿发展数据的收集及分析。保教管理者将从幼儿发展强弱了解保教工作的优势和不足，反观保教管理效果，通过总结反思梳理经验，找到原因。因此，可以说，评价和总结环节对计划制订的针对性和科学管理起着制约作用。实施和评价这两个中间环节是保教管理中最关键的部分，它决定着保教质量，同时也是帮助我们随时观察了解幼儿的发展需要、教师的水平及困惑的途径，它将随时为我们保教管理提供线索和依据，帮助我们不断反思调整管理行为，提高管理水平。

（二）保教管理的要点

1. 班级管理是重点

保教工作千头万绪、错综复杂，如果平均用力很难达到预期目的。牵牛要牵牛鼻子，打蛇要打七寸，由幼儿和保教人员共同组成的班级是幼儿园的基层组织，是实施幼儿园保教任务的基本单位。保教管理工作只有找到班级管理这个重点，指导班级工作做规范、做细，方能解决本质问题，管到节骨眼上，达到事半功倍的效果。因此，保教管理者的办公地点应该设在班上，而不是在办公室，应该更多围绕班级保教工作开展，每周进班时间不能少于 16 个小时。保教管理者要和保教人员一起踏踏实实地观察研究班级幼儿的学习特点、学习方式、兴趣和发展需要，研究班级保教人员工作开展中的协调配合，掌握一线实践最真实的信息，才可能有针对性地开展好保教管理工作。

此外，保教管理者在指导班级管理工作中要注意与全园保教工作紧密联系和一致，使班级管理工作既能落实全园计划，同时又能通过班级创造性工作丰富和完善全园保教计划。

2. 教师培养是关键

虽然影响保教质量的因素很多，既有硬件方面的也有软件方面的，但是最关质量键的因素还是软件——教师。教师专业水平是决定保教管理质量的重要因素之一。因此，提高教师的素质、专业化水平是抓好保教质量的关键，也是永无休止的研究课题。为此，保教管理者要以《纲要》《指南》等各项法规为依据，研究保教工作中反映出来的教师专业发展的需要和问题，分析原因，针对教师的实际和国家对幼儿教师的要求制订切实可行的计划，深入开展园本教研、科研，做好教师培训和分层次培养工作，以确保质量的不断提升。

3. 幼儿发展、家长满意是目的

促进幼儿全面发展和为家长参加学习、工作提供便利条件是幼儿园承担的双重任务，也是学前教育工作者为社会政治、经济、文化发展服务的一种方式。保教管理的一切工作都是围绕这个核心来展开的。因此，让幼儿获得健康、快乐和谐发展，让家长对我们的工作质量满意，既是保教管理工作的出发点也是落脚点。同时，幼儿的发展情况、家长的满意程度也是衡量保教管理成效的试金石。

4. 研究是有效管理的途径和方法

研究不仅可以帮助我们解决许多困惑和问题，发现规律，也能帮助我们积累工作方法，形成严谨的工作作风。这里的研究一方面是指保教管理者要带着研究的意识和研究的方法开展日常保教管理工作，摸索保教管理规律；另一方面是指保教管理者要以自身的研究意识、研究兴趣、研究能力影响教师，引发和帮助教师愿意不断地针对自己的日常工作开展研究和探索，拓宽思路，了解幼儿学习特点和方式，创新工作方法，提高工作质量，让研究成为教师的追求和习惯。正如教育家苏霍姆林斯基说过："如果你想让教师的劳动能够给教师带来乐趣，使天天上课不致于成为单调乏味的义务，那你就应当引导每一位教师走上从事研究这条幸福的道路上来。"

5. 跟进观察指导是必要

幼儿、教师的发展不是一蹴而就的，因此在工作中，当保教管理者发现问题并对教师工作提出建议后，特别需要跟进观察和指导，认真分析不能落实的原因：是没有理解，有什么困难，还是有态度问题等。针对不同问题，采取不同的支持帮扶和管理措施。同样，教科研也是如此，保教管理者在研究后要真正地深入班级观察教师的实践探索和改进情况，只有教师在实践中改进了，才说明研究有了实效，教师口头和文字表达认识到了并不代表有了实效。所以，管理不仅要做到听其言，还要观其行，助其做，使管理真正落到帮助班级质量提高、幼儿获得发展的实处。

6. 制度建设和落实是保障

建立确保质量的保教管理制度、重视制度的落实，是幼儿园提高质量的基本保障。"没有规矩，不成方圆"，规矩也是规章制度，可以规范幼儿园每个人的行为，保障幼儿园依法办园，提高保教工作质量。幼儿园一是要根据园所实际问题，自上而下、自下而上相结合制定保教管理制度，形成管理者与教师共同认同、共同遵守的规则；二是要严格执行包括保教制度在内的所有规章制度，一方面保教管理者自身要做遵纪守法模范，另一方面还要对教师执行制度情况进行监督和督促。当然，在执行制度时，管理者要注意策略和方法，既要严格又不失理解和尊重。

7. 联系观点系统思考

保教管理是一个系统工程，幼儿发展、教师发展、质量提升是这个系统工程长期持续作用的结果，而不是一蹴而就的。既然如此，保教管理者就要加强对管理的全面系统思考，不能头疼医头、脚疼医脚，只见局部不见全体，只管眼前、不顾长远，而应注意用联系的观点看待问题，系统地思考解决问题。从计划角度，既要注意每学期保教工作与全园整体工作、园本教科研、教研组、班级工作建立横向联系，又要注意保教工作自身各学期之间的纵向联系。从实施角度，既要注意日常保教工作与教科研、幼儿发展、教师发展、质量提升的关系，使工作得到层层落实，又要将各项工作有机整合，多种途径多种方法标本兼治地解决问题。如某园在某学期的健康测试中发现幼儿的身高体重增长缓慢，得到数据后保教管理者与保健医共同分析思考影响幼儿身高体重增长的因素是什么，哪些因素跟保教管理有关，如何制订相应的计划措施，如何通过教研、教研组及班级协抓共管保证这方面工作的改进与提高。

8. 与其他部门的协调配合

幼儿园工作具有整体性的特点，保教工作虽是幼儿园的核心工作，但不意味着是一枝独秀，只有保教工作最重要，其他部门工作都是次要的，由此而缺少对其他部门工作的重视。保教质量的提高离不开其他部门的协调配合，没有后勤为一线全心全意地提供安全、丰富的硬件设施保障和条件，没有保健医生对幼儿身体健康的呵护和科学检测，保教质量会受到很大影响。如果注意与其他部门同事相互尊重、协作、愉快相处，劲儿往一处使，他们也会成为教育的资源和支持者，给保教工作提供莫大帮助。所以，保教管理者要有合作的意识，要尊重他人，要通过自己的协调努力使其他部门理解一线保教工作，给予支持理解和配合，让一线教师的保教工作需要得到及时的支持。

总之，保教工作是幼儿园的核心工作，是关系到幼儿园生存、幼儿健康快乐发展、家长安心工作的大事，也是为国家未来创新人才的成长奠基的工程，保教管理者一定要与园长一起，责无旁贷地承担起质量保障和提高的重任，以高度负责、敢于担当、乐于奉献、科学艺术的专业管理为幼儿和教师的发展撑起一片蓝天。

第二章 保教工作制度建设

幼儿园保教工作责任重大，关系到幼儿的生命安全和成长发展，牵动着众多家长的心。而这种工作又是比较难以用量化标准来衡量和检测的工作之一。在这种情况下，制度就显得非常重要。有了制度，才能给予教师明确的工作导向，才能有效地规范教师的言行，保障幼儿园日常保教工作的质量，促进幼儿园的发展。在许多幼儿园保教管理者看来，"制度是底线，教师理解不理解都要遵守。领导制定出制度，大家照章执行就可以了，有什么可说的？"有些保教管理者觉得"制定制度费神费力还难免有疏漏，是挺难的事""不如上级领导出一套完整的制度吧，我们各幼儿园照着做就行了，既省事又好用"。

其实在以人为本的观念影响下，人们对制度的认识正在悄然发生变化。制度的功能正在从管理、约束向支持、保障转变。我们希望在保教管理者的眼中，幼儿园保教工作制度不仅是教师言行的约束网，还是幼儿园保教工作质量提高的指路灯，是教师观念和行为转变的催化剂。本章将会重点从建设的角度，来简要介绍幼儿园保教工作制度建设的基本内容和实施要点、策略。

第一节 保教工作制度建设概述

一、保教工作制度建设的含义和内容

（一）含义

在汉语中，"制"有节制、限制的意思，"度"有尺度、标准的意思。这两个字结合起来，表示"制度"是节制人们行为的尺度。

制度建设和制度制定有着很大区别。"建设"蕴含着形成的意思，更凸显出一个发生发展的过程。在这个倡导以人为本的时代，做任何工作都需要尊重和理解、民主和开放。这也是从制度制定走向制度建设的背景。此时，我们需要思考用什么样的理念、什么样的方式来制定、修改、推出、执行、落实制度，即制度的建设。

（二）内容

1. 从全面性上看，保教制度包括以下制度

班级保教工作制度：保教人员一日工作常规、保教人员当班制度、幼儿作息制度、幼儿发展情况报告制度、教师交接班制度、班会制度等。

教育教学管理制度：教师备课制度、计划笔记及批阅制度、保教工作评价制度、保教干部转班及深入实践制度、业务档案管理制度、教学资料借阅制度、课题研究和管理制度等。

干部教师培养制度：各层各类教师评聘、培养、管理制度（如市区园级骨干教师、发展期教师、新入职教师、助理教师、保育教师、专业教师等）、园本教研和园本培训制度等。

家园、社区工作制度：家园共育制度（如家委会和家长会制度、家长联系制度等）、早教基地工作制度等。

当然，由于各幼儿园的具体情况存在差异，制度的多少、所针对的内容以及细致程度也会有很大不同。在以上所列的一些基本制度的基础之上，幼儿园可以根据本园实际情况以及发展需要增加和细化各项制度，以加强保教管理，保障这部分工作的质量。

2. 从制度的刚性程度和作用范围看，保教制度包括以下制度

管理制度：是组织管理系统的基本框架，保证管理秩序的根本性的管理制度。

管理规定：对某专项涉及全组织或某一个专业系统内的工作所做出的具体要求。

管理办法：对于一项具体工作、操作步骤或对于一个具体项目的管理所提出的要求。

实施细则：对于组织管理系统内某一个管理制度的具体实施步骤所做出的具体规定。

工作条例：组织内部局部性的或阶段性的工作所做出的系列化规定。

可见，越到基层组织单位，越到具体项目工作，越需要制度的细化，使制度能够具体可行，更充分地发挥支持、保障作用。

二、保教工作制度建设的意义

保教工作是幼儿园工作的核心，是实现保教双重任务的中心和基础。保教工作涉及教师、幼儿、家长等之间的多重关系，还涉及对人、财、物的科学管理，而保教工作的过程、结果和质量又难以仅仅通过考核和量化评价来检测和衡量。所以，保教制度建设显得尤为重要。在以人为本理念的影响下，今天的保教制度建设也在不断发展和变化之中。保教制度的意义正在从单纯管理、约束向主动支持、保障逐渐转变。

建设好制度、用好制度，教师的日常工作就有了明确、具体的方向，教师的言行就可以得到有效规范，教师的观念和行为的转变就有了基础和保障，幼儿园日常保教工作质量就才有可能得到切实提高。

三、保教工作制度建设的依据和原则

（一）依法规范——幼儿园保教工作制度应依法依规，规范执教

保教管理者在制定本园保教制度时，必须要先明确依法执教、依法施教的基本原则。《规程》《纲要》《指南》等国家颁布的文件都是非常重要的依据。除此之外，还有所在地区的地方性要求，比如北京市幼儿园还要依据《北京市贯彻〈幼儿园教育指导纲要（试行）〉实施细则》来细化日常工作。管理者应带领教师认真学习这些重要的文件要求，深入领会其中的精神，统一思想。在形成制度文本时，有必要将所依据的法规、文件明确写入其中，时刻提醒大家遵守规章制度，依法规范自身行为。

（二）因地制宜——幼儿园保教工作制度要因园而异，针对性强

由于制度的重要性以及其所需具备的规范性和周密性，制度的制定非常费神费力，同时又考验水平。出于谨慎，许多幼儿园的管理者会学习其他幼儿园的制度，觉得好，还会直接搬来使用。这样的做法可能会对幼儿园保教工作起到一定的保障作用，但也容易因为不符合幼儿园的实际而流于形式甚至"走偏"。

案例

谨防管理中的"东施效颦"

北京市西城区有一所幼儿园教师队伍庞大，教师专业需求多样化，管理者针对本园实际，逐步建立了首席教师大讲坛和首席教师工作室等一系列制度，有效解决了教师队伍培养的问题。其他园所纷纷学习，有的幼儿园也很快建立了骨干教师大讲堂以及骨干教师带教研组的模式，但是这样虽然照顾到了教师的不同需求，效果却并不好。因为在这些效仿的幼儿园中，大都不具备首创此制度的幼儿园的教师规模和骨干教师实力。这些幼儿园专业积淀不足，骨干教师人数有限，实力不够雄厚，自己尚处于需要提升的阶段，又怎能担当独立带教研组的重任呢？另外，幼儿园一般规模小，教师原本就不多，要是还要分出若干教研组，反倒造成了一定的资源浪费。

事实证明，虽然各幼儿园之间的保教工作内容相差不大，但由于各幼儿园之间存在文化差异、教师水平差异和保教工作现状差异，所以其保教工作制度也应因园而异，以保证能够被本园教师所认同和执行。切忌看到其他幼儿园制度实施效果好就直接照搬，避免因"土壤"不同而导致制度执行的"水土不服"，从而对日常保教工作质量提高造成负面的影响。

能够虚心学习好的事物是值得提倡的，但一定要建立在理解其精髓的基础上。将其他园所好的制度引入本园，需要明晰这个制度好在哪里，明晰自己的现状是什么，外来的制度能否对本园的保教工作起到帮助和提升的作用。如果不能和本园实际情况相匹配，就需要谨慎引入，或者进行必要的修改。

为做到因地制宜，就需要管理者关注教师的想法和行为，敏锐地发现日常工作中隐藏的问题，用先进的理念分析问题背后的原因，并反思原有制度的不足。要在实践中尝试改变，摸索有效的工作思路和方法，最后总结好的经验，形成制度，使好的观念和行为能够借助制度落实到每一位教师的每一天的工作中。在本章资源广角中，我们介绍了北京市北海幼儿园干部深入实践制度。这一制度就是源于幼儿园对干部进班工作的重视，将原本很简单的规定加以系统思考和细化，使干部们对深入实践的目的意义、具体操作方法都有了清楚的了解，可谓是非常有力的工作支持。

（三）与时俱进——幼儿园保教工作制度要随着发展变化不断修订

保教工作制度涉及每个班级、每位教师，涉及众多的幼儿和家长，制定起来需要非常谨慎。很多管理者认为制度是底线，是最基本的要求，没有必要经常修订。从管理角度说，保持制度的稳定性很有必要，但这不应成为制度常年不改、甚至明显不合时宜的理由。当制度已经不能为教师工作带来正确的观念和行为引导时，就需要对制度做出修改。

所谓底线，也是相对而言。教科研将保教工作的水准不断拉高，而以制度为代表的日常保教管理底线却不及时跟上，那么教科研成果就难以转化落实到教师的每一日工作中，导致"研什么有什么、不研什么就退步""说、做两层皮"的怪现象。因此，制度有必要在教科研的基础上不断做出修订，及时摒弃明显不合时宜的要求，加入先进的理念和做法，以逐步提高保教工作的底线，来推动幼儿园教育质量的提升。

时代在发展，观念在转变，人员在变动，没有什么制度能够一成不变地沿用下去。所以我们不能止步于制度建立之初，而应持续关注制度的实施效果，观察教师行为，不断听取教师的意见，发现问题，不断进行制度调整。

保教工作制度要体现先进的理念，要能够正确引领教师观念以及给予教师适当的策略支持。这就要求管理者能够借助所学的先进知识去透过现象看本质，去发现随着时代进步、观念转变而浮现出的原有制度中不合理的地方，诊断出关键问题，进而加以转变。针对一些容易出现问题的环节和工作中存在的漏洞，保教管理者要以促进教师专业发展和提高保教工作质量为标准，进行补充或完善，从而使保教工作制度能够不断向科学和优化的方向发展，持续发挥支持和保障的作用。在资源广角中，曙光幼儿园调整自制玩具评价制度的案例非常详细地展现了他们制度建设的过程。即由教师的质疑引发，以新观念为指引对原有制度进行反思，再用研究的方式尝试调整，最终发展和完善了此项制度，做到了与时俱进。

（四）理解认同——幼儿园保教工作制度要能被广大教师理解和认同

在保教制度制定与落实中，许多保教管理者都认为制度是"我制定、你执行"的主从关系，一线教师也往往持类似"你定什么，我就做什么"的观点。确实，制度的制定一般都是管理者首先发起的，因为管理者会从园所发展的全局出发去考虑问题，肯定会"思在前"。但如果保教制度在建设过程中只有这样一层主从关系，忽视人的作用，则往往会出现教师不太理解其意义和内涵，缺少执行制度的主动性、自觉性，或因为把握不准本质而机械执行的情况。

保教制度能充分发挥作用的关键前提是广大教师能够认可其合理性、必要性，能够理解制度的要求是为了达到什么目的。所以，在制度建设中管理者和执行者不应该是简单的主从关系，而应该是一个上下结合的共同体。为了让制度真正走进教师心里，则发动教师一起参与制度的制定过程就显得尤为重要。如果保教管理者能够让制度成为幼儿园建设主体——教师群体共同的约定，那么制度将会发挥出更强大的保障作用。

北京市西城区洁民幼儿园管理者发现虽然园所早有户外体育活动制度，但安全要求让教师缩手缩脚，不敢组织剧烈活动，体育活动内容单一，器械及游戏材料的投放与运用欠缺。教师不仅无奈，还有很多困惑。面对难题，洁民幼儿园没有逃避，而是以教研组为单位，以体育游戏大会活动为切入点，着力研究户外体育活动的有效开展，并逐步将户外体育活动的研究和开展形成制度，从而保障幼儿体育锻炼的时间和质量。经历这一过程，幼儿园管理者收获了这样的感受："我园户外体育活动制度的调整和逐步确立，体现了自上而下和自下而上相结合，这一过程成为所有教职工认可、共识、成长的过程。这种教师、管理者都是主体的格局，使制度不再是管理者约束教职工的工具，而是能够帮助教师在实践—研究—再实践中不断提升专业水平的有效支持，真正成为受益者。"我们期望幼儿园保教工作制度能够像这样出自教师和管理者共研共建的过程，最终能够有效作用于教师身上，落实到日常保教工作中。

总之，好的制度不仅可以起到约束群体和个体行为的作用，而且还能够发挥帮助人、支持人和培养人的作用，使日常保教工作质量不断得以提升，使幼儿、教师、家长获益。

第二节　保教工作制度建设的实施要点

每一个幼儿园的保教工作制度建设的背景、内容、起因都不一样，过程也必然不同，但这并不意味着制度建设的操作无章可循。因为要想真正能够称其为制度建设，必定有一些区别于通常制度制定时的做法在发挥着关键作用。我们仔细分析幼儿园的制度建设过程，也确实暗含着一些共同的特征。我们将这些在制度建设过程中发挥关键作用、具有关键意义的特征提取出来，明确为实施要点，以期帮助幼儿园更好地掌握保教工作制度建设的要领。

一、构建民主、开放的管理文化

这是保教工作制度建设的基础。我们要用辩证的眼光看待教师的牢骚和不适宜行为。保教管理者在工作中听到教师的牢骚话、看到教师有这样那样的不足是很平常的事情。如果没有开放的心态，管理者通常会认为教师是对工作不理解，认识不正确，是自我辩解，固执地坚持着原有的、已经习惯了的做法。进行保教工作制度建设需要管理者放低姿态，开放心态，用包容的心来接纳教师的各种意见，用诚恳的心来寻求大家的帮助。当保教管理者换一种眼光来看待教师的牢骚和问题的时候，也许就是发现改革契机的时候。

二、形成深刻、敏锐的专业判断

这是保教工作制度建设的关键。保教管理者要以先进理念为依据，通过系统思考来诊断问题本质。观念决定行为，外在行为问题的背后是内在观念的问题。保教工作制度建设所形成的制度是教师观念和行为转变的催化剂。也就是说，我们的制度要代表先进的理念，要能够给予教师观念的引领，以及具体行为上的策略支持。这就要求管理者能够借助所学的先进知识从现象看本质，发现随着时代进步、观念转变而浮现出的原有制度中不合理的地方，诊断出关键问题，进而加以转变。

三、坚守先进、实效的建设准则

这是保教工作制度建设的评价。保教管理者要以促进教师发展和提高园所质量为标准来审视制度建设的合理性。传统的制度中管理、约束的成分多，而我们现在所做的制度建设主要凸显支持、保障作用。所以除了通过目的、原则、内容、标准、要求等体现出教育、研修、管理观念的变化，还可以通过在其中融入一定的过程性操作策略来实现制度的具体落实。例如，资源广角中介绍的洁民幼儿园教研工作常规，就是幼儿园将研究得到的有效策略加以整理，使开展园本教研工作的各环节更加规范和具体，从而保障了幼儿园此项工作的质量。这是制度建设与以往制度制定的重要区别之一，也是我们审视制度合理性的重要标准。

四、经历深入、持续的实践研究

这是保教工作制度建设的保障。保教管理者要从实践中不断寻找使先进理念得到贯彻落实的做法，逐步完善制度。只有实践才能真知，实践中出现的问题要在实践中加以摸索解决。保教工作制度建设是在实践中不断研究形成的，不是领导坐在办公室里凭借想象出来的。它必将经历问题诊断、方案设计、行为实施、回顾反思、经验梳理研究全过程，在大胆尝试的心态中、执着追求的努力中、科学细致的行动中、深入精细的总结中诞生。当然，没有哪个制度能以一成不变的模样持久地发挥其作用。制度的建立是好的开始，但并不等于是好的过程和结果。所以管理者需要不断观察制度的实施情况，以教师行为和感受为反馈来反思制度建设的效果，再进行调整，使制度得以细化、优化，不断趋于完善。

五、凝聚共享、共谋的群体智慧

这是保教工作制度建设的条件。幼儿园要靠教师群体智慧来开展制度建设，在过程中逐渐理解和达成共识。制度不断形成的过程也是教师不断思考、理解、磨合、澄清、认同、达成共识的过程。凭空制定出来的制度很可能是管理者单方面的自上而下的要求，难以保证其合理性，同时也难以保证被广大教师认可和理解。如果依靠大家的力量，共同反思问题，寻找原因，共谋解决的办法，齐心调整，将更有利于具有先进性的制度产生和推行。这样，即使教师开始不认同某项制度，但很容易慢慢接纳。有了接纳的基础，也就有了行动中逐渐理解和磨合的可能。而不断的理解深化最终将会促成共识。此时，制度将不再是束缚教师的工具，而成为帮助教师不断成长的有力支持。

第三节　保教工作制度建设的实施策略

保教工作制度建设效果的最终达成要依靠正确理念的指导以及正确的实施过程来实现。在此，我们以制度产生、形成、调整、优化的过程为线索来总结出制度实施策略，以帮助大家能够在做好每个环节的基础上来开展保教工作制度建设。

一、关注教师实践，发现改进问题

以园为本的保教工作制度建设，主要突出了本园的实际情况。针对本园的日常工作，保教工作制度建设力图有效解决和给予持久的保障。作为管理者，只有深入实践，密切了解教师的想法及行为，才能够全面掌握本园日常教育教学工作的开展情况，及时发现和捕捉问题。

第一，营造宽松民主的氛围，使教师能够大胆发表自己的意见。

第二，深入实践，全面了解掌握日常教育教学工作质量。

第三，关注并了解教师的想法及行为。

第四，敏锐发现普遍现象中的不合理因素。

二、分析问题原因，反思原有不足

任何行为都是相应理念影响的结果。当我们反思制度的时候，实际是在反思幼儿园管理、研究、教育等方方面面行为背后的观念。当发现现象中存在不合理因素时，先不要急着改变，而是应该深入思考形成目前状况的原因是什么以及其根本的影响因素是什么。只有找准其中的关键，才能有的放矢地进行制度的调整，有效地解决问题。这其中，诊断的依据是先进的教育及管理理念。

第一，深入学习和理解《纲要》《指南》中的精神以及各种先进理念，树立以人为本的思想。

第二，对问题进行系统思考，挖掘现象背后的深层原因。

第三，对照现有制度，反思其不适宜之处。

三、发动教师参与，共同思考调整

保教工作制度建设的过程是自下而上和自上而下相结合的建设过程。通过将现存的问题转化为需要教师共同思考解决的问题来发动教师参与，构建一支幼儿园平等对话、共同努力的团队，从而使参与的每一个人都能够在制度建设的过程中逐步理解和实践新理念，达成认识的统一。

第一，真诚接纳教师的不同想法，明确其中需要探讨和改变的地方。

第二，邀请教师共同思考和研究更为科学的做法。

第三，根据实际情况，吸纳部分教师参与到具体的研究讨论之中。

四、尝试实践改变，摸索有效方法

保教工作制度建设的形式必须经历一个摸索的实践过程。保教工作制度建设需要管理者大胆尝试，从真实的实践中寻找有效的实施策略并总结经验。

第一，以先进理念为指导，设计更为科学合理的工作和研究方式。

第二，在实践中积极尝试，密切关注实施情况及效果。

第三，广泛听取教师的意见和建议，更加贴近工作实际。

五、梳理改进经验，转化形成制度

制度是教师观念和行为转变的催化剂。经历实践探索之后，我们需要总结好的经验，将宝贵的研究成果转化为制度固化下来，使好的观念和行为能够在每一位教师的每一天的工作中得到落实。

第一，认真回顾所经历的调整过程，明确调整点。

第二，深入思考并推敲调整背后的理念，总结经验。

第三，将实践检验成熟的经验加以凝练，转化形成制度。

六、实践检验效果，不断进行优化

时代在不断发展，观念也一直在转变，没有什么制度能够一成不变的沿用下去。我们不能止步于制度建立之初，应不断关注制度的实施效果，观察教师行为，听取教师的意见，以促进教师专业发展和教育实践改善为标准，不断发现问题，进行调整，进而使制度能够不断优化，向科学的方向发展，持续发挥对幼儿园的支持和保障作用。

第一，积极了解和关注教师的想法和行为，掌握实践中制度执行的效果。

第二，根据效果不断进行调整（细化、优化），使制度更加完善。

资源广角

调整自制玩教具评价制度　引导教师教育行为转变

北京市西城区曙光幼儿园　汪京莉/文

我园从实践中体会到，一项制度的提出，就是确立了一个倡导什么、允许什么、禁止什么的引导牌。因此，我园非常注意制度建设对于教师教育行为的导向作用。在此，仅以我园"自制玩教具评价制度"的调整来加以具体说明。

一、制定自制玩教具评价制度的背景

从引导和支持幼儿的学习和探索，促进不同水平幼儿共同发展的需要出发，我园一直鼓励教师利用废旧材料制作玩教具，以补充游戏材料的不足，并给教师提供多层次材料。为了让自制玩教具材料充分发挥作用，我们还曾开展"被冷落的自制玩教具"的系列教研活动，促使教师进一步认识到不同的玩教具制作对幼儿发展所产生的不同作用，引发教师对玩教具体现多重教育价值、给幼儿提供更多玩法空间的思考。正是在这一过程中，我们体会到，教师自制玩教具的活动需要鼓励、需要引导、需要提升、需要创新。为此，我们制定了具有导向作用的玩教具评选标准。六年来，我们坚持在每学期初或学期末进行评选。制作玩教具已成为我园教师的常规工作，而且每学期都能涌现出一批有创意且制作精良的玩教具。然而，随着时间的推移，一次玩教具评选活动后教师无意说出的牢骚话引起了我们的注意。

二、教师的牢骚话引发玩教具评价制度调整

事情是这样的，在一次常规进行的玩教具评选时，一位教师不满地说出了自己的心里话："学期末才评比玩教具，可是我们班的玩教具在学期初和学期中间就做好了，孩子们都玩了快一学期了。而有的老师交的玩教具一看就是新做的，看着就是好看，我们和人家的怎么比？这么评就不合理！"

还有一位教师说："有的玩教具是很漂亮，可是孩子爱玩吗？难道就因为是废旧物利用了，漂亮了，就能够得奖？我们觉得不合理。利用现有的，甚至是买来的玩具，想办法丰富它的层次，创造新的玩法，难道就不可以了吗？就不能支持孩子们的发展了吗？"

仔细琢磨教师的牢骚话，确实有一定道理。看来我们的玩教具评价制度有不完善和不合理的地方。问题出在哪里呢？我们开始重新审视。

三、分析原因，寻找对策

在教师提出"有的班玩教具是在评比前刚制作的，而我们班则是孩子玩了一学期的玩教具，所以看着不好看，得分就低"的想法后，我们一开始简单地认为是评价时间不对，只要我们确保教师自制的玩教具不是评比前临时制作的，就应该没问题了。但经过进一步的认真分析，我们意识到问题没有那么简单。

在原有的玩教具评价制度中，评价时间是每学期末或学期初。评价指标有四项：创意奖、价值奖（富有多种教育价值）、自主学习奖（引发幼儿主动学习）和实用奖（美观耐用安全）。

一个制度的设立，必然会影响教师的行为，而教师行为的表现，则是我们思考管理有效性的重要依据。为什么每到评比玩教具的时候，就成了教师智慧、技能和作品的展示时间？为什么有的教师只是到快要评比的时候，才制作很多的玩教具呢？透过这些现象，再反观原有的制度，我们发现：

第一，在评价指标方面，玩教具是要让幼儿使用的。一个好的玩教具，首先应该是幼儿确实喜欢玩的；其次应该是对幼儿的发展确实起了促进作用的；最后则应该是能够满足不同幼儿的需求的。真正从幼儿出发，真正站在幼儿的角度思考，这才是我们制定评价制度的立场。但是，在原有制度的四个评价指标中，只有一个指标直接指向幼儿。这就造成了教师把更多的关注投向了玩教具本身，而对玩教具的使用者——幼儿的感受缺少足够的重视。看似是一个简单的评价指标，反映的却是一种教育观。教师在制作玩教具时，实际是比较多地站在教师角度思考，而没有更多地站在幼儿的角度思考。另外，这四个指标也过于笼统，不利于教师的理解，所以有可能会在评价时由于个人教学经验的不同而出现偏差。

第二，在评价时间方面，由于只规定参加评价的玩教具在学期初或学期末提交，而没有明确规定参加评价的玩教具必须在教学实践中使用一段时间，因而使个别教师在参与这项活动时，产生了比较明显的功利心，希望获得一个好的评价，而忽视了自制玩教具的真正价值和意义——在教育实践中，让幼儿充分操作，通过这一媒介来促进幼儿的发展。

第三，在评价方式方面，由于只是教师自己观看和操作玩教具，而没有实地观看幼儿对玩教具的具体操作表现，因而对玩教具是否符合班级幼儿特点，是否对幼儿的主动学习有促进作用等判断难免带有主观臆断性。

经过分析，我们深刻认识到一个制度的制定和实施，对教师观念和行为、幼儿的发展以及园所教育质量的提高起着极其重要的作用。我们必须调整制度，使它不断趋于合理，才可能切实解决存在于教师观念中的"教本位"现象，使玩教具的研究与使用问题真正改善。

四、自制玩教具评价制度的调整

如何对现有评价制度进行调整呢？是采用管理者自己决定的方式，还是采用自下而上与自上而下相结合的方式呢？方式的选择反映了管理者的管理思路，反映了管理者对教师在教育研究中主体地位的认识程度。

正因为一项制度的具体指标指向的是教师的教育观念、教育行为，这就决定了某项制度制定、调整的需求，必须是从教师在教育实践中遇到的迫切需要解决的问题中产生的。某项制度的具体制定、调整活动，也必须是在教师的参与下进行的。如果从制度的制定开始到随后进行的调整，教师都能够共同参与，也就是说教师在整个制度形成过程中都享有知情权、参与权和选择权，那么教师在具体实践中就能对为什么要制定这个评价指标，这个指标要达到什么样的目的，自己应该在教育实践中怎样去落实等问题有比较清楚的了解。教师感受到自己的主体地位得到尊重，积极性也就更容易被激发出来。因此我园始终强调要在教育研究中确保教师的主体地位，此次的制度调整我们依旧采用了教师主体参与、管理者总体把关的方式。在反复和教师一起研讨每一个评价指标是否是从幼儿角度出发，是否体现了对幼儿的关注后，我们最终完成了这项玩教具评价制度的修改。

第一，评价时间从原来的"学期末的评价"改为了"学期初和学期末的综合评价"。

时间上的改变，使得教师自制玩教具的出发点不再是为了评比而评比，而真正地开始思考：这个学期我班幼儿的现状是什么，哪些材料、玩教具是幼儿喜欢的，教师可以做什么玩教具来满足幼儿的需求。更使得教师在玩教具评价的时候，不再只关注玩教具漂亮不漂亮等浅层指标，而更多地关注玩教具被幼儿使用的情况，从操作情况来分析玩教具的适宜性和利用价值。

第二，评价指标从原有的四个平行指标，改为了"玩教具、教师操作、幼儿操作"三大部分17个小指标的两级评价。这使得教师从单纯地关注自制玩教具作品本身，逐渐开始关注玩教具制作的最终目标——幼儿的发展；使得教师们明确了幼儿对玩教具的喜爱程度、操作情况、发展维度才是玩教具评价中更为重要的标准；也促使教师更多地开始关注活动中的幼儿。

评价指标的调整，不仅带来评价角度的变化，还带来了教师自制玩教具出发点的改变。教师在介绍自己制作的玩教具时都会说道："我们班的孩子最喜欢……看到他们的表现，我尝试着投放了玩教具……"

第三，评价方式从原来的简单画对勾，改为了由讲解制作意图、观看玩教具、动手操作体验玩教具和幼儿使用情况等方面组成的综合评价。这就使得玩教具的评价不再是主观臆断，而是在一个综合评定基础上得出的较为客观的结果。特别是 17 个具体指标的分值，能够帮助教师明确自己制作的玩教具的优势和不足。而"签名"虽然是不起眼的一个环节，却促使每一位教师为自己的评价负责任，避免了"人情分"的出现。这个环节还有效地帮助管理者了解每一位教师在制作、评价玩教具时的现有水平，为以后的个别化教研奠定了基础。

自制玩教具评价制度的改变，带来了教师教育观和行为的改变。教师不再为完成制作玩教具的任务而发愁；他们发现了很多幼儿喜欢、又可以延展的玩教具；他们在观察幼儿游戏情况后不断对玩教具进行调整；他们更加愿意研究、观察幼儿的活动情况。

五、依然在不断完善的自制玩教具评价制度

"自制玩教具评价制度"在不断的调整中完善，我园在这个过程中逐渐明确了评价的时间、评价的连续性、评价的详细指标，使得教师在制度支持下越来越能够将《纲要》精神贯彻在日常工作中。

管理者通过批阅教师的观察记录发现，有的教师对幼儿操作材料的记录方式很好，有效地关注了幼儿实际情况，并清楚地体现出了教师的思考和调整。于是我们把这种好的观察调整记录方式进行推广，形成了《曙光幼儿园自制玩教具调整记录表》。

这个记录表的使用，既从外显的行为上强调了教师对幼儿的关注，又从内在的观念上给予了教师支持；既形成了幼儿发展的个案追踪，为更好地了解幼儿的学习特点提供了有效依据，又为园所的教育资源提供了延续传承的有力保障。因此，我园再次调整评价制度，把这个记录表纳入其中。

六、自制玩教具评价制度调整过程的思考

在"自制玩教具评价制度"调整的过程中，我们深刻认识到建构政策导向、制度支撑、专业支持的幼儿园保教工作保障系统在形成园本文化、促进教师专业发展中不可或缺的作用。可以说适宜的管理制度的设立是教师专业成长的催化剂，而不适宜的管理制度将直接影响教师的教育观以及教育行为的具体落实。也正因为如此，建立长效——可持续、常规——可操作、真实——可检验的能不断帮助教师解决问题的保教管理机制将一直成为我们不断探索、完善的研究内容。

北京市西城区洁民幼儿园教研工作常规

为了保障园本教研活动有效地开展，促进管理者的专业引领和教师实践研究、反思能力的提高，我园注意关注教师发展中的问题，并判断教师的发展需求及怎样给予教师支持和引领。最终结合我园教师的发展需要形成此园本教研工作常规，以此来突出对开展教研工作的内容、形式、过程及实践的思考，有效促进教师实践、研究与反思能力的提高。

基本常规

教研工作领导小组、管理制度、时间安排等（略）。

具体工作安排

教研工作流程		目的与任务	实施与操作	时间
先期诊断	观察实践	通过实践挖掘优势、发现问题	通过交流、访谈、问卷及实践等途径对教师进行先期的了解与诊断，即了解教师的已有认识、理解上的偏差，寻找说与做之间的差异，做出诊断	上学期末进行
	互动再现	互动中再现教师经验，了解教师困惑		
	分析判断	基于实践与互动分析判断教师的原有经验，梳理实践中的问题		
制订计划	确定目标三个点 • 锁定问题具体点 • 研究思路清晰点 • 最终发展落实点	通过目标的确定，进一步将问题进行梳理，明确研究的关键点和思路，有效地使管理者的引领和教师的发展落到实处	将问题进行罗列，从中找出影响教师发展和园所教育质量提高的关键点，剖析教师行为背后的原认知，确定近期研究、学习和发展的方向。制定目标中突出"小"而"实"，确保目标的可操作性。从"研师""研研""研生"和"研学"的角度来思考目标，使研究思路更加清晰	每学期开学前进行
	内容来源于实践 • 问题需要来转换 • 内容具体重实践 • 预期猜想不可偏	基于教师的需要开展研究，选择研究的切入点通过对研究内容可操作性的关注，以及对其研究结果的猜想，思考研究内容的适宜性	通过交流、看实践及问卷调查了解教师共同关注的话题，在分析教师已有优势与问题的基础上，寻找解决问题的载体（研究内容）。对研究内容进行猜想，过程中是否有操作性和实践性，结果会如何等	

教研工作流程		目的与任务	实施与操作	时间
制订计划	形式运用多变幻 • 服务目标的实现 • 多种渠道来体验 • 支持获得新经验	通过活动形式的确定，服务于目标的实现，帮助教师呈现原有经验，支持教师通过体验获得新的经验	基于对教师发展水平、学习特点及其他需要的关注，设计不同的研究渠道（理论学习、案例研究、观摩实践、主题答辩、游戏体验等），引导教师体验其中，在体验中获得感悟	每学期开学前进行
	点面结合突出"研" • 过程突出四个"研" • 预设问题想在先 • 研究活动有顺延	通过过程的建构明确研究的思路，并思考如何通过问题的预设来引领教师深入的研究，即如何通过管理者的"研师"和"研研"支持教师的"研生"和"研学"	有针对性地计划每一次的研究活动，基于教师的需要预设具体的目标、形式、过程中的研究点以及活动的框架。将问题的解决分出层次和阶段，使研究活动有深入和延展	
研究准备	引发需求是关键 • 制度保障放在前 • 理论支持跟后边 • 目的意义言在先 • 寻求集体智慧的聚点（确定研究的可能性） • 引发教师实践中的疑难（需求的转化）	通过对研究条件的分析进一步完善研究计划，并通过与教师的互动引导教师发现问题，实现需求的转化	研究核心小组成员共同交流讨论研究方案的适宜性，统一认识 开展实践研究、案例分析、交流座谈等活动，帮助教师呈现实践中的问题，实现需求的转化，即让教师明确为什么要研和研什么的问题	研究方案制订后进行
研究过程	平等开放氛围创在先 • 轻松和谐一招鲜 • 平等对话大胆研 • 接纳不同的经验 • 鼓励教师不照搬	通过平等和谐氛围的营造，使教师能放松心情、心态开放地参与到研究活动中 通过鼓励和接纳的方式，引导教师大胆表达自己的经验，使管理者能更多地了解教师的原有认识	基于教师的需要开展多种形式的活动（游戏体验、主题畅谈等活动），营造轻松和谐的氛围，使教师心情愉悦的参与到活动中 研究中管理者要给教师开放的空间，从态度和行为上鼓励支持教师表达不同的见解	每次研究活动前和实施过程中进行

教研工作流程		目的与任务	实施与操作	时间
研究过程	管理者的质疑是关键 • 倾听捕捉把经验探 • 剖析行为背后的观念 • 建构新旧经验的连接点 • 拓展深入研究的空间	通过质疑有效地发挥管理者的引领作用，拓展教师的思考的空间 通过开放式的问答，了解教师的原认识 有效地捕捉教师观念与行为，分析关键问题，并通过跟进式的提问来建构新旧认识的连接点	依据研究的思路确定并提出关键的问题（注意开放性），为教师提供充分表达的空间，同时管理者要捕捉交流的信息并剖析观念和行为背后的问题，再提出跟进式的问题，引发教师间的认知冲突，拓展研究的空间	每次研究活动前和实施过程中进行
	互助研究促思辨 • 关注认知冲突点 • 创设对话的空间 • 有效利用同伴的资源 • 质疑研究中促思辨	通过创设对话的平台鼓励教师与同伴间互动（质疑、交流与分享） 有效利用同伴的资源，感受集体研究的快乐，促进教师在思辨中发展	倾听了解教师的想法，找准时机抛出关键的问题（基于教师的言谈话语生成话题或是基于对教师的行为背后的分析锁定话题） 鼓励教师与同伴对话，谈出自己的想法，通过"为什么"的问题呈现教师的想法，产生认知冲突，从而形成对话的空间	
	关注提升的经验 • 交流研究后感叹 • 反思实践中缺憾 • 梳理要调整落点	通过交流了解教师研究后的所思所想，关注她们新经验的提升，鼓励教师思考在实践中调整的思路	通过交流、访谈、填写表格的形式对教师研究后的感受进行了解与关注，鼓励教师结合自身实践进行新思路的调整	
研究后续	研究作用于实践 • 认识上的提升不算难 • 重在实践中去发现 • 结果不只是把策略敛 • 追求的是行为的转变	通过关注教师的教育行为，进一步发现学习研究后教师是如何作用于实践的（说与做的差距、对理念理解的偏差和研究经验是如何在实践中运用的） 鼓励教师运用研究总结经验，大胆地在实践中去应用 引导教师关注对幼儿行为及原有经验的分析，把握思考的线索，在此基础上进行策略的探索	通过实践观摩与互动、反思笔记、推门活动等形式关注教师是如何付诸实践的，并通过反馈不断地帮助教师进行原认知的提升，通过效果的分析与评价来支持教师的探索与研究	研究后进行

教研工作流程		目的与任务	实施与操作	时间
总结与铺垫	研究后的整理与再诊断 •成果展示是必然 •总结梳理是关键 •做出客观的分析与判断 •为下一阶段做铺垫	通过成果展示进一步为教师树立自信，感受研究的快乐通过总结梳理经验，对新的问题进行分析，为下一阶段的研究做准备	以座谈、案例呈现、笔记交流、看实践等形式进行成果的交流，撰写经验总结，收集案例等研究核心小组成员进行沟通，进一步确定优势与新的问题，具体分析教师现有的经验水平，明确下一步研究方向	学期末进行

北京市北海幼儿园干部深入实践制度

为了更好地体现办园理念，为幼儿的快乐发展、教师的专业成长服务，我园认为必须加大干部下班指导实践的力度，以便干部能够随时了解一线工作现状，掌握幼儿发展及教师成长中的需要，给予及时的支持和帮助，不断促进园所日常保教工作质量的提高。因此，我园将干部深入实践工作纳入制度，保障执行。

一、干部深入实践的目的

（1）了解幼儿发展状况，全面监控幼儿园保教质量，以便不断改进和提高。

（2）深入了解教师日常工作状况，掌握教师专业发展需要，为有效培养教师奠定基础。

（3）紧密联系实践来开展工作和研究，提高实践工作能力。

二、干部深入实践的内容

（1）了解幼儿发展状况：包括幼儿情绪状态、身心发展水平、卫生及行为习惯、幼儿的兴趣需求等。

（2）了解教师观念与行为：包括工作规范、师德遵守、教育理念、教育环境与氛围、教育策略及方法、活动计划与反思等。

（3）了解班级工作开展：包括各项常规工作的执行和落实、班级环境创设、家园共育、教师间的分工合作等。

三、干部深入实践的原则

（1）以《规程》《纲要》为准绳。

（2）常规工作和重点工作相结合。

（3）面向全体与个性化指导相结合。

（4）欣赏、尊重在先，支持引导跟进。

（5）为教师服务，与教师共同成长。

四、干部深入实践的要求

1. 有理念，有思想

（1）干部要通过各种途径加强自身的学习和提高。及时了解和领会国内外教育动态、国家对教育和教师的新要求等，以保证自身修养的提高，教育思想观念、教育方法和策略的先进性。

（2）干部深入实践，要以先进的理念为指导，积极贯彻落实《规程》《纲要》《指南》等纲领性文件精神及幼儿园办园理念。

（3）干部深入实践时，始终将"与教师共同树立先进的教育理念，促进先进理念向适宜教育行为转化"作为工作的思路，来思考、研究、调整自己的实践。

2. 有目的，有计划

（1）通过多种途径加强本部门教育质量。注重对教师思想和专业发展现状的前期了解和调研，把握影响质量的核心问题，带着尊重欣赏教师，张扬优势，支持教师自主发现问题、解决问题，以不断提高日常工作质量为目的去深入实践。

（2）加强教师专业发展需求调研，根据《标准》，研究与分析本部门每位教师在专业发展过程中的需求与问题，结合教师职业发展规划和阶段性专业发展计划，有针对性地指导教师实践。

（3）为了全面、科学地掌握教育实践状况，更好地促进日常保教质量提高和教师专业发展，每位干部要确定学期深入实践计划，并分解到月计划和周计划。每学期初制订学期计划，每月末制订月计划，每周五制订周计划。

（4）每个干部都要确立自己的实验班级，既能指导教师教学，同时也锻炼干部一线带班和指导教学的能力。

3. 有分析，有策略

（1）干部对深入实践所观察的内容要有分析、有记录，能以进班目的为指导，带着研究的问题，对照先进的教育理念去分析教师教育行为，反思自身指导的适宜性，不断寻找落实先进理念的具体措施与方法。

（2）干部深入实践后，要及时与教师沟通，与教师共同研究树立先进教育理念、提升实践智慧的具体措施，给予教师正面的引导和积极的鼓励。

4. 有总结，有提升

（1）干部在与教师反馈过程中，要与教师共同梳理总结新理念，新经验，新行为，提升认识。

（2）干部自身也要对指导实践情况进行及时的反思，不断总结先进的理念、适宜的教育策略和教研、管理策略，不断提高自身专业引领能力与管理艺术、水平。每周书写管理笔记不少于一篇。

5. 有延伸，有转化

（1）干部深入实践后，对教师后续工作改进情况要进行跟进性指导，引导和激励教师不断调整，落实先进理念，探索适宜的教育行为。

（2）干部要及时梳理深入实践时所发现的共性问题及好的理念和经验，通过多种形式的研修活动，与更多的老师进行共享，共同改进教学实践。教师的个性问题，则可以通过个性化指导来解决。

6. 有评价，有考核

（1）干部要合理安排各项工作，保证深入实践时间，正、副园长每周保证深入实践时间不少于 16 小时，中层管理干部深入实践时间不少于 20 小时。

（2）干部深入实践的内容、分析与反思，以下班记录和管理笔记的方式完成，每月 25 日交主管领导批阅。

（3）通过多种方式的自评、他评来考评干部深入实践的质量。各部门主管在听取教师意见、了解班级工作的基础上，定期分层、分级对干部下班深入实践的时间与效果进行评价、分析和反馈。深入实践的整体工作情况将纳入干部月质量考核，并作为干部年终考核和聘任的重要指标。

（4）通过行政教研等途径进行干部进班指导情况和经验的沟通交流，及时了解幼儿和教师发展情况，班级工作质量，以及干部下班指导的困惑问题。互相学习，共同研究，提高干部深入实践的经验和水平。

第三章　保教计划管理

现代社会中，各行各业分工越来越精细，其内部各个组成部分之间运转过程越来越复杂，协调关系更趋严密。要想把这些繁杂的有机体科学地组织起来，让各个环节和部门的活动都能在时间、空间和数量上相互衔接，既围绕整体目标，又各行其是、互相协调，保教管理者就必须要系统思考，并有一个科学合理的计划。

在管理实践中，计划是其他管理工作的前提和基础，并渗透到其他管理工作之中，计划还是管理过程的中心环节，因此，计划在管理活动中具有重要的地位和作用。这里的计划不仅是指形成的文本，更多的是指作为保教管理者对纷繁复杂且琐碎的保教工作的一种全面系统思考和在管理思路基础上的设计。

首先，计划体现了保教管理者对管理的系统思考，它是确定目标以及达成目标的途径和方法，它指导不同岗位上的人围绕一个总目标，秩序井然地去实现各自的分目标。因此，一个组织的任何管理行为如果没有计划指导，其管理者必然表现为无目的的盲动。其次，计划为各种复杂的管理活动提供了数据、尺度和标准，它不仅为管理活动指明了方向，而且明确了组织中的每个人，以什么样的方法和途径去实现组织的共同目标，避免在工作过程中偏离方向，忘记初衷。

保教管理者作为幼儿园保教工作的组织者和管理者，工作的开展依赖于计划为先导。本章就保教工作计划管理的基本内容及环节进行具体阐述。

第一节　保教计划管理概述

幼儿园保教工作是幼儿园教育教学工作的核心，会直接影响幼儿园的教育质量。

一、保教计划管理的内涵

保教计划是订在计划期内，为了实现幼儿园保教工作目标和任务，对保教工作的内容、措施等问题进行合理安排，进而设计达到目标的具体行动方案。[①]

---

① 北京市教育委员会．幼儿园计划管理实用手册［M］．北京：同心出版社，2007：41.

《纲要》明确指出："幼儿园的教育活动，是教师以多种形式有目的、有计划地引导幼儿生动、活泼、主动活动的教育过程。""教育活动的组织与实施过程是教师创造性地开展工作的过程。教师要根据本《纲要》，从本地、本园的条件出发，结合本班幼儿的实际情况，制订切实可行的工作计划并灵活地执行。"

幼儿园保教计划管理是指根据本园的发展目标和园所教育发展的实际，制订本园各项保教工作的计划，并对计划的实施和执行进行督促、检查和总结。

幼儿园保教计划管理是由制订保教计划、执行保教计划、评价实施效果和总结保教管理经验这四个基本环节构成，见图1-1。

保教计划的制订、执行、评价、总结这四个环节，围绕着幼儿园的保教管理目标，一环扣一环，有序地向前运转，构成了计划管理的一个周期。保教管理者抓好了幼儿园保教管理过程的各个环节，也就抓好了幼儿园计划管理。

二、保教计划管理对幼儿园工作的意义

保教计划是指导幼儿园保教工作集体行动的纲领，全体保教人员都要根据所制订的保教计划来实施保教行为。保教计划管理具有控制作用，它调控和掌握着保教人员工作的方向；另外，保教计划管理具有引领和预见作用，每一个园所在学期开始，就要设想本学期园所需要什么样的教育目标，具体要分几个步骤，采取什么形式，通过什么活动实施，所以在活动的实施开始以前要制订保教计划。

第一，保教计划管理具有集体行动纲领作用。即明确保教工作目标，指明幼儿发展和教师培养工作的方向，是保教工作行动的指南。

第二，保教计划管理具有控制作用。即明确了实现保教目标的途径、方法和策略，提出了在幼儿保育、教育、教师发展培训、园本教研各个方面具体的培养和培训内容和形式。

第三，保教计划管理具有引领和预见作用。保教计划管理为实现保教工作做了时间安排和规划，明确了每个时间段的培养、培训的内容、途径、方法和策略，让全体保教人员做到工作有条不紊，不断朝着目标努力。

三、保教管理者需要撰写和指导的计划

幼儿园的教学业务资料非常繁杂，种类比较多。在这些资料中，保教管理者必须清楚哪些是需要园长去制订的，哪些是保教管理者要撰写的，哪些是保教管理者要指导教师去完成的。

经过认真、细致的整理和筛选，我们将保教管理者需要撰写和指导的计划归为在吸纳各方意见的基础上直接撰写的计划和指导教师制订的计划两大类，具体内容见表3-1。

表 3-1 保教管理者需要撰写和指导的计划

在吸纳各方意见的基础上直接撰写的计划	指导教师制订的计划
保教计划	班级计划
教研计划	学期计划
科研计划	月计划
家园工作计划	周计划
	日计划

第二节　保教计划管理的环节

保教计划管理是保教管理者系统思考保教工作、开展保教工作的过程。本节将从制订幼儿园保教计划的程序和方法、如何组织实施保教工作的各项计划、如何评价保教计划实施效果、反思梳理保教管理中的经验和不足四个方面具体阐述保教计划管理各环节的实施方法。

一、整体思考——制订幼儿园保教计划的程序与方法

作为保教管理者，每学期都要制订保教计划，是否思考过这样的问题：在纷繁复杂的教学工作中，怎样厘清头绪？日复一日的班级工作中，怎样抓住重点？各项保教工作怎样有序安排？保教计划在文本上如何表述？

（一）制订计划的依据

1. 依据国家和地方各级教育行政部门制定的教育方针、政策和法规

教育的根本任务是把受教育者培养成为社会需要的人，它反映了社会对受教育者的要求，这是教育工作的出发点和最终目标，也是制订教育计划、确定教育内容、选择教育方法、检查和评价教育效果的根据。保教管理工作作为教育工作的一种类型，同样肩负这样的社会责任，因此，保教管理者要积极落实党的学前教育方针，学习和把握《规程》《纲要》《指南》核心理念，通过保教计划的制订，努力落实先进的教育理念和育人目标，积极培养社会所需要的受教育者。

2. 依据对全园幼儿发展状况的评估分析、保教工作质量及保教队伍现有水平的客观分析

保教管理的最终目的是促进幼儿、教师的发展。因此，管理的效果如何，是否达到了目的，最终要回归到幼儿的发展情况上去看，所以，幼儿的发展现状应成为我们制订保教计划的主要依据之一。同时，幼儿的发展现状又依赖于教师保教工作的开展，因此，不断评估审视我们的教育现状、教师专业发展的优势和问题，并进行分析归因，才可能使保教计划制订得更有针对性，能够持续改进保教工作。

3. 依据幼儿园全园工作计划、重点是关于保教部分的内容

全园计划从幼儿园整体管理的角度，提出了改进保教质量，提升办园品质，实现办园规划和目标的总体方案，计划中涉及的各个环节、各个部门、各个组织的管理，相互联系、相互制约、相互促进，这为幼儿园保教计划明确了方向和思路。保教计划必须以全园计划为总的指导思想，根据全园计划中的保教工作目标去设计保教工作具体开展的内容和方式，落实全园计划。总之，保教计划是全园计划的一部分具体实施内容，要针对园所保教实践中的问题和工作目标有重点的深入、细致的思考。

4. 依据市、区验收、考核、督导等行政部门的反馈建议

市、区各级各类考核和督导，是通过行政的力量，进行教育质量比较全面的诊断过程，能更客观、更准确地帮助我们不断发现问题，改进质量。因此，督导、考核意见，是我们制订保教计划的重要依据，而且是我们必须采纳的政府意见，必须针对政府反馈意见，做出保教管理的新的改进。

5. 依据幼儿、家长、社会等调查分析结果，确定保教工作的重点任务

幼儿和家长是我们的服务对象，他们的意见和建议能更真实地表达受教育者的发展需要和服务需求。保教管理要通过各种渠道，调查、了解幼儿、家长和社会对保教管理工作和保教质量的意见和建议，帮助我们更好地改进工作，确保完成保教工作。

（二）制订保教计划容易出现的问题

保教管理者尽管了解计划制订的依据，但是在操作过程中还是容易出现以下一些问题。

1. 基础性问题

保教计划能对保教现状做分析在先，但是在现状分析中，往往缺乏幼儿发展评价中真实、具体、客观的分析。幼儿发展评价是保教管理中的重要一环，是保教计划制订的前提和基础。只有针对幼儿身心发展进行具体客观的评价，我们的保教计划才能更加有针对性地促进幼儿发展。

2. 一致性问题

为了实现幼儿园保教工作目标和任务，保教管理者对保教工作的内容、措施等问题进行合理安排，进而设计达到目标的具体行动方案。在制订保教计划过程中，往往出现具体的策略、方法、途径与目标相脱节、不一致的情况，从而影响了保教目标的实现。

3. 连续性问题

有些保教目标的实现，往往是个长期和连续的过程，不是仅仅一个月或一个学期就能完成的。在制订保教计划的过程中，要注重为达成保教制订目标持

续性的计划，要能够坚持围绕保教目标持续性地跟进。

4. 重点不突出问题

很多幼儿园没有抓住园所保教工作的主要问题、主要矛盾来制订保教计划。大多数计划中，表述的内容笼统而概括，重点不突出，针对性差，计划中的内容放在任何一个学年中都可以使用。

5. 内容过满、活动过多问题

在制订计划的过程中，将教育教学工作的方方面面都纳入了计划中，内容过多，且很多内容都是以组织各项活动为载体的（如基本功展评、集体活动评优等）。教师在学期工作中，需要费很多精力在参加这些活动方面，这样容易造成教师深入思考改进日常工作的时间不足。

为了避免出现上述问题，使计划制订得更有针对性，计划管理的目标得以实现，保教管理者要明确保教计划制订的基本程序和方法。

（三）制订计划的程序

1. 现状分析和调研

保教管理者需要在制订计划之前通过多种途径，对幼儿园前一阶段的保教质量和工作状况做一个比较全面、系统的调查，包括借鉴上学期保教和教研工作总结，并在调查的基础上做出深入、细致的分析，主要内容包括已经取得的成绩和实际存在的问题。

分析主要从以下几方面进行：幼儿发展的情况、教师发展的情况、保教工作完成的情况、家园共育、社区教育、教研的情况等。在分析这些内容的基础上认真分析本园的具体情况，是制订计划的根本基础。在实际中，如果上学期保教和教研总结写得很有针对性也是计划可以参考的内容。

现状分析的方式，可以采用对具体保教管理工作的数据分析。例如，幼儿发展评价分析、幼儿卫生保健、体检结果数据分析、教师发展需求调查等；还可以召开教师座谈会，倾听教师的需求。另外，在现状分析的过程中，一定要研究本学期上级督导部门、上级业务管理部门对本园保教工作的业务督导、检查和指导意见，这些为提高本园保教质量，提供了非常宝贵的客观意见和建议。

保教管理工作的分析要细致，同时也要进行归纳和归因，能够明确工作的主要优势和问题，以便于保教工作目标的制定更有针对性。

2. 学习和研究

（1）认真学习《规程》《纲要》和《指南》精神

《规程》《纲要》和《指南》是幼儿园保教工作的法规性文件，是党的路线、方针、政策的具体体现，指导着幼儿园保教管理工作。作为保教管理者，一定要熟悉和掌握各项法规、文件的精神。在学习的过程中，要对照实践，寻找在幼儿园保教管理中的差距和不足，以便在制订保教计划过程中，确定正确而适宜的目标。

（2）认真学习研究上级的有关部门的计划

上级部门的计划包括上级行政部门教委计划、学前科工作计划、业务指导部门教研室工作计划。教委计划从宏观和全局的角度，为学前教育事业的发展提出了战略性目标和方向；学前科和教研室提出了实现学前教育事业发展战略目标具体的策略、方法和途径。上级部门的计划，是保教计划的纲领性指导文件，制订保教计划，要为了确保落实区域学前教育事业发展的总目标。

另外，还要认真学习和研究全园工作计划。全园工作计划是结合本园实际提出的更加具体的、促进提高本园办园质量的总计划、总方案。保教计划是全园工作计划的重要体现，它服务于全园工作计划，并负责保教目标的具体落实。

3. 制订保教计划草案

在以上各项工作的基础上，保教管理者要参照上级部门工作要求和内容、结合本园实际问题来制订保教计划草案。

（1）保教计划的内容构成

幼儿园学期保教计划从其内容构成来看包括：对上学期保教工作现状的分析、本学期保教工作的目标、重点任务、采取的具体措施和方法、逐月工作安排等。完整案例见本章资源广角《2014—2015学年度第一学期保教计划》。

（2）各部分内容之间的关系

保教计划各部分内容之间是彼此联系、互相依存的关系。首先，对优势和不足的分析归因是制定保教工作目标、重点以及采取措施的基础。没有进行问题归因分析所制定的目标缺乏针对性和实用性，问题分析如果不准确或者太空泛，也会使目标、重点和措施缺乏针对性，使保教计划管理的整体思路难以清晰，更难以实现质量提升。因此，保教管理者要注意使"现状中的主要问题、工作目标、重点任务和逐月安排"三者之间建立起必然的内在联系，使计划能够通过具体的工作步步落实，使重点任务中未涉及、逐月安排中找不到的弊病得以显现。在制订计划的系统思考中学会科学、扎实地进行保教管理。

（3）制订保教计划的具体要求

通过现状分析以及明确工作的目的和重点、实施的步骤和措施等，也就是明确为什么做、做什么、怎么做、做到什么程度。

①现状分析：一般围绕保教管理工作包括的内容来进行，但也不用包罗万象，全面而没有重点，应找准幼儿发展、教师发展、保教质量中最有特点、发展效果突出的内容或者问题进行梳理。问题的梳理和归因是计划制订的基础。

②工作目标和重点任务：在分析保教工作现状的基础上明确主要问题，提

出各项保教工作的具体目标。主要包括幼儿发展、教师发展、保教工作日常管理、家园社区、教科研等几方面，目标和重点也可以分开来写，但彼此是有内在联系的。目标制定切忌过于宏观和空虚，要具有可操作性，要与全园各项工作目标一致。

③具体措施：这主要呈现的是落实重点目标工作内容所采用的途径和方法，这个途径和方法应该是可操作、可落实的，而且确实能够达到目标，解决现状分析中呈现的问题。

④逐月安排：根据每个月的日常工作和重点工作，将前面所提到的措施细分到每个月中，甚至可以细致到每周中，以保证总目标和各项保教工作的近期目标的具体落实。这部分内容还包括一些常规工作。比如，环境创设和交流的活动，可能每个学期初期、中期都会有，它没有作为重点放在目标中，但会作为常规工作写在逐月安排中。逐月安排通常使用表格的形式表述，这样条理清楚，不易遗漏。

（4）草案修订

计划草案制订后，应交全体保教人员讨论。讨论保教计划的过程，是共同分析、研究幼儿的过程，同时，也是教师共同学习和自觉主动完成好工作的过程。

（5）实践完善

保教计划不是一成不变的。在实践中我们还要根据保教工作的实际情况，进一步修订、补充和完善计划。计划经正式通过，就要认真贯彻执行。在执行过程中，往往也需要继续加以补充、修订，使其更加完善，切合实际。

4. 制订保教计划需要注意的问题

第一，在制订保教计划的过程中，应充分考虑在园幼儿发展的现状，根据现状相应调整保教工作对策，确定和安排工作重点，避免出现计划、实施"两张皮"的状况。

第二，各项任务所对应的措施要具体可行，并保障计划落实。措施是否具体、可操作，是计划能否得到有效落实的关键。确定保教工作任务后，要制订切实可行的跟进措施。措施与目标之间要有关联性，避免过于宽泛、笼统，不贴近教师班级工作实际。

第三，在制订计划的过程中，要挖掘和利用一切可利用的园内外的教育资源，同时，也要充分考虑可能出现的障碍、困难，预设克服的办法和措施，以免出现问题时工作陷于被动。

二、实施指南——如何组织实施保教计划

（一）保教计划如何实施——保教工作流程

保教计划制订之后，该如何合理地开展保教工作呢？这里，我们不妨尝试梳理出一个保教管理者安排保教工作的程序，以帮助保教管理者厘清常规性工作逻辑。从与保教管理周期、课程实施周期保持一致的需要出发，我们从"一个学期"作为保教工作实施周期的角度切入分析。

保教工作流程主要包括保教工作与活动过程的环节、步骤和程序。保教工作流程反映了组织系统中各项工作之间的逻辑关系，并呈现出一种动态性。建立保教工作流程的意义在于优化保教活动的组织与管理，让保教活动趋于规范化和科学化。

学期保教工作分为三个阶段，每一阶段都有相应的工作重点。保教工作流程见图 3-1。

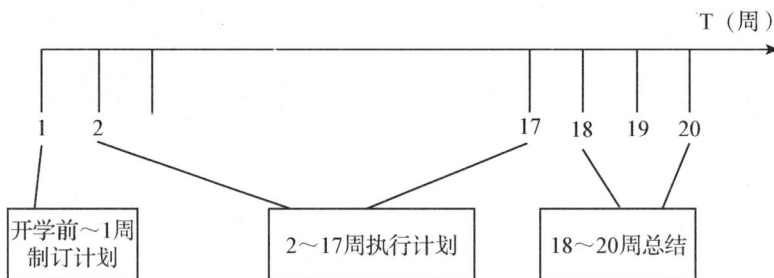

图 3-1　保教工作流程图

第一阶段（开学前至第 1 周）：保教计划的研究、编制和确认。

第二阶段（第 2 周至第 17 周）：保教计划的执行。

第三阶段（第 18 周至第 20 周）：保教工作的总结。

为了使保教工作流程更加清晰，保教管理者必须明确自己在阶段性工作中的任务指向，以便合理有序地安排日常保教工作各项事务，见表 3-2。

表 3-2　保教管理者阶段任务

时间	主要任务	主要工作程序
第一阶段（开学前至第 1 周）	制订计划	1. 共同研制计划：保教管理者与园长、教师根据上学期工作梳理总结深入讨论幼儿发展、教师专业发展、教育教学现存优势和问题，明确学期保教工作重点。 2. 在明确工作重点的基础上，制订保教计划。 3. 确认保教计划：保教管理者制订完保教计划后，要送请园长批阅，在保教目标和具体措施上，得到园长认可，与园长达成一致。 4. 保教计划定稿：通过园所业务会议，与教师再次沟通并确认计划中目标与内容的合理性、组织的可行性、活动的实效性，让教师了解与自身工作密切相关的活动，并针对更加细致的问题，进一步完善，最终定稿。

时间	主要任务	主要工作程序
第二阶段 （第2周至第17周）	执行计划	1. 布置保教计划让干部教师明确主要工作：依据每月工作安排，告知教师保教工作内容，提出相关要求，请教师做好前期准备。 2. 组织实施保教管理让活动能落实：依据活动计划，保障活动资源，任务到人，责任到位，灵活具有创造性的组织各项活动。 3. 做好活动的反思梳理工作：对保教活动的信息随时汇总或小结，反思工作组织实施效果，形成过程性的记录和成果。
第三阶段 （第18周至第20周）	总结	1. 布置需要教师参与总结的工作：布置总结内容，安排具体事项，告知教师总结的形式与时间。 2. 做好自我的保教工作总结：反思学期工作的成绩和不足，撰写保教工作小结。 3. 初步梳理下学期工作重点问题：在反思本学期保教工作的基础上，思考下学期保教工作重点和方向。

（二）如何保障计划的实施效果

组织实施阶段是计划管理的关键阶段，为确保计划组织实施阶段的效果，应该把握以下几个关键词。

1. 目标明确

不忘初衷，方得始终。任何事情，只有始终牢记最初的理想和目标，这样才能把事情做好。在保教计划组织实施的过程中，有一条主线贯穿始终，这个主线，就是我们的办园方向、育人目标。执行保教计划的过程中，有一系列的保教行为和管理行为，有大量的保教工作需要我们做，但无论做什么工作，我们始终要本着实现育人目标，达成办园理想，去精心策划每一项工作。

2. 观念正确

观，是行为的方法。念，是行为的动机。我们以什么样的方法和动机去贯彻落实保教计划，决定了我们能不能把事情做对。《纲要》和《指南》是我们实施保教计划的指南针，尊重幼儿、以幼儿为本、面向全体、关注个体、坚守幼教核心价值，杜绝小学化倾向等理念，是我们做好一切保教工作的宗旨。作为保教管理者，要加强《纲要》《指南》的学习，始终保持教育理念的正确性与先进性，努力使保教计划的实施与管理促进幼儿发展。

3. 实践转化

实践是检验真理的唯一标准。计划制订是否切合实际，计划管理是否取得实效，关键要看幼儿发展水平、教师专业素质和保教工作整体质量是否得到提升。作为保教管理者，一定要立足实践，着力于实践，努力通过各项保教计划的实施，去提升教学实践质量。

三、评价反馈——如何评价保教计划实施效果

保教计划实施效果的评价要以目标为依据，既要注重工作结果，又要注重工作过程。在评价过程中，主要从以下几方面来看实施效果。

（一）幼儿的全面发展

制订和实施保教计划的目的在于提高保教质量，而保教质量提高的最终目的在于促进幼儿发展。因此，幼儿是否获得全面发展，自身能力是否有进步，是评价保教计划实施效果的关键。

（二）教师的专业发展

幼儿园保教质量的提高与教师专业水平密切相关，因此，不断更新教师教育观念，提升教师实践智慧，促进教师专业成长，是保教管理工作的一项重要内容。而教师是否获得专业成长，是评价保教计划实施效果的另一重要指标。保教计划管理，要通过合理的保教计划、有效的组织实施，使教师在学习、研究、实践中不断提升专业智慧。

（三）教育教学实践的问题解决

保教计划管理，是一个动态管理过程，是不断发现问题、解决问题，在问题的改进中促进保教质量提高的过程。在教育教学中，影响质量发展的突出问题是否得到关注，是否得到有效解决，是评价保教质量的重要标准之一。所以，保教管理者要树立问题意识，提高问题解决能力，不断提高保教管理水平。

四、总结撰写——反思梳理保教管理中的经验和不足

撰写保教总结，就是保教管理者把一个时间段的保教工作情况进行一次全面系统的总反思、总检查、总评价、总分析、总研究，对于已经获得的成绩进行充分的肯定，对于尚且存在的不足进行充分的挖掘，从成绩和不足中，进行理性的思考，抽取出工作经验，为进一步做好保教工作做好铺垫。

保教总结与保教计划是相辅相成的。总结要以计划为依据，而制订计划总是在总结经验的基础上进行的。保教总结是保教计划管理过程中重要的环节，它们虽然在形式和内容上有所区别，但是它们有着一个共同的目的和作用，那就是都为了更好地做好保教工作，提高保教质量。

（一）保教工作总结的意义

1. 保教总结是保教计划管理的起点和重要环节

总结的目的，是为了更好地前进和发展，它是新的保教计划的起点。总结

出的经验客观、准确与否，决定着新一轮保教计划能否切实引领新工作的开展。因此，做好保教总结，能为新一轮的保教计划管理，铺好路，开好头。

2. 保教总结是进一步梳理保教管理思路的重要途径

保教总结是保教管理者通过对一定时间范围内保教工作历程的回顾，梳理出的已经取得的成绩，获取的经验，同时，对在保教总结工作中还有哪些问题和不足进行反思，找出这些问题和不足产生的原因是什么，要用什么途径和策略去解决和改进。这整个总结的过程，是保教管理者进一步梳理总结管理思路的过程。

（二）保教工作总结容易出现的问题

在保教工作总结过程中，常常会出现以下现象和问题。

1. 罗列事件，缺乏认识

保教工作总结最常见的问题就是罗列所做的各项具体工作，对于为什么做这些工作，以什么指导思想来做这些工作，工作取得的成效和问题不足缺乏深刻的认识和反思，从而使保教工作总结成了记叙文，对保教管理工作缺乏理性的分析、思考和提升，就没有达到计划管理的目的。

2. 脱离计划，忘却初心

有的保教总结脱离了最初的保教计划，只是保教管理者凭感觉、凭印象总结了过去一阶段的保教工作，从而使保教总结和计划变成"两张皮"，计划和总结之间相互脱离，缺乏必要的联系。虽然说有计划的工作，计划不一定能百分百达成，期间的工作势必会有些调整和完善，但是，保教计划在执行过程中，其工作目标和工作指导思想，这些大的原则和方向，是不会变的。如果出现脱节，就意味着我们在具体计划的执行过程中，没有把握好目标和方向，保教管理出现了随意性和盲目性等问题，这需要引起我们高度重视。

3. 表面文章，反思不足

保教工作总结是提升认识的过程，需要从两个方面着手，一方面是从我们曾经经历的保教管理工作中梳理经验，另一方面需要从中挖掘不足和问题，寻找今后工作的新起点和生长点。在现实的保教工作总结中，我们常常发现，有的保教总结只是总结了以往的成绩，抓不住保教工作中存在的问题，更谈不上对今后保教工作做进一步的发展，没有明确的方向、措施和策略。

（三）保教工作总结的方法

保教工作总结既然如此重要，需要我们认真而慎重地做好该项工作。本章资源广角中《2014—2015学年度第一学期保教工作总结》有详细说明。

1. 明确理念与目标

保教总结是在一定的教育理念和管理理念之下完成的。正确理念的依据就是《规程》《纲要》和《指南》等学前教育指导性文件。保教工作总结要始终本着这些教育理念去总结和反思，我们哪些保教管理工作体现了办园理念，实现了育人目标，哪些工作与理念和目标存在差距和不足，都要进行研究，以及理性地分析和判断。

2. 分清概述与详述

保教计划实施过程中，我们在某个阶段会做大量的保教工作和保教管理工作，要注意分清主次。即依据计划中的目标和重点，来决定我们总结工作的主与次。对于与办园理念、育人目标密切相关的重点工作，要有重点地进行详述，其他的保教管理工作，可以简述。

3. 加强梳理与提升

保教总结不仅要表述工作的开展情况，更重要的是，要认真分析和总结这些工作在教育观念上给我们带来哪些转变，在实践智慧上给我们带来哪些经验，对我们今后工作带来哪些影响。同时，梳理和提升的过程，也是我们对照《规程》《纲要》和《指南》进行学习和反思的过程。

4. 挖掘成绩与不足

总结成绩与不足，是总结的中心任务。要肯定已有成绩，找出实际问题。成绩有哪些，表现在哪些方面，是怎样取得的，对于今后工作的借鉴意义在哪儿；不足有多少，表现在哪些方面，是什么性质的，怎样产生的，这些都应总结清楚。这里的成绩与不足，不仅可以对照《规程》《纲要》和《指南》进行反思获得，也可以对照以往的保教计划管理工作来获得。

5. 总结经验与教训

最后，需要特别强调的是，我们在实际的保教管理工作中，常常会发现有重视计划，轻视总结的现象，从而造成"虎头蛇尾"的管理现象。保教总结的目的，不是为了写好一篇总结，而是要在总结的基础上，更好地做好今后的保教计划。因此，我们要认真对待总结工作，只有这样，才能使我们的保教计划管理有头有尾、有节有序、有质有量。

资源广角

2014—2015 学年度第一学期保教计划

北京市第六幼儿园   周永革/文

一、现状分析

上学期，教学工作围绕着建设园本"活动课程"，在教育实践中"让教育成就每一个人，人人精彩，人人成功"的工作指导思想，依托"第三届六幼杯"实践观摩活动以及 60 周年园庆，本着"让规范的工作成为一种习惯的常态"管理理念开展工作，在促进幼儿的全面发展、促进家园共育以及促进教师专业成长方面有了显著的进步，但也存在一些不足。下面从几方面进行分析。

（一）取得的成绩

1. 以验收工作为契机，让规范的工作成为一种常态

在年度考核验收工作中，我们围绕着加强日常常规工作的调整、改进、完善教育教学工作中存在的问题进行，提出了"让规范的工作成为一种习惯"的标准。我园课程建设下的幼儿发展和教师的专业成长，赢得了验收领导以及专家的高度赞扬。

2. 以 60 周年园庆为契机，梳理和总结活动课程的成果

借助建园 60 周年契机，我园与《幼儿教育 100》教育杂志社联合举办了研讨会，结合我园活动课程发展脉络的活动课程的研究成果和教师脚踏实地的实践经验，引发了与会教师的学习热情和热烈讨论。

3. 以日常实践管理为基础，提高管理的实效性

干部们能围绕存在的问题有针对性地跟随教师的实践开展管理，提高改进问题的执行力。教学与各部门之间及时沟通具体的做法和完成的要求，加强了管理的有效性。

4. 以"发现幼儿的学习，支持幼儿的自主游戏"为主题开展研究

教师基于幼儿游戏行为和表现对幼儿学习特点的分析，体现活动课程的理念越来越被教师接受和理解，并落实在促进幼儿发展上。

（二）存在的不足

1. 日常保教管理工作中

中层干部自身管理和专业能力水平的有待提高。探索促进不同层面教师的专业成长上的管理研究不够，在指导中还要更加细致和深入。

2. 依托活动课程开展的实践研究中

教师专业能力上存在差异，对幼儿年龄特点以及兴趣需要的水平把握不准。教师设计开展丰富的生成活动的能力需要再提高；把握课程的核心价值，以及依据幼儿行为表现进行有效师幼互动的能力欠缺。

3. 与家长沟通方面

教师与家长沟通时要注意方式方法，"家长是合作伙伴"的意识需要加强。

二、幼儿园工作的指导思想

贯彻《纲要》和《指南》，依据幼儿园"做中教，做中学，做中求进步"的办园理念，从"专业的工作水准，创新的工作作风，换位思考的工作习惯和温馨互助的团队精神"几个维度；通过在园本活动课程的研究和建设过程中，

通过家、园、社会一体的相互配合营造适宜幼儿发展环境的过程中、不断促进幼儿园教育教学质量不断提高。

三、工作目标和重点任务

（一）加强对教学干部的思想引领，提升高位管理的意识

利用班子会及教学会，分析日常教学管理中的问题，挖掘问题根源，设计形式多样的教研活动，切实解决教师教学实践的真问题。

（二）依托各领域研究团队，满足对不同层级教师的培养

继续发挥骨干教师、学科带头人、老教师的作用，形成领域研究小组，满足不同层级教师专业发展需求和指导。

（三）树立"让规范的工作成为一种习惯"的目标

继续开展"做师德高尚的幼儿教师"的师德教育活动，从细节管理入手，规范教师行为习惯。

（四）设计有主题的专题教研内容，提高教师师幼互动能力

借助开展第四届"六幼杯"教学竞赛活动，提高教师对教材对幼儿原有水平的分析能力，梳理有效师幼互动的策略。

（五）继续开展丰富内容的主题活动，促进幼儿在活动中的全面发展

本学期，尝试开展"家长进课堂"的活动，鼓励家长走近幼儿园教育。

四、具体措施

（一）加强教师队伍建设

1. 骨干教师队伍建设

（1）加强对骨干教师思想的引领。引导党员教师和团员教师积极参与党支部组织的各项思想政治教育活动，并以高尚的师德精神和过硬的思想，发挥带头和引领的作用。

（2）继续以"骨干教师大讲堂"，承担市、区观摩展示的方式为骨干教师搭建平台。

（3）骨干教师履职。借助区骨干教师考核，为他们搭建履职的平台（骨干教师展示、课程资源库等）。

（4）做好骨干教师自立课题的结题工作，在过程中提高骨干教师的经验积累和实践探索。

2. 对老教师的培养

（1）继续发挥老教师"智囊团"的作用。通过承担青年教师培养任务的师徒制的实施、承担示范课和评价者工作，在成就自己的同时，更好地发挥传帮带的作用。

（2）在活动课程的实践研究中，依据幼儿的原有经验和水平以及年龄特

点，尝试开展生成教育，满足和跟随幼儿的学习。针对实践研究，总结 1～2 个活动案例。

（3）对老助理教师培养。鼓励他们以"做个小课题"的方式，以幼儿园课程理念为指导，尝试开展实践研究，提高指导幼儿的策略和方法。

3. 对青年教师的培养

（1）开展形式多样的青年教师的培训。以"交流小妙招"的方式开展技术练兵实操活动，切实提高新入职教师胜任岗位要求的能力。以"师徒"方式结对，提高新入职教师胜任工作的能力。

（2）工作两年、三年教师——进行教育教学技巧观摩研讨实践式的培训、边实践边理论提升。

（3）工作三年到五年教师——提高自己带班的方法经验，并能在工作中体现幼儿园的教育理念，并勇于尝试和实践。

（二）日常保教工作的管理

1. 师德教育工作

本学期继续以"让规范的工作成为一种习惯——做师德高尚的幼儿教师"为主题，开展师德教育活动。从小事、小行为入手，形成规范。

（1）利用教师节表彰活动，大力弘扬"爱岗敬业、踏实奉献、勇于创新、师德高尚"的精神，并利用宣传栏的方式宣传先进教师的优秀事迹。

（2）组织教师参加园内讨论活动，并深入领会教师标准以及责任。

（3）继续开展评选第五届"师德之星"评选活动，引导教师争当师德之星。开学初公布评选条件和标准，为教师努力指明方向。

2. 加强日常保教工作

（1）本学期教学管理以"让规范的行为成为一种工作习惯"为管理目标，组织教师深入学习和领会幼儿园制度，加强对各年龄班常规的培养与检查落实。

（2）加强与保健医的沟通与合作，对助理教师的日常工作进行具体指导，继续以互查卫生的方式，规范工作标准，提高保育工作的质量。

（3）开展多种形式的大型活动，促进幼儿全面的发展。

第一，充分发挥功能教室中教师的作用，有目的、有计划地丰富幼儿园活动课程的内容。

第二，开展"大带小为主题的快乐入园日"，帮助缓解小班幼儿分离焦虑，促进中大班幼儿社会性交往能力的发展。

第三，组织大中小班"119 消防日"的活动，提高幼儿生活中自我保护的安全意识和能力。

第四，组织幼儿开展秋游活动和秋季亲子运动会。

第五，开展第三届"故事宝宝庆新年的活动"。日常各年龄班以年级组的方式设计年级小型的活动（内容自定）。

（4）教师继续教育工作：根据我园继教学分统计情况，组织教师进行公共必须课和专业选修课的学习。

3. 加强阳光体育工作的开展与研究

（1）尝试出台户外体育活动制度以及活动质量的评价标准，本学期以每天评价三个班的方式，加强对教师计划每周要有一节体育课以及日常体育活动质量的管理。

（2）设计小型的体育项目的竞赛以及游戏活动，提高幼儿参与体育活动的兴趣。

（3）重视对幼儿操、舞基本动作发展。坚持每月的汇操活动和秋季运动会。开展完善每周三游戏大会，促进幼儿体能的发展，关注个体差异进行个别指导。

（三）教科研工作（具体内容见教研工作计划）

第一，继续深入开展"以促进幼儿主动学习为目的的活动课程的实践研究"。

其一，"第四届六幼杯的活动"——继续以研究大组活动为载体，提高教师把握领域核心价值、分析教材以及师幼互动有效提问的能力。

其二，以"学习的故事"的方式，观察了解幼儿，记录幼儿的学习过程。

其三，体现"一日生活皆教育""课程模式""幼儿评价"。

第二，组织实施落实《指南》精神的全市展示开放活动，全面提升教师的专业水平。

第三，市区骨干教师完成"十二五"北京学前教育学会课题结题工作。

（四）"家园共育共促成长"为主线，开展家长工作

把握课程理念，有创造性地开展家长工作，促进家园共育目标的实现。

第一，继续"创设优质家庭环境"的家长课题的尝试与研究，共同组织设计和组织"家长进课堂"的活动开展，并请家长相互介绍育儿好经验，提高家长的育儿理念和方法。

第二，设计和组织形式多样的家长参与的活动。九月份各年龄班召开家长会，向家长介绍学期工作的重点。每月末开展家长半日开放活动，有条件的班级可以开展家长带活动。组织家长参与亲子运动会的活动和"大手小手描绘秋天"的画展活动。

第三，小班组做好新生家访、师幼见面互动活动，及时与家长沟通幼儿的发展情况，关注幼儿的个体差异。

第四，通过家幼栏、网络和校园 APP 等形式，及时和家长进行沟通，满足家长的需求。

五、其他工作

发挥示范园的辐射作用，做好各项观摩接待以及挂职锻炼人员的学习和支教活动。

六、逐月安排

月份	常规工作内容	负责人
八月份	各班做好环境卫生、环境创设以及主题确定；为开学做好各项准备工作	保教管理者干部、教研组长
	小班做好家访以及班级见面会，了解幼儿及家长，提前做好沟通工作	保教管理者、小班组教研组长
	园务会；教代会；布置本学期的工作计划内容	工会主席
	开学各项工作落实的检查	保教管理者、各班班长
九月份	新生快乐入园活动；亲子快乐半日、大带小快乐入园日活动	小班组、保教管理者
	各班常规培养及各班常规检查；教师学习相关制度；各年龄班学习新操动作	保教管理者、教研组长
	教师节表彰活动	工会主席
	班组长培训	保教管理者
	各年龄班家长会	保教管理者、教研组长
	助理教师技术练兵；基本操作方法及要求	保教管理者、保健医
	观摩接待	教科室主任
	北京市学前教育学会课题结题工作	教科室主任、保教管理者
十月份	秋季亲子运动会、启动冬锻项目的开展	健康组
	实践观摩（启动第四届"六幼杯"初选）	各领域课题组长
	家长开放日（各年龄班组织秋游）	保教管理者、教研组长
	教师教研培训；教师讨论：建立"团结协作"工作标准	保教管理者
	观摩接待（落实《指南》精神开放展示、挂职接待）	全体管理及各班教师

幼儿园业务园长／保教主任工作指南

月份	常规工作内容	负责人
十一月份	落实《指南》精神开放展示、挂职接待	园长、保教管理者、教科室主任
	各年龄组小型主题活动《秋天的画展》	教研组长、功能教室教师
	家长开放日（家长进课堂）	保教管理者、各班班长
	开展在日常生活中"让幼儿成为生活小主人"的教学实践交流	园长、保教管理者、教科室主任
	开展全园教职工讨论活动：立足本职我们教师最重要的教育思想行为应该是什么	园长、保教管理者
十二月份	庆新年工作筹备工作（幼儿、工会）	各班班长及教研组长
	述职工作	园长
	班长以上干部交流会	园长
	幼儿发展评估	保教管理者
一月份	做好期末总结工作（幼儿发展评价）	保教管理者
	安排做好假期工作	教科室主任

2014—2015 学年度第一学期保教工作总结

北京市第六幼儿园　周永革/文

本学期教学工作围绕着"专业的工作水准，创新的工作作风，换位思考的工作习惯和温馨互助的团队精神"的管理理念开展。借助"把握领域核心价值，促进幼儿的主动学习"的第四届"六幼杯"教学实践活动的开展，促进园本活动课程在教学实践中的推进。现从以下几方面总结本学期的教学工作。

一、以党的群众路线教育实践活动开展为契机，践行核心价值观的思想

（一）以"做师德高尚的幼儿教师"表彰活动为契机，加强师德教育

在庆祝第 30 个教师节之际，我园开展以"让规范的工作成为一种习惯——做师德高尚的幼儿教师"为主题的优秀教师表彰活动。在表彰会上，教师从不同角度谈了自己的成长历程，谈了自己以真诚的态度与家长、幼儿、同事相处的具体做法，诠释了作为青年教师在平凡工作只要坚持努力就能成功的成长经验；从立足本职的角度，谈了自己如何在工作落实课程教育思想以及理念。

师德教育是常抓不懈的一项工作。在组织全体教师开展"师德大讨论"的

活动。以"师德的具体行为是什么"展开的交流和讨论中，教师从幼儿教师职业特点的角度总结了作为幼儿教师应具备的师德行为：爱心、耐心，尊重、接纳等，以专业的行为与幼儿互动，树立终身学习的思想意识，满足幼儿的兴趣和需要，支持幼儿可持续的发展等。师德行为的大讨论给每位教师提出了更全面更高的职业要求。

（二）以党的群众路线教育实践活动为契机，提高政治素养

本学期围绕着群众路线教育实践活动的开展，组织教师听取了正、副园长的述职工作总结。从高位管理的角度，向全体教职工贯彻了党的方针政策。一方面对建章立制建立长效机制的内容向全体教职工进行了说明，另一方面也提示党员干部要加强在工作中继续践行群众路线的精神，扎实做好本职工作的要求。

二、以"把握领域核心价值，促进幼儿主动学习"为研究主线，促进教师实践能力的提高

（一）开展第四届"六幼杯"大组活动的实践研究

本次"六幼杯"的活动主题是"把握领域核心价值，促进幼儿的主动学习"。重点研究的是把握各领域核心价值以及主要的教学形式，如何促进幼儿在集体教学中的主动学习。与以往不同的是，此次活动由骨干教师成立的各领域小组，带着教师进行实践研究。帮助本组教师把握《指南》的目标和要求，组织集体教学活动的原则和方法以及需要注意的问题等。

在近两个月的"六幼杯"实践活动中，教师参与的积极性和主动性很高。

突出的优势：第一，依据领域核心的价值，把握幼儿年龄特点和学习方式，对教材的分析更加深入。小班突出运用情境游戏化的方式，重视在活动中对幼儿情感体验的关注。中班突出在满足幼儿好奇心，好动的特点，运用操作体验的方式让幼儿在活动中获得发展。大班突出挑战性和创造性方面鼓励大班幼儿的主动学习。第二，教师重视有准备的环境创设，设计与活动目标相结合的材料，满足幼儿的操作。第三，注重各领域的整合，以及对幼儿学习品质培养的重视。第四，能关注幼儿的个体差异，并给予指导与帮助。

存在的问题：第一，依据幼儿原有水平制定可检测、可执行的目标还有待提高。表现在目标制定过多、过难。第二，材料为幼儿学习发展服务，最大限度使用（适宜性）还比较重形式，对材料满足和实现幼儿的学习还要细致分析。第三，教师在大组活动中，对幼儿表现出来的行为，师幼互动的能力还有待提高，及时把握和回应幼儿的能力不够。

学期末各领域的组长以"骨干大讲堂"的方式，总结本组在"六幼杯"活

动中的经验，帮助教师梳理和总结了各领域学科的核心价值，以及把握核心价值还可以继续开展和完善的内容，给教师组织大组活动以启示。

（二）以环境交流的方式，关注幼儿的学习

本学期分别组织班组长以及全体教师交流环境的教研活动，从另一个角度改变了教研组织的模式，走进实践，走进班级，真正地让每位教师都能在交流中感悟幼儿的学习过程。

在每次交流前提出不同的问题，重点是围绕着"通过环境的创设，看幼儿当前的游戏内容，如何进行调整"。首先活动是各班介绍本班的亮点以及幼儿当前的兴趣和游戏状况，通过这样的交流学习，不仅达到了相互学习借鉴的目的，而且，通过对每个班亮点活动的分析，打开了教师设计的思路，能从领域整合以及注重幼儿学习品质的培养方面，提出了很多好的建议。

通过这样的交流和对各班亮点的分析，教师逐渐明晰了环境创设如何跟随幼儿、支持幼儿延伸、延长游戏的具体做法，我们也总结出四点环境创设应遵循的原则：第一，把握幼儿的年龄特点和学习方式，以及当前的兴趣需求，内容的选择贴近幼儿的生活。第二，注重和各领域的融合，促进幼儿的全面发展。第三，跟随幼儿的游戏表现，调整和丰富材料，延伸、延长幼儿的游戏。第四，注重对幼儿学习品质的培养，关注幼儿富有个性的表达。

（三）以"学习的故事"方式记录关注幼儿的学习过程

自以"学习的故事"的方式记录幼儿的学习过程之后，教师对幼儿在游戏中的行为和表现的分析和判断更为客观。教师能从做幼儿的玩伴，做观察者的视角关注幼儿在游戏中的学习，并跟随幼儿的真实兴趣和需要提供调整游戏材料，使幼儿的游戏和学习更加深入。

本学期，以园本教研的方式交流了"学习故事"，同时参与了西城区科研月的交流活动。我园教师在西城区科研月"读懂幼儿的内心世界，回应幼儿的真实需要"的学习故事评选中，两位教师获一等奖、两位教师获二等奖、四位教师获三等奖。马庄凝老师的《小灯泡亮起来》在论坛上做了经验交流。教师只有关注幼儿的真实需要，才能以好的启示真正地让幼儿在游戏中得到发展。

三、在课程实践中，加强对不同层次教师的专业培训

（一）发挥骨干教师专业引领作用

本学期，我园骨干教师力量壮大，为了发挥骨干教师的专业引领作用，成立了骨干教师教研组。一方面依据市区对骨干教师管理办法加强日常对骨干教师履职的管理，另一方面，以教研组的方式开展日常工作的交流，帮助他们在完成好本职工作的同时，发挥骨干作用。

由骨干教师领衔各领域小组研究，并利用骨干教师大讲堂的方式为他们提供了展示的平台，在发挥他们自身专业优势的同时，加强对他们管理能力和管理意识的培养。通过完成市区观摩任务以及接待代培实习的工作，帮助他们完成履职要求。从学期末骨干教师的履职工作总结中自觉履职的角度看，骨干教师工作完成得很好。

此外，我园6位骨干教师完成了"十二五"市学会结题工作。在组织骨干教师结题工作中，我园骨干教师立足日常开展研究的意识非常强，同时注重日常成果以及资料的积累，并把这种经验用于实践的能力提高得非常快，但在系统整理方面还有欠缺，特别是理论联系实际的方法还不够，这也是骨干教师今后需要提高的地方。

（二）针对青年教师的问题，设计教研活动

1. 做好新入职教师的通识培训工作

本学期我园新入职教师六人，为了把好入职关，教学部门针对新入职教师的需要设计了园本通识培训课程。从师德教育、安全管理制度、幼儿园规章制度、岗位流程和职责、五大领域教学内容、卫生保健知识等方面进行了通识培训。同时保障他们按要求参与西城区新入职教师的培训。

在班级中，安排班组长以及区级骨干教师做师傅，加强日常对新入职教师的管理和培养。

2. 对青年教师的培训

本学期组织和指导工作三年以下的青年教师日常工作的落实。通过技术练兵，学习和统一保育工作方法，并以交流小妙招的方式，提高工作能力和效率。以参与教师培训的方式，提高教育技术和能力。引导青年教师以积累本的方式对班级环境创设的亮点活动包括区域材料，进行收集和整理，形成积累的意识和习惯。

（三）加强对助理教师的专业培训

针对日常保育工作中的问题，本学期与卫生保健共同设计有针对性的助理教师培训内容。以交流"工作中的小妙招"方式开展技术练兵，手把手地教青年助理教师学习基本工作技能，并在医生的指导下，结合对保健卫生要求的标准的理解，请助理教师以教师笔记的方式对自己学到的方法进行总结和积累。鼓励助理教师以专题研究的方式对日程工作中出现的问题进行研究，并树立"让规范的工作成为一种习惯"的工作意识，完成好日常卫生工作。本学期中大班继续以做生活的小主人、把自我服务的权利还给幼儿的角度，对幼儿生活自理能力的培养和小主人的意识进行研究。小班以培养幼儿基本的生活自理能力为内容，建立了以班级为主的师徒结对，帮助新教师胜任日常保育工作。

四、发挥示范园的辐射作用，展现教师专业水平

我们以开放的心态，全园开放的形式接受观摩工作。在观摩活动中，不仅展现了六幼的教师团队，同时，也通过相互的学习和交流让我园教师良好的专业精神得到了观摩教师的认可。

本学期重点接待了挪威大学一行六人为期一周的教育实践。挪威客人对我园的活动课程的内容很感兴趣，各班也利用这个资源与幼儿开展相关主题的活动。接待了教育部全国课程改革骨干教师研修两个批次共计10人次为期两周的代培工作；完成了学习共同体园的下园指导工作；完成了市区以及国家级教师观摩学习工作。

五、开展有主题的活动，促进幼儿全面发展

(一)"亲子游戏周""快乐入园日"——做好入园适应

为了帮助小班幼儿克服分离焦虑从而更快地适应幼儿园的生活，小班组利用家长会、亲子见面活动等形式与孩子和家长进行了沟通。为了让孩子喜欢来幼儿园，采用请爸爸妈妈陪同幼儿来园、在为期三天的半天活动中让家长和幼儿共同参与游戏的方式。在体验活动中，家长对幼儿园生活和学习有了初步的了解，并亲身感受教师工作的辛苦，也增加了对幼儿园教师的信任度及认同感。

(二)发挥多功能教室的作用，提高幼儿参与活动的兴趣

本学期的小厨房结合中秋节日开展制作活动，让幼儿体验制作月饼、饼干、蛋糕的乐趣。本学期，功能教室的教师发挥创造性，结合幼儿园课程理念，配合班级家长开展进课堂以及各项制作活动，让幼儿体验动手操作的乐趣，培养乐于与人交往的品质。

(三)坚持阳光体育活动的开展，提高幼儿身体素质

本学期组织开展了"爱阳光、爱运动——大家一起来"秋季汇操活动，并启动了冬锻项目的练习。各年龄班以一个游戏主题为切入点开展冬锻体育活动。一方面，提高教师对操舞促进幼儿动作发展的重视；另一方面，帮助教师重视日常体育活动的开展，将冬锻项目的练习与日常活动相结合。

继续坚持开展每周一次的游戏大会，但随着幼儿熟悉的过程，感到在丰富游戏情境和主题，以及完善游戏器械和材料方面，还要深入研究和调整。这也是健康组下一阶段研究的重点内容。

尝试制定了《北京市第六幼儿园户外体育活动的评价标准》，目的是对教师开展每日有组织的户外体育活动进行指引。标准从对教师的要求、从玩教具准备到游戏过程中体现给每个幼儿练习的空间，以及在游戏中的个别指导和运动中自我保护能力、安全意识的培养提出了具体的要求。这个评价标准将在健

康组成员中试用并尝试进行评价。

启动了雾霾天气的室内活动的开展内容。中大班在划分好的区域内，带幼儿以律动、小的音乐活动内容组织幼儿进行活动，小班在班级内容组织律动模仿的活动，满足了动静交替，以及应对雾霾天气不能开展活动的问题。

（四）设计有主题的活动中，促幼儿的全面发展

组织全园幼儿的秋游活动，托小班组秋游奥林匹克森林公园，中大班组秋游科技馆。中大班组结合班级开展的主题活动。托小班突出增强亲子情感以及在活动中感受秋天季节特点……活动收到了良好的效果。从管理的角度，组织这样有针对性的活动对幼儿学习的价值，感受到教师能有针对性地利用资源的能力。

组织大班组参观了什刹海消防中队。在参观中幼儿了解了消防知识，参观了消防车以及消防车内各种设备的用途，懂得了不能玩儿火，如何避免火灾的发生，遇到火灾后逃生的方法等。

设计开展了"大手拉小手走进秋天——秋天的童画"作品展。各班能利用家长资源，鼓励家长带孩子走进秋天，并和孩子共同进行创作。大班继续开展"我喜欢的"作品展评，提高幼儿感受美欣赏美的能力。

组织以年级为单位的"喜气洋洋迎新年——第三届故事节"庆新年活动。孩子们精彩而富有童真的表演感动了参与的每个人，也让家长们感受到幼儿园教育促进幼儿全面发展的教育理念，感受到每个孩子的健康快乐的成长。

六、家园共育共促幼儿的发展

（一）亲子陪伴日，了解幼儿园的教育

本学期开展形式多样的家长参与活动，帮助幼儿适应幼儿园的生活。小班组开展"快乐亲子日活动"，帮助家长体验和了解幼儿园的学习生活方式，这种方式对缓解幼儿分离焦虑起到了很大的作用。大班教师关注混龄家长的担忧，及时与家长沟通班级具体做法，以及幼儿在园的情况，并以约谈、照片等方式，及时让家长了解幼儿在园的情况。

（二）家长学校，走近幼儿园教育

本学期以家长学校的形式组织召开中大班家长会，聘请了雷锋小学的校长以"为了孩子的成长，做不断学习的家长"为题，和大班家长交流了大班幼儿从良好习惯入手，进行幼小衔接的配合。陈园长以"在活动中促幼儿发展"为主题，帮助家长了解幼儿学习的特点和方式，并做到尊重幼儿的发展，顺应幼儿的发展规律，两个讲座从教育思想以及理念上让家长感受到，家长也是课程的一部分，做到家园共育离不开家长育儿观的改进和提高。中大班各班班长更是进行了家长会活动。班长在家长会前了解家长需求，就家

长关心的问题设计家长会内容，解决家长问题，真正地让家长走进幼儿园教育，走进幼儿园。

（三）"家长进课堂"，参与幼儿园教育

本学期尝试以"家长进课堂"的方式，真正地引导家长参与到幼儿园教育中。家长们发挥自己的特长配合班级教师完成孩子的学习需要。尽管是刚刚开始，家长们近距离地走进了班级课程，看到了孩子们学习的过程，从而更加愿意配合幼儿园开展教育工作。教学将跟随各班"家长进课堂"的活动开展，使家长资源最大化地让更多孩子受益。

（四）家长委员会，参与幼儿园的管理

本学期召开了全园家长委员会。与家长沟通了幼儿园五年规划以及幼儿园本学期的工作计划。家长参与幼儿园的管理是今后管理的趋势。园级家长委员会成员，为幼儿园各项工作的开展提出了很多好的建议，对我园下一步的工作开展提供了依据。

第四章　日常保教管理

　　本章阐述了幼儿园日常保教管理在保证幼儿园教育质量中的重要作用。只有植根于实践的管理与指导，才能产生真正的支持与引领。本章主要围绕保教管理者在进行日常管理时关注的几项工作中的若干问题进行了解答：日常保教管理主要包括哪些内容？保教管理者进班看什么以及怎样指导？家园共育的意义和家园共育工作的组织与实施的具体方法是什么？如何安全高效地组织幼儿园的大型活动？面对教师的文本资料怎样做到在批阅中达到情感沟通与书写水平提高的目的？等等。保教管理者要紧紧围绕日常几大项工作进行管理，不断提高日常保教管理水平，确保幼儿园日常教育质量。

第一节　日常保教管理概述

一、日常保教管理的作用

　　《规程》对幼儿园的性质、任务有明确的规定，日常保教工作是落实全园保教计划的核心，是完成幼儿园双重任务的重要部分。日常保教工作的管理是保证教育质量的关键环节，它的作用是把握全园保教工作的进度和工作开展情况，及时发现教育实践中的问题并转化为园本教研的内容，在研究中进行解决，促进保教工作有序有效、优质地运行，促进幼儿和谐发展，促进教师专业化水平的提高。

　　有效的管理离不开有效信息，有效信息的获得离不开亲自深入实践，保教管理是以育人为目的的真实的管理行为，所以在保教管理工作中最主要的环节是日常保教实践的观察与指导，保教管理者亲临教师实践现场，看看教师都在做什么，怎样做，做到什么程度，看看孩子们都在做什么，有了哪些发展，这样才能做到对管理心中有数。只有把管理指导植根于实践，才能真正地支持与引领教师在专业方面不断成长。那么，保教管理者进班看什么？又指导什么呢？这是很多新上任的保教管理者感到困惑的问题。

二、日常保教管理的主要内容

　　解决困惑问题，需要明晰日常保教管理的主要内容，即主要包括进班深入实践的观察与指导；幼儿园大型活动的组织；家园共育工作的开展；教师文本批阅等。这几项工作内容是评价幼儿园教育质量的主要项目，保教管理者的日常工作管理应紧紧围绕着这几项内容进行。日常保教管理的质量和效率，决定了幼儿园保教质量与水平，同时，是幼儿园正常开展教育教学工作的基本要求；是开展园本研修活动的依据；是促进教师专业发展，实现教师行为改进的重要手段；是促进幼儿和谐发展的基本保障。日常保教管理很重要，保教管理者开展工作时要了解并处理好以下几个关系。

（一）明确把握全园保教计划与日常保教工作一致性的关系

全园保教计划是针对园所中幼儿发展现状、教师发展现状、园所发展现状中的优势与不足，并在分析归因问题基础上制订的。保教管理者在深入班级观察与指导中，会随时发现幼儿的兴趣、需求、生活卫生和行为习惯，以及师幼互动、环境创设、生活护理、家园工作等方面存在的优势与不足；在批阅教师文本中能了解和发现教师在教育理念、学情分析、学科知识、教法经验上的优势与缺失。这些具体的事例和现象都为制订具有针对性的、解决当前园所质量问题的保教计划提供了科学、客观的依据。同时，在保教计划制订并落实的过程中，日常保教管理工作又起到了检查和督促计划实施的作用。所以说，日常保教工作与保教计划之间是提供依据、督促落实的关系，是保教工作的重要环节。

（二）准确建立日常保教工作中的问题与园本研修活动的关系

园本教研的内容来源于园所保教实践中存在的真问题，通过教研的方式帮助教师明确正确的教育观，调整教育行为，是提高教师专业能力的有效方式，是提高日常保教质量的最好途径。保教管理者在进班观察和指导的过程中，及时发现班级、教师、师幼互动等方面的问题，了解教师的真实想法，在了解的基础上进行归因分析，找到园本教研的具体内容，依据内容设计多种形式的教研活动，有效地解决问题。因此，可以说，日常保教工作为开展适合本园实际情况的园本教研提供了客观依据，而通过园本教研解决了影响园所质量的问题，又为确保日常保教工作的质量提供了保证和可能。

（三）科学规划日常保教工作和促进教师专业发展之间的关系

园所的理念、园所的质量需要依靠教师来落实。因此，教师的专业化水平直接影响着园所的教育质量。日常保教工作中的进班观察与指导能够帮助管理者在深入实践的过程中了解教师的实际需要，了解教育教学全过程，了解教师的长项与短项；能够发挥保教管理者引领者、督导者、传播者、合作者、支持者等角色作用；能够追踪园本培训及教科研成果转化落实情况，把教研的重心下移到班级，突出共同学习成长的过程。开展实地的教学研究，其重点不仅仅是引导教师关注教案，实施教案，更重要的是让教师掌握如何了解幼儿，如何和幼儿有效互动的方法，达到支持教师专业发展的目的。因此，日常保教工作是促进和保障教师专业化发展的有效途径和重要手段。

（四）系统构建日常保教工作和促进幼儿和谐健康发展的关系

幼儿园的工作应该围绕着一切为了幼儿的健康成长服务。因此，我们需要通过日常保教工作确保班级开展的各种活动是否符合幼儿年龄特点、发展水平和健康发展要求；需要通过开展系列大型活动培养幼儿的自信和勇气，开阔幼儿的眼界，促进幼儿的交往等多方面能力的发展，增加家园的合作，一致配合支持幼儿主动发展。例如，大型活动往往整合了多领域目标，如何让幼儿成为主人，如何让家长积极参与，如何让教师得到锻炼，这些都会体现在每个活动的全过程中。从策划到实施，从准备到落实，从计划到反馈都是一个个很好的契机，保教管理者需要通过指导开展全园或是班级家长工作，形成从园所到家庭的科学育儿理念，为幼儿无论是心理上还是生理上的和谐健康发展奠定良好的教育环境。

日常保教管理在处理好几个关系的同时，还要了解一些日常保教管理的要求和方法。

三、日常保教管理的要求与方法

保教管理者在进行日常工作管理时要经历完整的"六有"环节。"六有"环节是：有目标、有重点、有记录、有分析、有指导、有反思。

有目标——开展管理行为之前要有目标，目标明确是提高保教管理有效性的关键环节。

有重点——保教管理者根据园所本学年中的重点工作和近一段时间的特殊任务，确定日常保教管理的重点。（例如，开放展示活动、节日庆典活动等）。

有记录——简短记录、翔实记录与系统记录相结合，记录要认真、客观、清晰，既是为指导反馈提供依据，同时在文本书写资料展示交流时，给教师做出榜样。

有分析——在工作管理中发现问题时，保教管理者要运用教育理论进行科学的分析，诊断问题的本质，并初步制订分类、分步解决问题的方案。

有指导——保教管理者对教师进行指导时要公正、客观，以事实为依据，避免单向指导，应采用双向互动研讨指导为主的形式，引导教师自主认识问题，这有利于教师自我调控和自我反思。管理的最高境界就在于逐步形成一个群体中自我管理、自我激励、自我修正行为的良好环境。

有反思——保教管理者基于问题、科学分析、客观指导的管理行为告一段落时，需要对自己的管理行为做反思。反思管理行为的水平及效果，为今后工作的开展提供有效的经验与借鉴。

综上所述，日常保教工作在整个园所的保教管理中具有不可或缺的价值，园所只有高度重视日常保教工作中的各项工作，才能够确保园所的高质量，才能确保教师专业化的高水平，才能确保幼儿健康快乐地成长！

第二节　进班观察与指导

一、观察和指导的意义和作用

在日常保教管理中，保教管理者要经常深入教学一线，才能够真正实现进班观察和指导的价值。国家对保教管理者深入一线有时间规定，即业务园长一周不少于 16 小时。有的幼儿园对保教主任、教研组长深入一线的时间要求不少于 24 小时，之所以有这么长时间，是要保证保教管理者对一线实践工作的了解，能及时解决实践工作中出现的问题。保教管理者一定要明确进班观察和指导对园所学前教育质量的意义和作用，确保这一职责的落实。

（一）保教管理者日常进班观察与指导的意义

幼儿园的保教管理者担负着园所整体质量提升的重要责任。而日常进班观察和指导是实现这一责任的重要手段。保教管理者日常进班观察和指导的意义主要体现在以下方面。

1. 进班指导是保教质量规范和提高的需要

日常保教、教育教学质量是幼儿园的生命线，是幼儿园竞争力的核心表现，是教育可持续发展的现实需要，更是办好人民满意教育的需要。因此，加强教育教学管理尤为重要。而保教管理工作中进班观察与指导是提升教育教学管理水平的重要组成部分。

2. 能够及时把握影响园所保教质量的核心问题

保教管理者坚持进班，躬身实践，深入班级进行调查研究，才能洞察园所教育教学现状，及时掌握新情况，发现新问题，取得领导和指导园所教育教学实践和研究的主动权。

（二）保教管理者日常进班观察与指导的作用

保教管理者进班观察与指导是园所保教计划管理实施环节中最重要的工作，它对质量提高起着以下作用。

1. 了解幼儿的发展现状和需要以提供更适宜的支持

保教管理和保教工作的最终目的都是促进幼儿的发展。因此，检验保教管理工作效果的途径和方式就是幼儿的发展。从幼儿发展现状我们可以看到保教工作和园所管理工作的优势和不足，对幼儿的游戏、学习的支持是否适宜幼儿特点，从而让我们对管理方向、制度和方法等进行反思、建议和调整。

2. 了解保教人员工作现状，使保教计划管理能够有的放矢并且有效

一个园所保教计划和教研计划制订的依据是保教管理者在进班观察中发现的优势和不足；观察与指导的过程又是保教计划管理的一个实施和监控的过程，教研成果的检验过程。保教管理者在进班过程中发现教师工作中的实际现状和需要，才能准确把握园所当前存在的优势和不足，才能做到心中有数，并在分析基础上寻找适宜的调整措施，制订切实可行保教计划，最终提升园所保教质量的水平，办人民满意的教育。

二、观察和指导的主要内容

刚走上保教管理岗位的管理者，总是不知道下班观察的时候看什么，怎么看，发现问题之后怎么办，如何指导教师是有效的，而如果保教管理者在这个环节不清晰，必将导致园所保教质量的下滑。日常下班观察与指导的目标应依据园所近期保教计划中的要求具体落实，主要包括以下内容。

（一）环境

1. 精神环境

幼儿园精神环境是指幼儿园的心理氛围，它是一种重要的潜在课程。保教管理者进班观察与指导的过程中，关注幼儿同伴、师幼之间精神环境是否自然、平等、民主、相互尊重、接纳、包容。保教人员的关系是否相互配合、相互支持、平等互助、分工合作、各司其职、站位能否照顾到全班幼儿、教师之间能否相互补台、在各环节的默契配合等。家园工作目标是否一致、教师在与家长沟通时是否互相尊重、平等、互相支持等。

2. 物质环境

保教管理者进班对物质环境的指导，主要是班级与幼儿密切相关的互动环境。如互动墙饰、挂饰，是否符合幼儿年龄特点、能否反映幼儿的兴趣需要，能否让幼儿学会生活，能否反映幼儿的探索学习、思考等过程的痕迹，能否让幼儿获得相关经验；区域游戏材料看是否符合幼儿年龄特点、能够激发幼儿兴趣需要，能否给幼儿提供充分探索尝试的条件，是否丰富有层次，满足不同水平幼儿的发展需要、是否关注了个体差异等；家园共育专栏是否能够具有平等、互动性，能够满足家长需要，为家长服务，有助于家长理解幼儿和班级工作等。

（二）幼儿发展

1. 生活卫生习惯的养成

观察和了解班级幼儿常规现状，幼儿知道什么时候做什么事情，怎么做事情，有什么要求和规则，能够养成良好的生活卫生习惯。例如，饭前便后要洗手；饭后要擦桌子、收椅子；玩完玩具要收放好等。

67

2. 情绪情感和同伴关系

幼儿在幼儿园是否情绪安定、愉快；能否与同伴友好地交往；是否愿意参加各种活动，敢于表达自己的需要，喜欢参与班级内的多种活动等。

3. 游戏、学习的现状

积极参与游戏、学习活动，在活动中能否主动学习，愿意动手探究尝试、解决问题，并能自主地坚持完成一些简单的作品等，这些都反映了幼儿发展水平。

4. 幼儿发展水平

幼儿学习品质的发展、思维能力发展、德智体美各方面的发展水平等。

（三）科学合理的一日活动

科学合理的一日活动应注意以下几方面。首先，活动安排符合幼儿身心发展特点。比如，幼儿的身心发展尚不成熟，身体耐受性弱，注意力保持时间短、容易转移等，因此，幼儿集体活动时间不宜过长，身体动作的锻炼要量力而行，有张有弛。要动静交替，户内户外交替进行。像上完体育课又连续进行户外活动就不太适宜。其次，树立整体观。活动之间有机结合，让各个环节和活动时间流动起来，不宜完全割裂。比如，区域活动中幼儿在游戏过程中有了新发现、新问题，需要和教师、同伴进行分享、交流、学习，后面的分享就可以自然地和集体活动、小组活动融合，顺应幼儿的需要，及时调整为幼儿需要的学习内容，满足幼儿的发展需要；最后，灵活安排时间。关注幼儿一日生活中的学习，幼儿的一日生活环节中有大量学习内容，因此，当幼儿在生活环节有些内容需要学习时，就可以适当延长生活环节时间，给幼儿创造主动学习的条件，把生活环节和集体活动自然融合来进行。

1. 区域游戏

区域游戏，是幼儿一种重要的自主活动形式，可满足幼儿活动和游戏的需要。区域活动充分体现了幼儿身心发展的特点，能更好地促进幼儿自然、自由、快乐、健康、富有个性地成长，实现"玩中学""做中学"。正因为区域活动在幼儿成长中存在的独特价值，作为保教管理者尤其要注意在进班观察和指导中对区域游戏的关注和管理。

（1）观察时间

按照以往常规区域游戏时间，一般为 30 分钟到 50 分钟。但是随着人们对游戏在幼儿整体发展中重要性的高度重视，有的幼儿园将区域活动时间适当延长。管理者要想了解区域游戏情况就需要在这个时间段进入班级中。

（2）观察内容和要点（表 4-1）

表 4-1　观察内容和要点

观察内容	观察要点
区域设置	1. 班级基本区角设置是否齐全，6 个区以上，兼顾各领域目标，以确保幼儿日常区域中全面发展。 2. 班级中是否有特色区角，满足不同个性幼儿需求。例如，戏剧表演角、私密角、创新游戏角等。 3. 看班级环境是否根据幼儿兴趣需求灵活调整意识和空间。
区域环境	1. 各区角所占的空间大小是否合适，例如，以 4 人为例的建筑区应占 6 平方米，应有相对固定的地方。 2. 是否有支持幼儿自主游戏、持久游戏的功能墙饰，并真正能够对幼儿起到支持和游戏互动作用。 3. 各区角之间的位置安排是否适宜、有利于幼儿的健康和游戏。例如，美工区尽量安排在近水的地方；语言区的设置要注意光线，保护幼儿的视力等。安静区与活动区相对分开，交往区最好设置在一起，便于交往。
区域材料	1. 区域材料满足基本玩教具配备要求。（可参照《幼儿园玩教具配备目录》的相关要求）适当增加，确保区域材料充足。每个区域的材料应至少满足 4～5 名幼儿游戏的需求。 2. 区域材料符合本年龄段幼儿发展水平。 3. 高结构、低结构材料在区域材料中所占比例适宜。管理者可以通过这一比例，了解到教师是否关注幼儿的自主游戏和对不同区域特点是否清晰。
区域核心价值	各区域对幼儿的发展有着不同的价值和作用。管理者在进班的时候要观察和了解班级各区域是否能够体现本区域的核心价值。例如，美工区无论是材料还是环境创设、布置等都能够支持幼儿大胆地表达、表现和创造。科学区的材料能支持幼儿在游戏中操作、体验获得相关的感受和发现。
幼儿	1. 幼儿在区域游戏中情绪是否安定、愉快。 2. 观察幼儿的游戏状态和学习品质。管理者要观察幼儿的游戏状态是投入、专注的还是游离不定的；幼儿在游戏过程中能否坚持自己的游戏，愿意进行探索等。 3. 能否做到几个自主：幼儿能否自主选择喜欢的游戏、选择材料、选择同伴、选择玩法，中大班的幼儿能否按照自己的需要制订游戏计划。 4. 观察幼儿游戏中的行为表现与区域材料之间的互动关系。指导班级教师根据管理者观察到的信息分析班级材料适宜性，适当调整，支持幼儿自主游戏中的发展需求。

观察内容	观察要点
教师	1. 班级教师在幼儿区域游戏时能否作为陪伴者，给予幼儿自主游戏的空间和不断挑战自我的时间。 2. 观察班级教师能否作为观察者，适时地了解本班每个幼儿的游戏情况。 3. 观察班级教师能否作为支持者，在幼儿游戏需要时适时介入，形成有益的师幼互动，支持幼儿深入游戏。

2. 生活环节

生活环节指的就是幼儿入园、喝水、盥洗、如厕、进餐、午睡、午点、离园等环节的活动。从幼儿的角度来说，生活环节能给幼儿提供一个释放心理能量的空间，它有利于幼儿自主自律能力和健康人格的形成；从教师的角度来说，有利于教师进行现场思考和活动调整。因此，我们应将生活环节作为一种独特的教育资源加以充分利用，幼儿在生活活动中学习相关的知识，掌握基本生活的技能。

（1）观察时间

随时观察了解入园、喝水、盥洗、如厕、进餐、午睡、午点、离园等生活环节情况。

（2）观察内容和要点（表 4-2）

表 4-2　观察内容和要点

观察内容	观察要点
科学合理	幼儿一日生活环节安排的是否科学合理是管理者进班观察的重点，这直接影响着幼儿的身体健康。例如，幼儿进餐时间至少在 20 分钟以上；两次集中喝水的时间间隔至少应在一小时以上，水量是否足够等。
年龄特点的把握	管理者在进班的时候要注意观察班级教师在生活环节上年龄特点的把握是否适宜。例如，小班重点关注在生活技能方面的学习。
生活环节中"养成教育"的环境氛围	设置生活区，或是在娃娃家中提供相应材料帮助幼儿在游戏中提高生活能力；在盥洗室提供生活图片，引导幼儿自主学习获得这些生活能力。

观察内容	观察要点
生活各环节的常规养成情况	管理者在进班观察指导的时候，要了解不同生活环节的常规养成侧重点，了解幼儿常规养成的现状，以及和班级教师一起讨论适宜的调整策略。例如，入园环节注重的是幼儿能够自主完成洗手、漱口，中大班幼儿擦拭自己的椅子和卫生区，礼貌的养成。
生活环节中幼儿的情绪状态	幼儿一日生活在幼儿园中，他们的情绪状态是教师需要特别关注的。管理者在进班的时候一要注意班级幼儿当天的情绪状态，及时了解情况；二是要注意班级教师是否关注到了班级幼儿的情绪状态，能否及时回应幼儿。

3. 集体和小组活动

目前，幼儿园一般采用集体、小组的方式开展学与教活动。保教管理者要注意观察活动中是否采取了有效的、适合幼儿年龄特点和身心发展的、能激起幼儿的兴趣的教学方法，以达到预期的目标，促进幼儿的发展。那么在进班的过程中，管理者在这个环节要注意哪些要点呢？主要有以下几方面。

（1）观察时间

幼儿园集体和小组的学与教活动的时间要符合幼儿年龄特点，小班为10～15分钟；中班为20～25分钟；大班为25～30分钟。

（2）观察教学活动计划

活动计划是开展活动的前提。保教管理者进班听课之前，一定要首先了解教师的计划。主要有以下几点：本班幼儿学情分析、目标制定、学习重难点，活动过程中采用的策略是否能够支持幼儿解决重难点以及实现目标。

（3）观察活动过程中的师幼互动

师幼互动是保教管理者在教学活动中应该关注的重点。因为师幼互动的质量决定着活动开展的质量，决定了幼儿自主学习的空间和结果。保教管理者在师幼互动观察中倾听并记录教师提问，分析了解提问与幼儿发展水平是否相符。不符合幼儿发展水平的提问，很难使师幼之间形成真正意义上的互动。因此活动中少提封闭性问题、多提开放性问题，用问题激发幼儿思考，促进学习。

（4）关注师幼互动中的教师策略

观察教师是否能够关注幼儿，采用合适的回应策略。温暖的情感回应，能产生积极有效的互动效果。因此管理者要观察教师是否具有一颗童心，善于体悟幼儿鲜活的情感和需要，赏识幼儿的主动互动行为，以平和和正向的态度对待幼儿，营造自主的互动环境。教师应学会从幼儿对问题的回答中了解幼儿的实际发展水平，反思自己的教育行为，灵活调整教育策略。当教育活动中幼儿

第四章 日常保教管理

出现了更有价值的关注点，教师更应该予以鼓励，并及时调整互动策略。

（5）观察活动过程中的幼儿

学与教活动中，保教管理者要注重观察活动过程中的幼儿。主要包括以下几方面内容。一是观察幼儿的情绪状态。幼儿是否积极，是否获得了快乐情感的体验、学习兴趣和主动探究的欲望是否强烈，既要关注全体幼儿又要关注个别幼儿的状态。二是观察幼儿在活动中的参与程度。通过幼儿的参与程度管理者可以了解活动是否是大部分幼儿需要的以及策略是否适合幼儿等。三是观察幼儿在活动中的自主学习情况。活动中幼儿是否有充足的自主学习探索空间，是否能够充分表达自己的想法。

（6）观察活动后的延伸

幼儿的经验是在"学"与"习"的反复循环中获得的。因此，为了更好地保证幼儿学习的完整性、连贯性，使半日活动成为一个有机联系的整体，一般在活动的最后一部分设计延伸活动，即延伸到区域活动，延伸到家庭和社会活动中，以真正实现家园、社会的密切配合，实现一日生活都是课程的理念。

4. 户外活动

户外体育活动是幼儿园落实《纲要》《指南》健康教育目标与发展幼儿多种身体能力的主要途径之一。保教管理者每日对户外体育活动观察指导的目的是了解幼儿户外体育活动的适宜有效性。积极调整和改进工作、促进每一名幼儿健康发展，是提高户外活动质量的必要手段。保教管理者要针对户外活动观察到的实际情况采用多种方式对教师进行指导，提高教师开展活动的能力，提高幼儿园户外活动的质量。观察指导要注意以下方面。

（1）观察时间

是否落实市教委针对幼儿健康提出的基本保障措施中所规定的幼儿户外活动时间。即要保证上午、下午各 1 小时。保教管理者要第一时间来到户外，确保证幼儿户外时间的充足。

（2）观察环境

主要包括精神环境是否宽松，是否有利于幼儿主动积极参与锻炼；场地空间的设置；活动规则的制定、材料的投放等。另外，要观察户外活动空间结构是否合理。保教管理者应仔细观察和分析幼儿园户外活动空间的特点与所设置区域的特点是否协调，整体环境安排是否有序、科学合理，注重利用现有的树木、草地、沙地等自然物，使教师依据幼儿年龄特点及游戏内容设置具有情境的游戏环境。环境中各个活动区域是否用形象的画面、符号、照片表达出明确的规则要求，以保证幼儿安全游戏，发展幼儿多种动作和身体协调能力。

（3）观察活动过程

教师能否科学合理地组织户外活动。内容的安排上是否符合幼儿的年龄特点及身心发育水平。活动量、运动强度安排是否科学合理。同时，注意动静交替，避免幼儿因运动量不够或过度而影响健康。组织方式一定要开放、自主，分散活动中幼儿可以根据自己的兴趣、需要在各个开放的区域中游戏。教师组织的活动如果不适宜，管理者可以及时给予提示并进行调整。如雪后地面比较湿滑，适宜走，不适宜组织幼儿进行跳跃活动，避免幼儿滑倒。天气炎热时适宜一些小运动量或者在阴凉地方游戏等，这都是保教管理者要把握的指导内容。

（4）观察幼儿

幼儿是游戏的主体，户外活动应给予幼儿充分的自由选择的机会。保教管理者在观察指导时，关注幼儿的行为与表现，敏锐地察觉他们的需要，并从兴趣、动作发展、规则遵守等几个要素来观察幼儿的行为，观察时不能离开具体情境，观察后进行分析，归结原因，逐步改善教师的教育行为。

第一，幼儿参与活动的兴趣。幼儿对活动是否充满热情，在同一个活动区中持续时间的长短，都可以用表格的方式进行观察记录。保教管理者观察记录后与教师共同分析幼儿对活动感兴趣和不感兴趣的原因，指导教师采取相应措施进行调整，以提高幼儿游戏水平，达到体能发展目的，并且追踪观察调整措施后幼儿行为的转变，以了解措施的有效性，见表4-3。

表4-3　幼儿区域活动观察表

幼儿表现	分析原因	调整措施	效果
幼儿游戏兴趣性低5～10分钟后离开	游戏内容由教师安排，幼儿的参与度低	增加幼儿的参与度，让幼儿成为游戏的小主人	
	游戏活动缺乏趣味性，注重技能训练	开展有故事情节、有角色的游戏吸引幼儿	
	游戏活动缺乏挑战性，玩的时间长重复次数多	定期更换游戏活动、更新材料、增加层次难度，富有挑战	
	游戏活动缺乏成功感，注重精准度	降低游戏的精准度，降低要求，增加幼儿游戏的成功感	

第二，幼儿参与活动的程度与幼儿之间的互动。观察幼儿是多数一直在活动还是站在一旁观看，是多数在单独游戏还是与伙伴合作游戏，合作的程度如何等。这些需要管理者做出正确判断并与教师进行及时的沟通，以引导幼儿尽

快主动参与游戏。

第三，幼儿动作发展水平。多数幼儿在参与同一个区域游戏时，动作是否协调灵活，是否在情境游戏环境中通过不同任务来发展自身的平衡、速度、力量、柔韧性等身体素质，完成区域的活动目标。

第四，幼儿活动中非智力品质。幼儿在活动时是否可以遵守游戏规则，能谦让、勇敢、坚持锻炼。

第五，幼儿个性能力差异性。观察时一定要关注到具有个性和能力差异的幼儿，针对他们的不同特点和表现，指导教师采取不同的互动方式和策略。针对胆小内向，能力弱的幼儿多用鼓励和与他们一起游戏的方式，克服幼儿心理上的顾虑，给予他们安全感，陪伴几次以后，多数幼儿就能自己游戏了。对于易兴奋、能力强、胆大、喜欢尝试与冒险的幼儿，观察时要注意他们游戏的安全性和运动量是否有过大的现象，指导教师适时建议幼儿更换运动量较小的游戏内容和到休息场地擦汗做简短的休息，避免幼儿因出汗多、心跳快、呼吸急促而影响身体健康。

（5）观察教师

保教管理者相信、信任教师为观察的前提，相信大多数教师都会尽职尽责地做好工作。

第一，观察户外区域活动目标是否符合幼儿年龄特点，发展需求，在活动中能够根据幼儿的游戏水平进行适当的互动与指导。

第二，观察教师能否根据幼儿的兴趣及游戏水平，对区域内的材料进行不断的开发与利用，关注材料与幼儿的互动情况，材料是否可以支持幼儿游戏。

第三，观察教师对幼儿的指导是否有效。多层深化互动，对幼儿进行多方面指导，逐步丰富活动内容或提高难度以促进幼儿运动能力的发展。重点突出互动，观察教师在幼儿运动过程中，是否能及时了解幼儿游戏的需要，遇到的问题或困难，有目的、有针对性地提供引导，直到能促进幼儿游戏进一步发展，使幼儿的游戏水平得到不断提高。

（6）观察安全

保教管理者应把安全管理作为户外体育活动巡视指导的一项重要工作内容。要定期组织后勤人员检修、维护、更新学校设备，在每日的指导工作中也要及时发现场地、器械、材料、活动（幼儿游戏时出现的一些违反规则或不正确使用器械、不遵守游戏规则带来的身体碰撞等）中的安全隐患并及时报修或给予及时提醒，同时和班级教师沟通，在游戏讲评时提出讨论，引导教师认识这些问题可能带来的后果，引导幼儿正确游戏行为参与活动。保教管理者对安全管理要逐渐形成制度，防患于未然，确保幼儿在户外体育活动中的安全。

（7）观察保健护理

户外活动时间要求保健医也要到户外参与组织与管理，严格执行监测、指导、安全疏导、护理等职责。保教管理者要观察保健医是否在保健站备有温开水、毛巾、纸巾以及处理幼儿在游戏时出现的意外伤害和身体不适所需的医用材料。随时观察幼儿，适时提醒幼儿擦干头部、身体上的汗水，饮用少量的温开水，并且要求一次不能喝太多的水，避免对身体的循环系统和消化系统造成伤害。

指导建议：保教管理者深入户外活动中观察指导，应是以双向的互动研讨为主，而不仅仅是单项的指导，要多以班级、小组研讨为主，如果是共性突出的问题，可以利用园本教研进行解决。户外体育活动是贯彻《纲要》中健康第一思想的重要部分，所以要准确把握工作指导重点，采用多种管理方式，保证户外活动的有效性，促进幼儿身体健康发展。

从上面的内容我们可以发现，只要是发生在幼儿园中并且影响到园所保教质量的所有事项，都应该是保教管理者在进班观察和指导中需要关注的内容。如果将众多繁杂的工作用一句话来概括，那就是"《纲要》和《指南》精神在'一日生活五大环节'（生活、过渡、室内活动、教育活动、户外活动）和'两种环境'（精神、物质环境）中的落实情况，都在日常进班观察和指导工作之列。"

三、观察和指导的主要流程

保教管理者日常进班所观察和指导的工作，虽然在内容方面比较繁杂，但是，工作过程却必须"繁而有序，杂而不乱"。这就需要在工作中遵循一定的工作流程。为此，我们可以采用当前全面质量管理中广泛应用的 PDCA 循环，即"戴明环"[①] 来概括保教管理者在进班检查和指导中的主要流程。

（一）明确进班观察目的和制订进班检查计划

保教管理者首先明确园所保教工作重点、园所质量的实际问题、教师的困惑等，有目的地进班观察并制订相应的解决计划。而且，在每次进班观察前，还要确定当天当次进班观察的具体目的和具体实施计划，切实做到心中有数，有的放矢。

---

① PDCA 循环是由美国质量管理专家戴明提出来的一种管理模式，因此，PDCA 循环也称为"戴明环"。P（Plan）是计划；D（Do）是执行；C（Check）是检查；A（Act）是行动。

（二）按计划有目的地检查实施

在明确了进班观察的目的和制订了进班观察的计划后，保教管理者可以创造性地使用一些方法和手段，帮助自己及时有效地收集记录观察信息，为指导提供充实客观依据。如通过各种记录表（教育活动、一日生活环节、区域活动表）等对班级具体情况的真实记录等，能够帮助保教管理者具体了解当前园所保教质量所达到的实际水平，通过照相、录像记录一些细节，也能帮助教师客观分析和看待班级中存在的问题。这些收集都为研究班级现状、教育教学中的优势和问题，有针对性地给教师以专业支持和指导，不断提高质量提供客观依据。

（三）反馈、沟通和指导

进班观察是为了改进班级工作。保教管理者需要及时把观察到的情况反馈给有关教师，对班级工作提供适当的指导。这种反馈、沟通和指导可以简明地概括为两种：一种是即时性指导，即主要针对班级、教师存在的、突出的、必须马上纠正的问题做出指导。例如，保教管理者如果在进班观察中发现教师对待幼儿的师德、语态、教室环境的安全等可能影响幼儿身心健康发展，就必须立即加以指导，马上予以解决。另一种是延时指导，即对检查中发现的那些不是急迫地必须马上需要解决的问题，保教管理者应该在把问题向有关教师反馈和沟通之后，与教师一起进行深入的分析和研究，探讨产生问题的原因，寻找解决问题的途径和方法，引导教师自己去解决问题。这样，不仅问题得到了解决，而且在解决问题的过程中，教师的思想认识水平和解决问题的能力也得到了提升。

在实施后面一种指导时，保教管理者最好和有关教师一起，进行如下几方面的工作。

1. 整理数据

当我们想要了解"教师在区域活动中是否能够合理分配注意力，关注到活动中幼儿"的时候，我们可以把区域活动记录中教师分配到每一个区域的时间轨迹整理出来，进而就可以发现问题，见表4-4。

表4-4　教师区域活动指导时间表

教师一（取区域活动中11分钟为例）					教师二（取区域活动中11分钟为例）
教师指导的区域					棋类区
角色区	棋类区	音乐区	手工区	益智区	
各区域指导时间记录					8：35～8：46（一直到区域结束）
8：35～8：37	8：37～8：38	8：38～8：40	8：40～8：45	8：45～8：46	

	教师一（取区域活动中 11 分钟为例）					教师二（取区域活动中 11 分钟为例）
各区域指导时间统计	2 分钟	1 分钟	2 分钟	5 分钟	1 分钟	11 分钟（整个区域时间）
区域互动幼儿人数	半数以上幼儿					3～5 名幼儿

2. 分析反思

有了数据，保教管理者就需要对整理后的数据进行分析。以上述时间表为例，保教管理者通过分析，就可以清晰地看到两位教师存在着两种极端的现象：一种是满教室"飞"，一会儿到这个区，一会儿到那个区。还有一种则是到一个区后就不再换地方，只关注眼前的这几个幼儿，其他幼儿几乎被忽视。作为主班教师，在有效的区域活动时间内，如果是满教室"飞"，那就不可能形成比较深入的观察，不可能对幼儿有比较细致的了解和引导；如果是只与3～5名幼儿产生互动，而忽视大多数幼儿，这就容易造成教育的不公平。教师不能以这 3～5 个幼儿的发展代替所有幼儿的发展。由此我们可以看出，这两位教师显然还不善于引导区域活动，还需要提升区域引导能力。如果数据还进一步提示保教管理者，这种不善于区域引导的情况不仅存在于个别班级或是个别教师身上，而是园所教师普遍存在的问题，那就需要保教管理者提出来作为园所的共性问题，并通过园本教研来解决。

3. 客观反馈

当有了这些分析后，保教管理者还需要帮助教师能够清楚地认识自身所存在的问题。没有教师自身正确的认识，所存在的问题是不可能获得解决的。因此，保教管理者就需要将这些整理好的数据反馈给教师看，并引导教师从中发现问题。一般当客观的数据呈现在教师面前的时候，教师往往能够主动发现自己在班级工作中存在的问题。同时，教师也能了解到保教管理者并不是从主观上随意评判，而是有客观、详细的观察记录和科学的分析作为依据。这样，教师和保教管理者就能够达成共识，教师也就能够欣然接受保教管理者的指导和建议。

4. 具体指导

发现问题是为了解决问题，进班观察是为了改进和提高班级工作。保教管理者要根据发现的具体情况采用不同的解决策略。个别问题采用一对一的讨论方式；共性问题采用骨干教师示范观摩活动的方式，直观地帮助青年教师发现自己存在的问题并获得切实有效的方法；还可以采用召开班务会、年级组教研、园本教研、青年教师教研等多种方式，共同分析问题，诊断问题，寻找解决方法；总之，面对出现的问题，保教管理者要根据具体情况采用有针对性的反馈、指导策略，这样才能取得实效。

（四）效果跟进

当保教管理者完成了进班观察和工作指导后，并不意味着工作就完成了。依据全面质量管理的科学程序，还需要经历一个重要环节——效果跟进。保教管理者要切实了解：指导是否被教师认可和接受，改进工作的策略是否有效，教师教学行为是否获得改善，在调整过程中是否又产生了新的问题等。在效果跟进的时候，同样可以运用前面所提到的各种进班观察记录和分析汇总的方法。园所的保教质量也就是在这样一个周而复始的循环管理中不断提升和改善。

四、观察和指导的注意事项

日常进班观察和指导是保教管理者的主要工作之一，这项工作的实效性直接影响着园所的日常保教质量以及教师的专业发展。因此，保教管理者必须坚持高度负责的态度和认真、切实、细致的作风，做好进班观察和指导工作。为此，保教管理者在工作过程中需要注意以下事项。

（一）进班观察和指导要以目标为依据，有目的地进行

在进班观察和指导过程中，保教管理者一定要有明确的目标。这里的目标包括：幼儿发展的目标；园所质量的目标；近期工作重点的目标以及当次进班观察指导的具体目标。管理者只有心中目标明确，才能发现教师工作中的闪光点，并及时捕捉到当前可能存在的问题。

（二）进班观察和指导要注重引导教师的自我反思和自我发展

在进班观察中，我们既能够发现教师的优势，也能够发现教师存在的一些问题；保教管理者要注意把教师的优势和不足都反馈给教师，对于优势，要给教师以肯定鼓励，让教师继续发扬；对于不足，既要明确指出又要注意方法和策略。保教管理者进班观察的重点在于促进教师专业发展，因此要在爱护教师自尊心，保护教师自信心的基础上，引导教师自我发现问题，思考问题产生的原因，并不断改善自身行为。保教管理者要和教师一起分析问题的内在实质、问题产生的后果、问题形成的原因等，引导教师探寻解决问题的途径和方法。同时，这也是一个教师自我反思和自我发展的过程。这个过程不仅使问题得到解决，工作得到改进，而且促使教师的教育理念得到升华，教师的专业水平得到提高。整个园所的质量也会得到提高。

（三）指导要以情动人，提升教师的内驱力

作为保教管理者一定要明确为教师专业成长服务的意识。因此，在保教管理者进班观察和指导时，要体现出服务意识、服务精神以及要有切实的行为。

第一，尊重人、理解人是服务的前提。管理者要在进班过程中真诚地关怀每一位教师，创建一个相互支撑、关系融洽的人际环境。

第二，让教师能够在与管理者进班互动过程中感受到园所"人人为我，我为人人"的服务理念。

第三，要以平和的心态对待进班中发现的问题，满足教师的心理需求，认同教师的合理要求。

第四，在进班过程中管理者要平等、公正地对待每一个教师，多看"亮点"，以"优带劣"，并以平和的心态与教师建立一种相互尊重、相互合作的人际关系。

第五，要着眼于教师的精神提升和自我实现。这种服务性的进班指导所带来的效益是教师的成长、提高和发展。

日常进班观察和指导工作是保教管理者的基本功之一，也是确保园所质量的基本工作之一，因此保教管理者要加强自身的学习实践和管理方法的修炼，不断提高自身进班指导的专业知识和能力，使进班观察指导获得实效。具有案例见本章资源广角《区域游戏中的教师指导》。

第三节　家园共育工作的开展与指导

什么是家园共育？近代儿童教育家陈鹤琴先生说："幼稚教育是一种很复杂的事情，不是家庭一方面可以单独胜任的，也不是幼稚园一方面能单独胜任的，必定要两方面共同合作方能得到充分的功效。"在幼儿教育的过程中，家庭、幼儿园分别具有不同的教育特点和职责。家园共育就是把两者的职责结合起来，使两者的教育相互配合、相互统一、协调发展，形成一体化的教育方式，形成合力，促进幼儿全面发展，完成幼儿园的工作目标和任务。

保教管理者要学会根据幼儿和家长需要创造性地开展全园家园共育工作以及指导教师开展好家园共育工作。只有建立了规范、科学、创新的共育模式，家园才能同步实施教育，最终实现幼儿的幸福童年。

一、家园共育的意义和作用

（一）观念同步，发挥最大的教育作用

随着时代的发展，社会越来越追求高质量的教育，而高质量教育的一个重要方面就是教育合力，即儿童的发展是家庭、学校、社区共同的责任。家庭是孩子的第一所学校，也是永远的学校。父母是孩子的第一任教师，也是永远的教师，父母对孩子的教育影响具有权威性、感染性等特征。幼儿园中有专业水平较高的保教教师，有充满童趣的良好的教育环境，有专门为幼儿的身心健康发展而量身定制的课程结构，幼儿园在幼儿的成长发展过程中发挥着重要的作用。因此，无论是家庭还是幼儿园都在幼儿的健康成长中扮演着非常重要的角色，如果幼儿园和家庭存在教育观念分歧，将会使教育的影响力和效果大打折扣。相反，如果家庭和幼儿园的教育理念一致，方法一致，将会形成教育合力。做好家园共育工作是形成教育合力的必要途径，只有教育合力，才能发挥教育最大的效能。

（二）环境相融，共创家园一致适宜幼儿生活学习的环境

家庭、幼儿园是幼儿生活的两大环境，只有两大环境相融形成一致的教育环境，才能促进幼儿健康全面地发展。家庭是幼儿最早接触的生活文化环境，幼儿入园前受到最大影响来自家庭成员以及家庭所营造的文化氛围。幼儿从自然的家庭生活环境到具有很多陌生因素的幼儿园的生活环境中，需要有一段适应的时间。家庭教育和幼儿园教育各有各的内涵、特点、着力点，但是它们的教育对象都是幼儿，所以教育目标应是统一的，都应从幼儿的角度思考，创设方便幼儿生活及良好生活习惯养成的生活环境；创设利于幼儿进行自主、自发游戏，具有丰富游戏玩具材料的游戏环境；创设能引导幼儿自主探索发现性学习的学习环境。家庭与幼儿园共创一个和谐一致的环境。一方面，幼儿园的环境一定要与家庭环境尽量相融相同，要创设类似家庭氛围的温馨、自由环境，使幼儿在一致的环境中安心地生活、游戏、学习。另一方面，家庭模仿幼儿园为幼儿在家里建立了阅读区、涂鸦墙等。家园彼此互相借鉴，在这样的环境中，会让幼儿感到安全舒心、生活方便，学得积极、愉快；让幼儿在良好的家园一致的环境中获得成功的体验。幼儿在家在园一个样，从而更利于家园一致而养成良好习惯。

（三）资源共享，构建丰富的教育课程

幼儿园是针对学前阶段进行教育的机构，幼儿的学习与发展不是独立建构的，而是在多方面的相互作用中共同构建的。要整合教育资源，做到资源共享，为幼儿提供丰富的教育课程。家长是宝贵的教育资源，他们具有不同的职业，不同的文化背景，不同的生活经历，可以给幼儿园带来丰富的教育内容，为幼儿的学习提供多种支持，在幼儿园教育课程的构建中起到很好的助力作用。请家长助教，与幼儿亲密接触，亲自展示与讲解，更能够激发幼儿的学习兴趣，使幼儿有更多机会与社会直接接触，直接了解生活。同时能够帮助家长树立教育好子女的信心，获得教育经验。幼儿园在整合家庭教育资源中，要与

家长多沟通，共同协商适宜幼儿学习的内容和方法，不断改进和修正教育内容和教育方法，使多种优势充分发挥，最大限度地整合和利用已有的教育资源使发挥其作用，最终形成教育合力，构建适合幼儿的教育课程，促进幼儿身心健康发展。

（四）开放办园，提高办园水平和竞争力

教育走进社会、家庭是当今教育发展的趋势之一，教育与社会逐步融合是大教育观念下的必然产物。家园一体化教育的思想在家园共育工作中真实地得到落实与体现。开放办园，提高家长、社区对幼儿园教育的参与程度，形成教育的统一体。搭建家园共育平台，通过多种方式和途径使家长深入了解幼儿园的教育和管理现状，提出有针对性的教育和管理建议，更有效地开展教育活动，提高教育质量。在家园共育的平台上，家长可以充分了解幼儿园的办园思想、管理制度、运行机制，可以在幼儿在园的几年中很好地起到参与和监督的作用。园所对家长所提出的合理的管理建议要积极采纳，不断完善幼儿园的管理机制，提高幼儿园的公信力和开放度，打破办园的单一性，形成自主、开放、多元的办园风格，以提高办园水平和竞争力，促使幼儿园的管理和教育向更高层次发展。

家园共育工作对幼儿的全面健康发展、对园所教育质量的提高、对家长和教师的教育能力提高等诸多方面，都具有重要的意义。保教管理者只有对家园共育的意义、价值、理念和作用深入透彻地理解，才可能带头和指导教师做好家园共育的工作，使幼儿园既起到传递科学育儿理念、为家长服务的作用，又能有效的利用家长资源，让幼儿的生活和学习更丰富、更富有挑战性，让家长满意。

二、家园共育工作的制度与原则

（一）家园共育工作的制度建设

制度建设是做好一切工作的保证，保教管理者要配合园长根据幼儿园的需要逐步建立和不断完善幼儿园家园共育制度，并且使家园共育管理制度落到实处，不能流于形式。因此，这一制度应该涵盖全园各岗位的工作人员在内，如果有一个环节缺失，都不能保证其良好地实行。如信息收集制度，要收集整理所有入园的幼儿信息，包括家长、幼儿、家庭的基本信息等，建立一个幼儿资料库。各部门、各岗位围绕着家园共育的具体工作，制定相应的制度，用制度保证家园共育工作的有序开展和工作质量。

1. 计划、总结制度

每学年度初制订专门的家园工作计划，主要包含家园共育工作内容和具体措施。每学年度末，幼儿园应结合家长调查问卷，做好家园共育工作总结，对工作重点进行经验交流。

2. 保障落实的制度

（1）家长会制度

每学年度幼儿园召开新生家长会以及各班召开不同形式的家长会。学期初、学期中、学期末都可以根据需要随时召开家长会，特别是当幼儿园有重要工作需要家长配合时应及时召开，让家长能够充分发表建议，共同做好工作。

（2）家长学校或家园互动研讨会制度

每学年度根据家长需要和学前教育发展需要，开办家长学校活动，宣传先进的教育理念和由专家讲授育儿经验。同时也应围绕共育的热点话题、社会中的焦点话题、幼儿发展中的典型行为问题、家长育儿过程中的困惑问题等开展研讨。

（3）家园共育专栏制度

各班级按要求定期更换专栏，内容为先进的教育理念，以体现家园之间的沟通、互动，以及展示幼儿园教科研成果，幼儿的成长进步等。

（4）亲子游戏活动制度

每学年度幼儿园召开全园以及各年级组的亲子运动会、亲子游戏大会、节日聚会等活动，增进亲子关系，增进家园之间的相互了解，使家园更好地合作。

（5）家长委员会制度

每学年度由各班自荐和推荐3～5名家长为幼儿园和班级家长委员会成员，共同商议园所、班级事物及保教工作，伙食管理、收费监督等各项工作，每学年度召开1～2次园级家长委员会。

3. 家园共育工作评价制度

每学年发放问卷，针对家长对幼儿园及班级工作的满意程度进行调查，及时并对调查结果进行分析，把分析的结果作为改进工作的依据。

幼儿园可以根据家园共育工作的内容进行制度建设，并根据工作的内容变化随时进行修改和增加新的制度，不断进行制度的完善，使制度成为家园共育质量的保证，以保证工作的开展及实现幼儿全面成长的目标。

（二）家园共育工作的原则

保教管理者在进行指导和培训教师家园共育工作时，应该了解家园共育工作的开展必须本着家园彼此信任、平等、互相尊重和理解的原则，才能共同做好促进幼儿健康成长的工作。

1. 信任原则

在家园共育工作中，家园相互信任非常重要，幼儿园的教育要取得好的效果必须依赖家庭的支持，幼儿园要做到相信家长并真诚地与家长共同教育孩子；同时家长也要信任幼儿园，相信幼儿园是从幼儿发展的角度出发，在相互信任基础上共育幼儿。当幼儿在幼儿园或者家庭中出现一些问题或意外时要坦诚相待，主动沟通，避免因为误会导致信任度降低。幼儿园作为教育机构，要客观分析问题原因，主动承担相应责任，用热情、真情去赢得家长的信任。

2. 平等原则

家园共育的关系要建立在平等关系之上。家庭和幼儿园都是幼儿教育的重要力量来源，对幼儿教育起着主要作用，家长与幼儿园老师都是平等的教育者，相互之间没有隶属关系，家庭不是配合幼儿园教育，幼儿园也不要迎合家庭，应彼此尊重形成平等互补的合作关系。每个家庭的价值观、社会背景、文化都是多元的，幼儿园也是各具办园特色、办园风格，无论什么样的家庭和幼儿园都是幼儿成长期的教育主体，都是幼儿成长过程中非常依赖的角色，都要对幼儿负责。对于幼儿教育，家庭和幼儿园可以说各有优势和不足。相互支持会事半功倍，反之则会事倍功半。所以，幼儿园与家长在沟通时做到态度平等、语言平等；在共事时要做到方式平等、条件平等；在教育方面，充分发挥各自的教育潜能，吸纳好的教育理论、教育方法、教育经验为幼儿发展服务。

3. 理解原则

先学会理解别人才能得理解，理解是人际关系的"催化剂"。家庭和幼儿园在共同教育幼儿时要做到彼此相互理解，达到"共感共情"。设身处地地站在对方的角度思考问题、分析问题和解决问题，就会使对方敞开心扉和积极回应，更容易形成统一。互相了解对方关注幼儿成长的行为，真实地观察了解幼儿的需要，关注对方所关注的问题，了解对方所担心的问题，找准共识点给予对方恰当的帮助与指导，逐步形成在理解基础之上的家园共育，共同为幼儿发展服务。

三、家园共育工作的组织与实施

保教管理者在"家园共育"中的具体工作主要有整体规划、培训和指导教师、开展家长工作三大项内容。

（一）整体规划家园共育工作

1. 整体规划

有效开展家园共育工作的前提是，保教管理者要同园长一样重视家园共育工作，协助园长将幼儿园整体规划中的家园共育工作落实到实践，并作为日常保教管理工作的一部分，与幼儿园方方面面的工作整合起来看，系统地设计工作的开展思路。保教管理者每学期都要制订自上而下的专项家长工作计划，然后再进行自下而上的修改调整，最终形成学期家长工作的专项计划。

保教管理者整体制订家园共育的方案，要综合考虑幼儿发展需求、园所的活动安排、家庭的教育作用，针对幼儿发展的不同时期和班级的活动主题，确定相应的家园共育内容，选择最适宜的家园共育方式。各班组依据园所、家长工作重点，制订年级组、班级具体的活动内容，最终将园所、班级、教师三者的思想和工作重点建立在统一的认识上，通过班组具体开展的家长工作实现园所家园共育理念。

此外家园共育的规划还要具备一定的灵活性。教育过程中可能会随机出现一些情况或者一些具有个性化特点的问题，对此，家园共育工作应该灵活开展。保教管理者要做到将"变化"也预设到"计划"中，确保家园共育工作切实有效地为幼儿的发展服务。

2. 保教管理者对各班家园共育专项计划的指导

保教管理者对于制订计划之后的管理至关重要。依据"戴明环管理"的理念，保教管理者在管理过程中需要注意以下几点。

（1）强调计划的可实施性

保教管理者要在计划制订初期关注每个班组制订的家长工作计划，研究和调整成为适宜的工作计划。

（2）把握计划与变化的关系

在计划落实过程中，可能会产生一些变化。作为保教管理者尤其需要注意到发生变化的内容，和班组长一起就计划的改变的原因进行分析。只有明确了计划发生改变的原因，才能进行下一步的指导。保教管理者要用讨论、引导的方法帮助教师认识到家园工作的重要性，帮助教师树立责任心，高度重视家园工作的开展。

（3）关注计划实施效果的跟进

无论是制订计划还是实施计划，我们最终的目的是形成最好的家园合力，因此关注计划落实效果是家园专项工作的一个重要环节。幼儿园可以采用问卷、访谈等方式了解家长对园所、班组家园工作的建议和意见，来作为园所、班组改进家园工作的依据和出发点。

（二）教师的培训

家园共育工作中教师需要具备的素质主要有三方面。第一，待人接物的礼仪，包含了教师的仪容、仪表和沟通的技巧。能够有效地与人沟通是家园共育工作开展的重要基础，因此教师的沟通能力是基本的素质要求；第二，正确的教育观，包括广义上的教育理念，以及家庭教育观念上的一些特点。教师有正确的教育观念才能有效地帮助家长树立正确教育观念，而与幼儿园的教育目标达成一致，是有效开展家园共育的关键；第三，教师专业素养。教师应该具备一定的专业性，用科学的视角和科学的认识影响家长，共同寻找科学育儿的方法，使家园共育能够向着正确的方向前进。

对于教师这三方面能力的培养，幼儿园要通过开展相应的学习、教研活动来实现。例如，可以在开学初的科研年会中增加教师礼仪板块，拓宽教师学习视角，从生活中入手提升教师的修养和交往能力；学习《纲要》《指南》，引导教师深入理解正确的理念，利用专业知识科学地分析幼儿情况，以研究的思路开展工作，不断提升自身的专业素质等。

（三）家长工作的开展与指导

1. 建立经常联系，相互沟通情况，同步教育的共育关系

家园共育的本质特点就是一个"共"字，幼儿园与家庭之间必须对幼儿的发展达成共识，必须共同合作去促进幼儿的发展，这就需要家园之间建立紧密的联系，互通有无，共享资源，共担教育责任。沟通、联系、探讨是家园共育工作的重要内容，沟通是家园共育工作的重要基础。

沟通是指在幼儿发展与教育上，家园双方随时互通信息，交流看法，以求双方全面地了解幼儿的发展情况，在教育上取得共识，从而共商教育策略，协同进行教育。家园沟通要注意以下几点。

（1）沟通的基本理念和条件

教师与家长沟通时要以爱为本。教师要热爱每一个幼儿，善于发现每一个幼儿的优点，并给予足够的重视和鼓励。家长是非常敏感的，他们爱自己的孩子，也希望别人尤其是教师爱他们的孩子。事实证明，凡是受到教师喜爱的幼儿的家长，与幼儿园的关系都比较融洽；反之，得不到教师喜爱的幼儿的家长，与幼儿园的关系都比较疏远或紧张。所以，只有教师真诚地热爱每一个孩子，才能打开家长心灵的大门。

教师与家长沟通时要保持谦和的态度，用亲切的微笑对待家长，把复杂的道理用最浅显易懂的语言表达出来，让家长一听就懂，才能达到沟通的目的。教师要学会倾听，对家长提出的疑难问题用心去思考，并提出一些有效的建议帮助家长解决问题。教师向家长反映幼儿的问题时应注意方式，最好先谈谈幼儿的优点或在幼儿园中发生的趣事，然后再从幼儿发展方面指出幼儿在某方面有待提高的问题，让家长感受到教师对幼儿全方位的关注。

（2）沟通的特点和方式

第一，经常性。

幼儿的发展是一个不断变化、渐进的动态过程，家园应围绕幼儿的教育与发展情况进行经常性的及时沟通，采用每日交流、定时沟通的方式，并且尽量做到一周要和家长深入地沟通一次。

第二，双向性。

沟通是教师和家长的双向互动，只有这样才能互通有无，取得共识，实现同步教育，促进幼儿发展。家园沟通双方都有责任，但幼儿园应该更主动。幼儿教师要为沟通渠道的畅通创造条件。

第三，注重个别化的沟通。

幼儿的情况各异，家长的情况各不相同，个别化的沟通要着重针对每个幼儿不同的问题和不同家长教育上的问题进行，以促进每个幼儿身心获得健康发展。教师要充分利用家长送、接孩子的机会与家长沟通，简便及时，使教师与家长之间架起了情感的桥梁，为家园的沟通与合作奠定坚实的基础。

2. 丰富多样的家园共育形式，构成多渠道的共育模式

保教管理者既要运用多种途径和方式亲自主持和开展一些园级或者辅助班级开展家园共育工作，也要鼓励教师根据班级幼儿和工作需要，大胆尝试多种多样家园共育方式，并关注班级这些方式实施的过程和效果，给予及时必要的支持和帮助。以下只是其中一些常见方式的举例。

（1）管理者亲自开展的园级家园共育方式

家园共育工作需要家园双方紧密配合，家长对于工作的想法和建议应该得到园所的重视。让家长参与到家园共育的管理中来，不仅能够丰富家园共育工作的视角，让工作更加严谨，还能有效地调动家长参与的积极性，有效地推动家园共育工作的开展。例如，幼儿园可以成立家委会，每学期幼儿园组织1～2次家委会的工作会议，使家长参与家园共育工作的管理，这样家园的连接更加紧密，合作更有成效。

①家长委员会。

保教管理者首先应明确家长委员会成立的目的，即由家长委员参与互动活动来拓展教育资源。家长提高教育能力，幼儿园活跃教育教学形式，丰富幼儿的知识经验和社会经验，让家长体验幼儿园教育的工作特点，有利于家园配合、增进理解。幼儿园能够成为家长交流信息、共享教育经验、共担幼儿教育责任的中心，使每个幼儿在快乐的童年生活中获得有益于身心发展的经验，以及富有个性的发展。因此，管理者在建立家长委员会时必须考虑家长的职业、学历、性别、年龄等方面的特点，对选出的家长们进行委任，建立相关的会长、副会长、秘书等职务。家长委员会必须组织家长进行活动——学习交流经验、家长教育意见收集等。家长委员会一般每学期一次，依照幼儿园实际工作进行调整。

②家长开放日。

家长开放日是幼儿园邀请家长来园观摩和参与教育活动的共育形式。通过

家长开放日，家长可以以直观的方式了解幼儿的教育内容、幼儿在园的表现及教师的工作状况，使家园共育进入一个良性循环。因此，保教管理者要引导班级教师明确开放的目的：是为了什么而开放、为哪些家长开放、开放后想要收获的价值是什么，明确了这些，再去选择相应的形式和人群，并做好后期的追访工作，才能达到预期的目的。

③家长学校。

家长学校的开设，将有利于家长转变教育观念，帮助家长树立正确的育儿观、儿童观等。家长学校会直接促进家园共育，使家长和教师形成教育合力。家长学校的培训内容主要有：不断更新的先进的教育理念，家长的困惑与需要，幼儿的学习方式与思维方式等。有的园还有通过教研的方式与家长共同明晰幼儿教育。

幼儿园要开展多角度（宣传内容不同），多层级（园、班组），多形式（讲座、教研、参与式）的家长学校，宣传幼儿园教育观，形成家园教育共识。

（2）指导班级开展家园共育的主要方式

①家园联系本（学习故事、幼儿成长日记）。

保教管理者要鼓励班级教师分工合作坚持每个月采用"学习故事"的方式与家长沟通幼儿的学习发展情况。即将记录的文字和图片都呈现给家长，让家长与我们共同关注幼儿的成长和变化，对幼儿的潜能和智慧以及情感有新的认识，更好地为理解幼儿，支持幼儿主动学习和发展服务。将一篇篇教师与家长分别记录的生动的"学习故事"串连成一本幼儿珍贵的"成长日记（档案）"放在班级中，不仅能够给幼儿带来成就感、促进幼儿的发展，丰富幼儿的阅读材料，还更能体现家园共育精神。

②家园专栏。

每个班级门前开辟出一片"家长园地"，容量要大，易更换，便于家长接送孩子时观看、阅读。保教管理者可以通过教研的方式让教师回顾家长对于园地内容的关注度，使家长园地不仅是家教宣传阵地，还是家长发表见解，提出建议的场所，能最大限度地参与到幼儿园的工作中。为发挥家园栏在教师与家长间的沟通作用，管理者应该从教师和家长的整体观念和实践操作这两方面入手，提高家园栏在家园共育中的作用。

③家访。

家访是教师征得家长同意走进幼儿家庭去了解幼儿、与家庭建立起亲近关系的一种家园共育经典的方式。家访要做到访幼、访家长、访生活环境等几方面有效结合。访家长，就要教师对幼儿家长的经历、学历、性格、对子女的教育认识投入的时间与精力，有什么经验等进行了解和学习。家访时教师要注重谈话的艺术性，一定要注意观察家长的情绪和态度。当不小心触及家庭隐私，或者家长不愿意多谈时要适可而止，不可一味追问；当家长由于不理解表现出不当行为时，要有耐心解释处理问题。

④家长会。

家长会是教师与家长交流、沟通的最好平台，其内容一般是就班级幼儿的共性特点和需求、班级计划的大活动、需要家长了解和配合的内容进行集中沟通和宣传。管理者深入各班级了解各班级家长会开展的方案设计，根据不同年龄组或者班级实际情况对其中的内容和方式给予具体指导。如小班开家长会时更要侧重说明幼儿在园的一日生活，幼儿生活能力培养的细节性工作和需要家长配合的事宜。中班的家长会，因幼儿已来园一年，渐渐长大，教师要侧重与家长交流一些幼儿在园的表现和进步，充满热情地唤起家长对幼儿的教育意识和培养信心。大班应侧重沟通幼儿学习的品质、智力等综合能力培养，以及与小学一年级的衔接问题等。家长会有大型、小型家长会两种。现在家长会不再是教师唱独角戏，而是由教师主持、家长积极参与共同研讨，共同学习。关于家长会，请参见本章资源广角《家长会的新视角》一文。

（3）信息化多媒体沟通形式

新时代人们的联系方式也随之发生质的改变，信息网络方便了彼此沟通，且沟通的效率大大提高。微信、邮箱、QQ、电话、短信等，使沟通十分便捷。

第一，"朋友圈"实时呈现——让家长发现孩子的成长，了解我们的教育。

教师将全班家长添加到"朋友圈"里，并将孩子们在幼儿园里参与的游戏、生活活动都呈现在"朋友圈"里，使家长们了解幼儿的活动，随时随地与教师就自己孩子的情况进行了解和沟通。与此同时，还便于家长们收集孩子们的活动照片，作为成长记录的一种形式。

第二，"私聊"一对一——使家长了解教育理念，感知家园配合的重要性。

教师针对每个孩子的实际情况与家长进行一对一的沟通，传递幼儿的信息，帮助家长一起关注孩子情况，既拉近家幼关系又解决了孩子实际的问题。

第三，通过多媒体技术向家长公开、宣传教育信息。

可以利用校园多媒体设备，及时向家长传达、宣传重要的教育信息。如幼儿食谱、重要通知、重要活动等。可以将游戏大会、快乐节等的剪辑制作成精美的宣传片，利用大屏幕进行再现等。

家园共育的形式还包括亲子游戏、亲子同游，即家庭成员共同参与幼儿园组织的活动。幼儿在亲人的陪同下参与活动，心情更加放松，能使亲子共同感受快乐，以增进亲子之情。同时，使家长增进对幼儿园的理解，减少对幼儿在园内生活的顾虑。具体案例参见本章资源广角《家园互动教研活动方案》。

总之，家园共育在促使幼儿全面发展方面起着重要作用。一方面，幼儿在幼儿园获得的经验能够在家庭中得到延续、巩固和发展；另一方面，幼儿在家庭获得的经验能够在幼儿园学习过程中得到运用、提升和扩展，使得幼儿的教育更具一致性、连续性、互补性，从而使这种科学的教育始终贯穿幼儿一生。同时，家园共育对提高教师专业技能有促进作用；另外，家园共育还能够提高家长教育水平，促使家长对自己的教育行为有所改进，最终把分力变成教育合力，起到事半功倍的效果。

第四节　幼儿园大型活动的实施与组织

幼儿园大型活动是指幼儿园有目的、有计划开展的、具有一定规模的、取材于社会生活或幼儿园生活重大事件的综合性活动。在组织活动时应凸显目的性、计划性、参与性、过程性、协作性。幼儿园组织的大型活动对幼儿成长有着特殊意义，对幼儿园课程建设、教学品质提升以及不同部门的组织能力，团队合作能力都有推动作用。

一、幼儿园大型活动的意义和价值

（一）幼儿园大型活动对幼儿成长的意义

1. 为幼儿提供展示与交流的平台

幼儿园大型活动是幼儿园教育教学活动的重要组成部分，是幼儿园综合利用各种教育资源，与家庭、社区密切合作，为幼儿的发展提供有益身发展的一种教育形式，它为幼儿创设了展示自我与社会交流的平台，促进幼儿自信心及社会性的提升。

2. 让幼儿在过程中得到发展

幼儿园大型活动具有过程性。幼儿在准备、参与大型活动的过程中，不断地思考问题、解决问题，并与日常活动相结合，使主动学习能力得到提高。

3. 有利于幼儿集体观念的形成

因幼儿园大型活动涉及面广，参与人数多，有利于幼儿集体感的形成，有利于亲子关系的进一步加深。

（二）幼儿园大型活动对园所文化建设的意义

幼儿园大型活动是园所文化建设的重要组成部分，是园所文化的主要体现形式。

首先，在建设现代化园所、创办特色园所的目标下，规范园所大型活动组织流程、步骤安排、过程管理，对加强园所文化建设，优化园所各种文化教育资源，构建和谐园所、促进幼儿园内涵发展、优化育人环境有着十分重要的意义。

其次，幼儿园大型活动是一个动态过程，需要各个部门协调配合进行，对锻炼队伍，成就教师具有重要意义。

（三）幼儿园大型活动对幼儿园课程建设的意义

幼儿园大型活动是幼儿园课程建设的组成部分。园本课程在更多意义上是一种课程实践，幼儿园大型活动一般围绕幼儿及幼儿园发展的需要进行，过程中更加凸显幼儿园教育文化与理念。同时，幼儿园大型活动必须与日常教学活动紧密结合，对日常教学活动进行推进，因此，幼儿园大型活动对幼儿园园本课程的建构具有重要作用。

（四）保教管理者在幼儿园大型活动中的作用

幼儿园大型活动是幼儿园教育教学工作的组成部分，保教管理者在整个过程中要发挥重要作用。由于大型活动参与对象的不同，保教管理者的作用也是不同的。如果是全园性的大型活动，例如，全园运动会、联欢会，保教管理者就是活动的策划者，起主导作用；如果是部分年级组的活动，例如，大班毕业典礼、分年级组织春游远足等，保教管理者就是活动的指导者，起督导协调作用。不管哪种类型，保教管理者都需对大型活动的组织过程进行把控，确保过程与目标的一致性，推动大型活动的顺利进行。

二、幼儿园大型活动的类型

（一）按活动目的来分

1. 节日欢庆活动

主要包括节日活动、庆典活动等。节日是一种文化，是社会生活的一个组成部分。幼儿园精心安排好节日，让幼儿过一个充实而又有意义的节日生活，对幼儿来说有一定的积极作用。例如，"六一"儿童节园庆活动，欢庆属于幼儿园自己的节日。

2. 园本主题活动

结合幼儿园主题活动而开展的大型活动，如读书节、艺术节、科技节等，向社会、向家长展示本园的园本特色。

3. 体能锻炼活动

此类活动在幼儿园比较常见，属于传统活动项目之一。幼儿园一年中一般会有2～3次体能活动，全园锻炼身体，凝聚精神，提升素质。例如，运动会、远足、春游秋游、亲子体能活动等。

4. 爱心公益活动

如义卖、关爱福利院老人等，这类活动可以帮助幼儿形成正确的人生观、价值观，在幼儿的发展中有着重要意义。

5. 其他活动

一些幼儿园还会有目的地举行其他活动，如大班毕业典礼。这类活动可以完美展示幼儿三年生活，有助于幼儿从心理上完成从幼儿园到小学的过渡，也是对外展示幼儿园的窗口；还有安全演习活动，如消防演习、防恐演习等，以提高师生的安全意识和安全自护能力。

（二）按活动的形式来分

1. 歌舞表演式的传统活动

传统的大型活动基本是以歌舞、才艺表演为主，能充分挖掘幼儿的艺术潜能，提升幼儿的自信心、艺术表现力和与同伴的合作意识。家长能够在这类活动中感受幼儿园教育在幼儿身上的某种投射，因此深受幼儿园和家长欢迎。

2. 亲子参与式的常规活动

幼儿园邀请家长参加幼儿园的活动，与幼儿一起参加表演、亲子运动比赛或一起制作玩具等。这类活动深受大家欢迎，一方面家长的参与，能在物质上给予帮助，如节目编排、服装道具选购和制作、后勤保障等，另一方面能让家长零距离地感受幼儿园的教育，体验教师的艰辛，增进亲子之情、家园之情。

3. 人际交往式的联谊活动

此类活动的目的是让幼儿与不同年龄、不同班级，甚至不同的幼儿园（学校）的同伴等进行联谊或比赛活动，如年级运动会、大带小手牵手等，鼓励幼儿大胆交往、自我表达、自我展示，认识更多的人群，了解不同的生活，有效地促进幼儿社会能力的发展。

（三）按活动场地来分

幼儿园大型活动可以在园内组织，也可以在园外进行。不管是园内还是园外，程序上都应该有提前的场地检查，尤其是园外组织的大型活动，应该有组织者提前了解周边情况，制订相应的安全预案和疏散方案，保证幼儿活动过程的安全。

（四）按参与人数来分

幼儿园大型活动可以分为全园性参与和部分班级参与。

三、幼儿园大型活动的组织

在幼儿园的工作中，大型活动本身就是教育活动的一个组成部分。因此，保教管理者对大型活动的组织、开展应有一个全面管理的过程。结合园所的工作来讲，保教管理者组织大型活动应该包含以下几个部分：全面讨论确定目标、分层研究形成计划、部门协调开展活动、及时总结反思，收集资料形成案例。

（一）全面讨论确定目标

1. 调查分析，了解需求

前面谈到，幼儿园大型活动是根据幼儿发展需要以及幼儿园发展需要开展的，是幼儿园课程建设的组成部分，所以组织大型活动前要了解幼儿发展的需要，分析本园幼儿发展的基本状况；了解家长、社会对幼儿教育的希望，特别是对本园保教工作的希望和要求。在此基础上，再提出开展一个具体的大型活动的基本设想，以达到将幼儿园教育活动与家长、社会要求相结合的目的。

2. 确立活动总目标

即根据调查分析的结果，确立活动总目标、指导思想。通过向全体教师、家长宣布，使不同部门教师明确此次活动的目标、意义，结合自己部门的需要，展开思考。

3. 制订活动方案

即根据活动目标，选择活动形式、活动内容、活动场地，确定各环节负责人。保教管理者在这个环节中应该重点围绕如何实现活动目标来促进幼儿发展，保证活动安全有序地开展制订活动方案。

（二）分层研究形成计划

根据全园活动主题，活动目标、意义，各部门进行讨论、制订部门活动计划。例如，大、中、小班组活动计划、保健室活动保障计划等。

1. 争取行政支持，全园协调配合

幼儿园大型活动是教育教学的重要部分，同时也是幼儿园整体工作的重要组成部分。幼儿园的保教管理者在组织大型活动过程中，要积极争取行政支持，获得各部门的配合，从而保证大型活动的高效进行。具体包括以下方面。

第一，按照方案要求，形成全园分工、部门负责的活动方案。

第二，根据具体情况，对方案在实施过程中可能出现的问题进行修改、完善。

第三，根据活动的需要提供必要的物质保障，做好各方面的协调工作。

2. 指导教师、家长、幼儿做好活动前的准备工作

第一，指导教师写出具体的活动计划和实施计划，要重点考虑幼儿的参与。

第二，带领教师做好充分的活动准备。如教师要踩点和预演、整理活动用的道具、服装，进行场地的布置等。

第三，指导教师做好幼儿方面的准备工作。包括与大型活动相结合的日常活动的开展；帮助幼儿做好必要的心理准备，知道幼儿园要开展一个什么样的大型活动，了解活动的主要意义。同时做好一定的物质准备。如活动进行需要

准备的物品，即包括自带、自制或同伴共同制作的物品等。

第四，协助教师做好家长方面的准备工作。包括成立家长志愿者团队，让家长配合教师对幼儿进行活动前的知识教育，另外需要家长方面进行的物质准备等。

总之，计划是活动成功的基本保证，一个周密、完善的计划本身就是活动的一部分，管理者切忌认为计划可有可无，更不能随心所欲，想到哪里，做到哪里。在组织活动过程中，保教管理者应充分调动各方面的积极性，集体讨论，集思广益，选择制订出最切合实际的、最佳的活动方案。

（三）部门协调开展活动

这一环节主要分为两个部分。一个是指准备过程中的活动。包括主题活动的开展，区域活动的设计等。这一阶段业务园长要深入班级，了解各班把大型活动日常化的进程。另外一个是指当日的具体活动。业务园长扮演的角色是总调度、总导演，教师则是具体活动计划的执行者、实施者，是局部活动的指导者。各部门只有在活动中，做到各司其职、各负其责，才能保证活动的圆满进行。

（四）及时总结反思到位

总结的目的是为了在今后的活动中进一步提高活动的质量。总结要包括以下几个方面的内容。

1. 对活动的全面总结

从管理者、教师、幼儿的角度对活动本身进行总结，找出该活动好的方面和不足的方面，为以后的活动提供借鉴。对活动质量评价的重点应放在活动过程中，包括幼儿、家长、社会、教师的参与程度和参与质量方面，该活动对幼儿发展的影响以及对幼儿园发展建设的影响等方面。

2. 科学性总结

分析本次活动的成功与不足之处，寻找理论依据和原因，提取活动的组织规律，为今后活动提供理性借鉴。对优秀活动中的经验进行提炼性总结。教师或管理者在活动后要进行及时思考和书写随笔。

（五）收集资料形成案例

收集所有记录活动过程的文字资料、影像资料，作为大型活动记录资料归整留存，形成园本课程的基础材料。

四、组织幼儿园大型活动注意事项

（一）幼儿园大型活动存在的问题

1. 为活动而活动，不能与幼儿园常规活动相结合

有些幼儿园在组织大型活动过程中，付出大量的人力物力，并且不惜影响

幼儿的正常生活教育活动。如为了排练，打乱幼儿正常的教育教学活动，有的整日排练，缩短游戏时间和午休时间，严重影响了园内的常规工作，违背了教育规律。

2. 重外在效果，忽略幼儿是活动的主体，不能面向全体

忽视了幼儿是活动主体，不能面向全体，不能使人人参与。如参加节目表演的幼儿和家长神采奕奕，没有参加的幼儿垂头丧气，精神萎靡。

3. 关注活动本身，不关注幼儿发展

只关注活动本身，不关注幼儿发展的大型活动严重阻碍了幼儿的成长。一方面幼儿参加大型活动的机会少，缺乏在大型活动中得到锻炼和提高能力的机会，另一方面家长们也不能更深更好地了解幼儿园的办园思路和质量，更得不到社会的认可。只有从幼儿的需要、幼儿的发展角度出发组织大型活动，才能在内容与形式上有所突破和创新。

（二）组织大型活动应注意做到

1. 以幼儿为主体，注重幼儿参与，让每个幼儿都成为活动的主人

《纲要》中提出"教育要面向全体幼儿"。大型活动应为每一个幼儿提供展示和表现的机会，实施素质教育，让每一个孩子都得到发展。我们倡导"全体孩子参与，全面展示儿童成长"。要充分调动幼儿的积极性，让幼儿参与到活动的全过程中，如节目的创编、服装道具的设计与制作、环境的布置等，使他们真正成为活动的主人。要尊重幼儿不同的兴趣需要，发展个性，为每一个幼儿的发展搭建舞台。

2. 与园本课程相结合，融入幼儿园课程，渗透到幼儿园的日常教学中

幼儿园的大型活动本身就是幼儿园课程的一部分，其活动内容或活动形式均与园内的其他活动密切相关，应该自然渗透于幼儿园的教育活动中。它可以是系列主题活动，也可是单个、典型独立的活动，通过活动本身来反映幼儿园的办园水平、办园质量和教育观念。例如，在"图书节"活动中，我们首先在园内开展"好书大家读，好故事大家听"的活动，班班设计"好故事时间"，家家开展"爸爸妈妈一起读"活动，级级开展"故事大王"和"好书推荐"，共同激发全园幼儿爱读书、读好书的兴趣。随后，园内开展了"图书大交换"活动，把幼儿的兴趣和活动的意义深入推进，最后在儿童节的时候，我们开展了"戏剧社""图书吧""爱心交换台"等多种活动，让孩子们在自己的节日中感受图书的魅力、沟通的快乐和助人的愉悦。在这样的活动中，我们将活动的准备过程融入整个主题活动过程中，使之成为活动的重要组成部分，并在此过程中体现活动的目标。大型活动与正常教学活动互相融合，不仅不会影响教学秩序，而且使活动内容更充实，提升了活动价值。

3. 与园本特色相结合，宣传和展示幼儿园特色，打造品牌幼儿园

以质量求生存，办有特色的幼儿园，是现代园所发展的必然。这些年，每个幼儿园都在着力创建自己的园本特色，而特色的形成往往是领导有独到的教育思想。幼儿园经过长期实践，逐步形成一定优势，最终得到社会和家长的认可。每个幼儿园的特色都不拘一格，有双语特色、艺术特色、社会性特色、健康特色等，因此通过大型活动，让社会、家长深入了解，未尝不是一个很好的途径。因此就有了"健康节""艺术节"等大型活动。例如，某园每两年一次的"儿童绘画展""儿童艺术节"很好地展示了幼儿园特色教学，同时提高了教师的艺术素养。

4. 与全面发展相结合，多通道参与，多渠道提升，促进幼儿全面发展

大型活动作为幼儿园课程的组成部分，同样应该贯彻落实"全面发展"的教育精神，有效地融合各领域教学内容，鼓励幼儿多通道参与，真正实现促进幼儿全面发展的目标。同时，园长在设计思考一年中大型活动的策划与组织时，要遵循教育活动的指导原则，内容的选择上要广泛、丰富，要涉及几大领域；形式上要生动、活泼，要能激发幼儿的主动参与；组织上要综合、缜密，要能遵循幼儿的年龄特点等。这样才能发挥大型活动的价值，才能促进幼儿的全面发展。

5. 与时代需要相结合，敏锐把握社会和教育的需求，不断创新活动

大型活动是幼儿园课程的重要组成部分，容易在形式上、内容上流于简单重复，所以也需要不断创新，跟上时代的步伐，才能更好地体现它的价值。创新不仅体现在活动组织形式的不同，还包括幼儿园对社会实践的敏锐把握。例如，北京举行的奥运会、世界车展、世博会等，都给我们的大型活动创造了很好的教育契机，作为教育者，要敏锐的抓住时机，通过组织有效的大型活动促进幼儿的发展。

由于大型活动具有广泛性、多样性，所以活动的组织开展不是一件容易的事情，它需要有一个长期的摸索总结的过程。我们只有本着求真务实的工作作风，解放思想，更新观念，发挥群体的创造力和能动力才能把大型活动做好，推动幼儿及园所的顺利发展。具体案例参见本章资源广角《幼儿园新年联欢活动》。

第五节　文本材料的批阅

教师的计划和笔记等文本批阅是日常保教管理的一部分，对于促进教师专业成长、提升教师素质具有重要的意义。保教管理者要定期批阅教师的教学活

动计划、观察反思笔记等文本材料，使批阅工作对教师起到指导、激励的作用。下面要探讨的就是为什么要重视文本批阅，怎样利用文本批阅达到促进教师专业成长的目的。

一、文本材料批阅的意义

保教管理者批阅教师日常活动计划、观察反思笔记是园务管理工作的一个重要内容，是加强保教领导工作，提高保教工作质量的重要措施之一。虽然文本批阅不能像实践那样更直观，但对文本的批阅，可以使管理者全面系统地了解教师对幼儿、工作的一些认识和工作思路，以及教师的儿童观、教育观、课程观，了解教师的备课能力和工作态度，也可以使管理者对教师的教育行为进行深入考察、分析，以便对相关内容、策略等做出调整，从而获得对教育教学管理的主动权，以便加强对教育教学的工作管理。

二、分层文本批阅促教师发展

各个幼儿园的教师队伍的学历背景、工作经历与年限经验参差不齐，因此在批阅教师计划、观察反思时，需根据教师不同发展时期采取与之相匹配的批阅评价与指导方式。

新教师与成长期教师由于工作经验的缺乏，在书写活动计划、观察反思中有着诸多的困惑与问题。因此，需要管理者对他们特别关注。这个时期教师的活动计划要求进行详写，并提前一周将计划交给管理者进行批阅。这也有利于管理者帮助他们备课，对活动设计中的问题给予有效的调整策略，便于教师改进。保教管理者要保护青年教师工作的积极性，激发他们工作的主动性，让他们感到被尊重，被欣赏，被重视，有价值，有成就感，从而使青年教师爱上这份职业，在与教师有效互动中实现自己的职业理想，体会职业的幸福感。

成熟期教师经验较丰富，活动计划的设计可适当简写，活动后的反思要详写。保教管理者在批阅活动计划时，从活动计划中最突出的亮点进行评价，结合教师的反思进行分析，提出有待改进的具体策略，也可提出一些问题引发教师思考，深入反思，帮助教师梳理规律，形成经验，促进教师自我反思与成长。

三、文本批阅的内容与方法

（一）半日活动计划的批阅

幼儿园的半日活动包括生活活动、区域活动、教育活动及户外活动四大块。四者构成幼儿园教育活动的有机整体，他们相互联系，相互渗透，有机结合，共同促进幼儿身心全面和谐发展。

第一，全面的阅读周目标、周重点及每一天的计划。把握教师一周活动的总思路、基本教学内容和方法、周目标与每天活动的联系、周目标与月目标之间的联系，以避免目标与日计划脱节难以达到促进幼儿发展的目的。

第二，从促进幼儿全面发展角度去阅读。了解一周中的活动是否涉及了各领域目标，要关注全体幼儿的全面发展。

第三，从一日生活科学合理的角度去阅读。了解活动是否尊重了幼儿身心发展规律，是否动静交替，是否做到活动丰富，是否自然地整合各领域目标，是否照顾个体差异等。保教管理者在批阅时应针对不同内容进行有侧重的批阅。

1. 生活活动的批阅

保教管理者要批阅生活活动目标设置是否符合现阶段本班幼儿发展需要，是否围绕近阶段全班幼儿一日生活活动出现的问题而进行的设计，是否符合季节特点，是否有递进性、针对性等；目标的表述是否从幼儿角度出发制定的发展性目标，同时，是否在重点观察的设计中照顾到幼儿的个体差异等，见表4-5、表4-6。

表4-5　生活活动批阅表 a

中班教师活动计划	管理者批阅
1. 活动目标：幼儿掌握正确的做值日的顺序。 2. 观察指导：指导幼儿擦桌子、发碗、发盘子、发筷子、摆椅子的顺序及正确的位置。	能够根据本班幼儿年龄特点制定明确的活动目标。

表4-6　生活活动批阅表 b

托班教师活动计划	管理者批阅
1. 活动目标：知道饭后漱口等保持口腔卫生的知识。 2. 观察指导： （1）观察幼儿是否已漱口。（张开小嘴看一看） （2）提醒幼儿少接水。儿歌引导：小水杯手中拿，咕噜咕噜漱口啦。吐出嘴里脏东西，小牙变得白又净。	建议目标内容制定得再具体些。要注重考虑托班幼儿的年龄特点。 儿歌具体形象化适合托班幼儿。

2. 区域活动的批阅

区域活动的批阅主要是区域游戏内容是否围绕本班幼儿兴趣点设计开展活动，目标是否为发展性目标、是否符合幼儿年龄特点和需要，活动材料能否满足本班幼儿近期发展需要，激发幼儿兴趣，给幼儿主动学习提供有效支持。教师的指导是否以发挥幼儿主体性为前提，是否顺应幼儿的想法支持幼儿的探索尝试等。

3. 教育活动的批阅

（1）活动目标的批阅

目标是教学活动设计和组织的出发点和归宿。设计科学的教学活动目标不仅是教师专业能力的基本体现，更是指引教学有效达成的制胜法宝。

在批阅评价目标时可以从三个维角度去考查：知识与技能、过程与方法、情感态度与价值观。教师的设计是否围绕这三方面进行了全面思考。这三维目标既考虑幼儿当前需要，也涉及未来的可持续发展需要，能够让幼儿爱学、会学、学会、乐学，获得终身发展的态度和能力。另外，还要考虑幼儿学情，即教学计划中幼儿的经验准备部分中幼儿的水平、特点。保教管理者带着这样思考来看教师教学目标的适宜性，要先确定目标是否源于幼儿的发展需要，是否符合《纲要》《指南》中的先进理念，是否符合幼儿年龄特点和实际水平，目标的定位是否体现发展性，既有重点又能自然融合相关领域的教育目标。目标的表述应是具体可操作的，可查可检，切忌大而空，任何活动都适用。

（2）教学活动内容的批阅

对内容批阅要看教师选择的活动内容是否源于幼儿当前兴趣和发展需要，符合幼儿年龄特点、贴近幼儿的生活的活动内容。是否选择具有形象生动、适度新颖、适宜集体（全班、分组）进行的可操作的活动内容。最主要的是幼儿是否有兴趣参与，或者是否能够激发幼儿参与活动兴趣，让幼儿能够积极地参与其中。

（3）活动准备的批阅

活动准备的批阅一般分为两部分进行考查。一是要看幼儿经验准备。幼儿是否有参加活动的基础，即幼儿的兴趣、发展水平、已有的认知和操作经验、能力等，教师对幼儿的学情是否有分析意识而且准确与否，关系到活动开展是否能顺利吸引幼儿，让幼儿在原有经验的基础上获得发展。二是要考查材料准备。教学活动材料是否能物化目标，具有安全性、层次性、实用性，具有巧妙的操作探索功能。

（4）活动重点难点的批阅

活动的重点、难点是教师最难把握的两点。活动重点是围绕幼儿学习目标设计的主要学习内容，难点主要指的是幼儿在学习重点内容时会遇到的困难。有时重点与难点可能相同，有时又不同。不同发展水平的幼儿还会有不同的难点。保教管理者在批阅计划中要引导教师学会抓重点、找难点。教师根据学习重点和幼儿发展水平和经验预设较准确的难点，寻找突破手段和途径，进行教学过程设计，使教学能够帮助幼儿在解决问题过程中获得进一步发展。对于大多数幼儿来说难点在一次教学活动中一般不可多于2个，否则幼儿就难以在活动中获得成就感，影响幼儿的兴趣与好奇心。

（5）活动过程的批阅

教师是否能依据幼儿的学习特点、学科教学特点和对活动重点、难点的准确分析来设计活动。要求教师要围绕目标和重难点，循序渐进地引导幼儿参与活动之中，获得发现与收获。还要关注教师采用的手段和途径是否能够帮助幼儿克服难点获得新经验，师幼互动中教师是否能够提出具有启发性或探索性的问题，引导幼儿自主发现和探索，主动解决问题，教师能否借助资源引导幼儿主动互相学习。另外，活动方式是否有吸引幼儿积极主动参与活动的趣味设计，是否符合幼儿年龄特点等。总之，保教管理者批阅此环节的重点在于过程的设计能否有效达成活动目标。

4. 户外活动的批阅

户外活动内容一般分为集体操、集体游戏及分散游戏。在近一小时的户外活动设计中，保教管理者重点批阅户外活动设计的是否科学合理。要看活动内容是否符合幼儿年龄特点，活动量、运动强度是否科学合理，要注意动静交替；活动内容的设计是否考虑季节、天气等因素，是否注重游戏的趣味性、幼儿的参与性、减少幼儿等待；户外活动的材料准备是否充足，要注意材料的目的性趣味性和层次性是否满足幼儿发展需要等。见表4-7。

表 4-7　户外活动批阅表

中班教师活动计划	管理者批阅
1. 集体操。基本体操《世界真美好》。 2. 集体游戏。 （1）活动名称：看谁反应最灵敏。 活动目标：能专注听口令，直线快速跑时动作协调、敏捷。在运动中能够灵活躲闪，有自我保护意识。 （2）活动名称：捉尾巴。 活动目标：在奔跑过程中能够较好地控制跑步的方向和速度，灵活躲闪。 3. 分散游戏。 活动目标：能主动尝试使用各种运动器械，积极探索玩具的不同玩法，发展身体的灵活性、协调性。 活动准备：皮球、皮筋、跳绳、轮胎、羊角球、沙包、飞盘等。	两个游戏都是关于跑的游戏，运动量较大，活动部位较单一。建议调整其中一项，注重动静交替及身体上下肢的协调发展。

5. 活动反思的批阅

活动后的反思，能够反映教师的教育观念及专业水平，是提高教师反思能力的重要途径之一。批阅教师反思时可以从教师是否关注幼儿的发展，是否能围绕活动目标并结合幼儿的表现分析一日活动中的问题及原因，能否提出调整的方向及跟进的设想等方面。

（二）观察反思类文本的批阅

观察了解幼儿是幼儿教师必备的教育技能，同时也是幼儿教师需要履行的一项工作职责。观察反思的核心价值是让每个幼儿的不同特点的发展需要能得到满足，潜力得以发挥。教师能更好地遵循新《纲要》《指南》的精神，将"因材施教"落到实处。记录观察反思不仅能帮助教师更好更全面地了解幼儿，为幼儿的发展提供有效的支持，同时也能够提高教师观察的敏锐性，帮助教师记录自己成长的轨迹，不断完善提高自身的专业水平和专业能力。管理者的批阅要让教师感受到撰写观察记录、反思笔记是一件有意义且有意思的事，对自己的专业技能提高有所帮助。通过管理者纸上的批阅，与教师产生文字交流可以拉近彼此之间的距离，是管理者与教师互动交流的良好渠道。管理者用激励的话语鼓励教师，使教师产生成就感，继而萌发再学习、再进步的情感。

那么，怎样能够让教师的观察反思更具有教育的价值，保教管理者该如何评价教师的这项工作呢？

1. 注重观察纪实的客观、真实

教师的记录一定是真实发生的事件，在记录的过程中，要通过客观描述幼儿的行为、动作、语言、表情等真实情况，较好地保留行为事件的本来顺序和真实面貌，切忌贴标签式语言的出现。同时，内容要客观、翔实，能为下一步分析提供线索，也使问题的解决更容易找到切入点。例如，一位教师这样记录描述幼儿的行为："琪琪在给玩具柜贴标志，她拿起了胶带车，一手扶着胶带车，一手找到胶带头，向下一用力，胶带顺利的撕了下来。"这段记录虽然短小，但是通过对琪琪动作的描述，非常真实地记录下了琪琪使用胶带车的过程。管理者给予了如下批阅：寥寥几笔，形象生动地描述了幼儿操作胶带车的过程，让人身临其境。

2. 帮助教师正确分析、挖掘教育价值

教师的观察反思当中，蕴含教师丰富的教学实践经验和心得体会，等待着有心人去开采和挖掘。但是在现实当中，教师自己却往往对自己拥有的这笔宝藏毫不自知。由于教师繁忙的日常工作，反思往往是写写就过去了，很多教师甚至根本不会再回过头来重新审视自身的观察反思。在批阅过程中，管理者要充分挖掘教师反思中的价值点，鼓励教师并提出有针对性的修改和完善意见。[①] 例如，有一位大班老师在其观察记录中描写班中开展"图书漂流"活动以来，一名幼儿由于看不懂图书内容，主动找到图书的主人，请他帮助讲解，俩人共同阅读图书的过程。教师对此现象进行了如下分析：我们班自从开展了"图书漂流"活动，幼儿将自己喜欢的图书从家带来放在图书区供大家阅读，

---

① 刘峰峰．批阅教学计划和教育笔记　促进教师专业化成长［J］．北京教育学院学报，2012（S1）：29-32.

大大提高了幼儿阅读兴趣。幼儿从家里带来的图书，是爸爸妈妈讲过的，所以幼儿对故事内容比较熟悉，将书带到幼儿园来，幼儿自己就可以跟小朋友讲述，成为伙伴之间的小老师，这样教师就能多观察几名幼儿在这个活动中的表现。结果，教师在后续的观察记录中就详细地分析了幼儿在活动中的变化，活动对幼儿的影响，挖掘出活动的教育价值，形成了一个很好的教育案例。

3. 了解教师所思所想，促进教师成长

观察反思往往比较能够真实地反映教师的工作状态和所思所想。管理者要善于分析教师的观察反思，透过教师的教育行为了解教师的教育观念。正确的，要给予肯定、表扬；错误的，要及时提出调整意见、建议；遇到有困惑的，要帮助寻找解决办法，提出建设性意见。例如，一位教师对班内一名有自闭症倾向的幼儿进行了连续观察，提出了自己的困惑。观察记录见如下案例。

案例

观察记录

片段一：今天孩子们一起参观楼道的玩具、壁画。嘟嘟完全不感兴趣，放开老师的手，向着中间电梯就跑去了，跑到中间，伸手去摸电梯的按钮。

片段二：用大屏幕请小朋友看故事，嘟嘟一下子冲过来，特别仔细地摸摸大屏幕上的图案。

片段三：和孩子们一起学儿歌，嘟嘟开始在教室里走动，开始去美工区发现了新的相框，把相框里夹层抽出来放进去，一会儿又到自然角的花架子旁走来走去。

片段四：上美术课了，老师引导孩子们打开油画棒的盒子，嘟嘟一下子就把油画棒的盒子推到地上。

观察反思

也许是我们成人世界理解不了嘟嘟的世界，也许嘟嘟只是想更多地去了解这个世界，他有他了解这个世界的方式，只是和我们不同罢了。我发现他很喜欢观察、探索他想了解的东西，非常有探索的欲望。比如，他喜欢汽车，他会一直反复地打开汽车的车门，侧躺在地上，观察汽车来回在地上开来开去。他会仔细地观察摆弄窗台上的相框，把夹相框的夹子抽来抽去。

只是，他和其他的孩子不同，了解这个世界的方式不一样。作为教师的我，如何理解他的行为？应该怎样做才能保护他的学习探索的天性，又能让他融入这个集体呢？我应该怎样和他交流呢？

这是一篇教师对一名幼儿在一天中不同片段的记录，这些有目的、有针对性的观察也是基于平日教师对嘟嘟很多行为的不理解。此次连续的观察，进一步让教师感受到嘟嘟的不同之处。对于这样一名特殊的儿童，作为没有学过特殊教育的教师，他的教育方法、教育策略对这个孩子是不起任何作用的。教师开始迷茫，不知所措，提出了自己内心的困惑。管理者基于对教师及嘟嘟的了解，给予了如下批注：你是一个敏感的教师，一个心中装着孩子的教师。面对嘟嘟的行为，我能看出你内心的焦急与无助。让我们带着一个个困惑，向书本请教，从中寻找答案，找出有效的方法策略，慢慢尝试。相信通过我们的努力嘟嘟会有所变化的。教师在听取管理者意见后，静下心来，在网上搜集有关自闭症幼儿的资料，还阅读了多本有关自闭症儿童教育的书籍，并将相关经验在嘟嘟身上尝试，在不断摸索中积累经验。之后，这位教师将自己的心得体会进行细致的梳理和总结，撰写了一篇教育研究案例：《我来自另一个美丽星球》，在区级案例评选中获得一等奖。毫无疑问，他的反思能力和教育教学实际操作能力得到了一定程度的提升。此篇案例还在区级科研月论坛中获得了一等奖，这位教师很受鼓舞。这就是我们批阅要达到的目的，即激发教师在实践中探索研究的热情，在学习尝试中不断积累经验。

四、文本批阅应注意的问题

（一）尊重包容

教师的工作是繁忙琐碎的，他们常在百忙之中抽出时间完成文本材料的撰写。保教管理者在批阅过程中应注意，忌批评性语言，宜建议性、指导性语言；忌专业术语过强的语言，宜浅显易懂语言。管理者对待文本材料的态度相当重要，你的批阅可以让他们受到鼓励，价值得到认定，专业获得指导，情感得到交流，心灵得到慰藉。

（二）跟进实践

无论是活动计划还是观察反思，都是保教管理者了解教师队伍、保教工作质量情况（保教理念、行为）、教师困惑问题、教师思想动态的一个窗口。管理者要定期分析教师文本材料所反映的问题，并采取不同的策略与教师进行反馈和交流。管理者在与教师交流中还可采取个人、小组、集体交流等不同方式，要针对不同问题采用不同的方式方法。最终目的是通过文本材料的批阅促进教师专业的成长与发展。

总之，保教管理者要重视教师的文本批阅工作，坚持以人为本的管理思路，及时了解教师的教育工作和思想动态，走进每一位教师的心灵，根据教师成长的心理需要，给予及时的激励、适宜的帮助、正确的引导。用管理者的关爱与真情感化他们，用言语与行动影响他们，并坦诚交流思想，使幼儿园这个团队产生积极向上、团结互助的工作风气。从而打造一支凝聚力强、目标明确、高度负责、富有创新能力的新时代教师团队。具体案例参见本章资源广角中《教学活动计划、教师观察记录及管理者批阅示例》。

资源广角

区域游戏中的教师指导

北京市西城区曙光幼儿园　宋琳平/文

幼儿园区域活动是当前幼教实践研究的热点之一，我园也一直在结合益智区、科学区等材料深入地研究幼儿区域时的表现，通过幼儿与材料的互动来观察幼儿的游戏表现。面对幼儿的表现我们如何识别与回应，也就是我们什么时候介入合适、怎么介入更好，是我们一直在深入研究的内容。

这段时间，我在进班指导的过程中也着重看了一下教师的区域指导环节。在观察的过程中，我发现有些教师不太会观察，而且在幼儿不需要的时候介入了，效果可想而知。

这一天我来到小三班看活动，孩子们吃完饭都进了区域玩了起来。我来到建筑区观察幼儿的游戏情况，不一会儿就看苏老师也来看这个区。还没看一分钟，苏老师就问："你们在搭什么呀？"孩子们回答："我在搭高楼。"这时从上面掉了一块积木，苏老师问："为什么掉下去了？怎么让它更稳，媛媛也有好办法呀，你们可以看看。"（孩子们没有理会和回应苏老师的话，场面尴尬）话音刚落，高楼倒了，紧接着苏老师又问："怎么会倒呀？有什么办法让它又高又不倒呢？"短短的几分钟苏老师的指导一个接着一个，而且这个时候孩子们游戏刚开始没多久，在这个时候是不是教师介入的一个好时机？如果需要介入，教师应该如何介入更好？一系列的问题在我脑子里浮现。这时我也在想：作为管理者，我们应该根据教师的表现，看到里面所缺失的东西，并引导教师在观察识别的基础上给予幼儿适宜的指导。类似现象不光在苏老师身上出现，大多数年轻教师都会在如何细致观察幼儿、如何把握介入时机、如何指导上存在问题，这时就要发挥我们的指导作用，帮助教师学会适时地退出来，先观察幼儿的游戏情况，识别幼儿的需要或需要支持的真问题，然后给予适宜的指导，这个过程是需要年轻教师不断摸索的。

于是，利用中午的时间我与苏老师进行了细致的反馈。先请苏老师进行活动反思，在反思区域活动环节时，苏老师只提了："今天建筑区、娃娃家去的都是比较活跃的孩子，我关注的也比较多。"别的没有说，于是我引导问："那么，你回忆一下，你在建筑区是如何指导的呢？"苏老师"噢"的一声叙述起来，在叙述的过程中自己也提到，当她说完"为什么掉下去了，怎么让它更稳"后没有孩子理她。"为什么没有孩子理你？"我接着问。"孩子们刚玩，还在那儿搭，所以也不关注我的问题。"的确，孩子们刚刚玩还没一会儿，还没有真正玩起来教师就一个问题接一个问题的追问，没有给他们提供一个充分探索的时间。苏老师又说："我当时有点太着急了。"我趁机说道："作为教师，我们首先要注意观察幼儿的游戏情况，看看幼儿是否需要帮助或幼儿所遇到的问题是否需要教师提供帮助，如果他们能自己解决，教师可以尽量减少不必要的干预，如果真的需要支持的时候我们该介入时也要介入。回归到今天幼儿的游戏情况就完全可以给幼儿一个探索的时间，如果在反复尝试后，积木还总是倒，那么教师就可以考虑如何来引导幼儿把高楼搭得又高又稳了。"听我说完，苏老师恍然大悟，表示以后要把握好介入时机、介入方式，这次疏忽了。这时我又再想，教师的忽略是一方面，知识、经验、方法方面的欠缺也是个事实，于是我向苏老师推荐了两本书，一本是《学前儿童行为观察与分析》，另一本是《幼儿园游戏与指导》。知识的积累对于教师的经验积累和专业提升都是非常有帮助的，后续我也会针对其他教师的不同表现来给予更多针对性的帮助，帮助教师提高自己的专业能力，以发挥保教管理者的指导作用。

家长会的新视角

北京市西城区曙光幼儿园　汪京莉／文

作为幼儿园的教师，我们都知道开好家长会，应该是我们幼儿园班级工作的一个很重要的环节，也是实现家园共建的一条重要途径。因为通过家长会，可以实现教师与家长之间的更近距离的接触，更直接的交流，更全面的沟通、更深入的信任。这既是幼儿园教师的需要，也是幼儿家长们的要求。

但是，怎么样才能开好家长会呢？回顾我们以前所开的家长会，基本的模式是：教师向家长汇报一段时间以来的主要教育教学工作、幼儿的表现以及下一步的工作打算，同时也会向家长提出一些配合教师工作的希望。可是，虽然我们为此而花费了很大的努力，却往往不能取得较好的效果，以致有些教师既想开家长会又怕开家长会。这是为什么？经过反复的思考，我和同班的李岩、李颖等老师在研究、总结以往家长会案例的基础上，于本学期进行了一次运用新视角、新方法召开家长会的尝试。现将基本情况整理如下。

一、在互动游戏中开始我们的家长会

在家长会前，我事先准备了三幅一样的拼图。看到家长们都已经来到了会场，我对家长们说："今天的家长会就从请各位家长做拼图游戏开始。如果您打算让您的孩子学会这个拼图，您会运用什么样的方法？"方法一，有的家长说："我会先教给他寻找拼图的直边，观察拼图的形状和图案。然后让他根据图案自己拼图。我也会在一旁帮助他。"方法二，有的家长说："那样太慢了，我就直接告诉他应该放在哪儿。"方法三，还有的家长提出和他们不一样的意见："我觉得锻炼孩子自己的能力最好。所以我不管，让他自己试着去拼图。"

二、让家长换位体验一下

家长们在交流了不同的方法后，都想知道运用哪种方法教育幼儿比较好。为了解决家长们的这个问题，我们不去直接做出解释，而是让家长换位到幼儿的角度，通过活动中的体验去形成自己的看法。于是，我们按照他们所要采用的方法，把家长们分成了三个小组。每个小组都按照自己的方法来指导一名"幼儿"（由家长自愿扮演）完成拼图工作。当我们开始计时后，每一组的家长和"幼儿"都全力以赴。很快，方法二的一组完成了拼图任务，接下来就是方法一的一组，最后完成的一组是采用方法三的一组。游戏结束了，在家长们还沉浸在刚才的游戏兴奋中以及不明白我们的游戏意图时，我又向家长们提出了新的问题："请'幼儿'谈谈你在游戏中的感受和想法。"方法二的"幼儿"首先说："反正你让我放哪儿，我就放哪儿，不会错的。我也不用想。"方法三的"幼儿"说："我觉得有人帮我就好了，我挺着急的。"方法一的"幼儿"说："我要一边动脑筋想办法，一边拼图。不过我不会拼的时候有人会帮助我，我觉得特别好。"

三、引出我们今天家长会的中心意图

听了家长们对游戏的感受，看到家长们若有所思的表情，我抓住时机向家长引出了今天家长会的中心意图：我想家长们通过刚才的游戏应该有所感悟。这就是我今天要和大家一起分享的教育心得，我们一起来理解我园正在努力贯彻的两个现代教育观念：

观念一：在生活中学习，游戏中学习，玩中学，是幼儿园教育教学的最主要形式。

观念二：不同教育观念指导下的学习，收获的结果是不一样的。

在引出两个观点后，我开始分别列举事例来帮助家长们更加直观地理解这两个教育观念。针对观念一，我们先分析了"拼图"这个玩具所具有的教育价值。"拼图"玩具是对幼儿视知觉的培养，是锻炼幼儿对图形和背景的分辨能力。而这种能力的培养正是对幼儿前书写能力的准备。幼儿的学习正是在游戏中，在与玩具的互动中完成的，经验的积累也同样是在游戏中逐渐形成、扩展的。

当家长们理解了玩具所具有的教育价值后，我们开始把家长引入本班幼儿在生活中、游戏中、与玩具的互动中所获得的发展中来，向他们具体介绍了我班幼儿在生活中学习的点点滴滴。我们把在家长会前精心挑选的各种案例一一呈现在家长们面前。我细心地为家长讲解每一个案例中孩子们的可贵表现，认真分析在孩子的一个行为中所蕴含的多方面成长。例如，分勺子活动中的点数与配对、对树叶多少的比较、在生活中发现了大椅子和小椅子的区别、孩子们不同的计数方法、游戏中多角度分类的方法等。家长们听到后发现自己的孩子在这些他们原来觉得平淡无奇的生活中，在这些他们看似瞎玩瞎闹的游戏中，所获得的令人惊喜的发展和成长，同时也发现了游戏活动中竟然蕴藏着这么多的教育价值。大家感到兴奋无比。在家长们全新的感受和心理思想的冲击的基础上，我们此时才向家长们介绍了本年龄段幼儿的心理、生理特点，以及我们在这个过程中利用幼儿的吸收性心智，通过环境让幼儿进行自我建构，通过环境把幼儿的个性潜能发挥出来的幼儿园教育新观念和具体做法。

由于有了会议一开始的游戏体会，家长们似乎已经能够关注到"教育新观念"。但是，家长们并不是专业教师，他们不可能理解得那么透彻，也不可能做得很完善。所以，帮助他们理解幼儿的学习以及在学习中适宜的指导行为就显得尤为重要了。在案例面前，家长们深刻地理解了什么是"让幼儿在自主探究的过程中主动学习和建构知识与技能"，什么是"给幼儿提供适时、适宜的帮助，做幼儿成长过程中的支持者和帮助者。"对于家长会开始时三种方法的比较，家长们自然也有了自己的认识。

四、务必做好前期准备

为了开好这次家长会，我们做了下面三件前期准备工作。

第一，前期一定要了解每一个幼儿。

在开家长会之前，教师一定要详细了解班上的每一个幼儿，无论是他的身体发展状况还是认知水平，以在前期观察幼儿的基础上获得的信息为根据。这样，教师介绍的情况才会真实、详细、有针对性。家长听着也会从中对应自己孩子的现状。听了教师详细地介绍每一幼儿的现状，说明教师的教学态度是严谨的，关注到了每一个幼儿的需求和表现。那么之后向家长介绍幼儿园的发展课程才是可信的。同时也可以使家长感觉到自己的孩子是受到教师密切关注的，从而加深了对幼儿园的信任。

第二，课程思想的介绍一定要透彻。

家长们来自各行各业，对教育并不一定很了解。所以在我们介绍幼儿园的课程思想和安排时一定要透彻。我们要通过真实的活动事例、教学案例使家长明白我们在幼儿园的教育中采取了什么样的教育模式，这些教育模式的精华是什么，这些模式在活动中起到了什么样的作用等。特别是针对本班幼儿的特点，教师设置了哪些教育环境，开展了哪些教育活动以及幼儿在活动中的具体表现等。这些内容能够帮助家长更加清晰地了解幼儿园的各项安排，而不会产生孩子整天就是玩而什么都没有学到的想法。使家长更加明确幼儿园的教育存在于幼儿的一日生活活动中，幼儿园的教育是真正的快乐的启蒙教育，会在以后的活动中支持教师的工作，支持幼儿的发展。

家园互动教研活动方案

—— 了解、关注幼儿的学习方式和学习特点

北京市西城区洁民幼儿园　尹陆明　魏芳/文

教研时间： 2013 年 6 月 20 日

教研地点： 洁民幼儿园音乐教室

教研参与人： 幼儿园教师、家长

教研目的：

（1）在活动中了解、关注幼儿的学习方式和学习特点。

（2）愿意学习、运用《指南》作为日常教育的参照。

教研主题： 游戏……

教研过程：

1. 利用提问，了解教师和家长对幼儿学习内容和学习方式的原有经验

（1）家长有很多担心：幼儿园是玩游戏为主，进入小学学知识进度又特别快，能适应小学生活吗？这个观点您怎么看？

（2）针对教师：你听到家长关于这样的反馈，是否有压力？你是怎么想的？

2. 利用辩论，使教师和家长思考幼儿期的幼儿到底应该"学什么"和"怎么学"

观点：多学知识才能考入小学。

准备要求：

（1）每人抽签决定正反方。

（2）准备八分钟，把基本观点写在大纸上；辩论 12 分钟。

（3）每组选出一名组长、一名记录员。

（4）选出计时员。

辩论要求：

（1）每组推选五人代表本组参与辩论。

（2）双方进行自我介绍，先正方再反方。

（3）一个人表明本组观点具体、明确，表达清晰（每组一分钟）。

（4）展开辩论（五分钟左右）。

（5）每组选一名代表做总结陈词（每组两分钟）。

辩论后关键词："学什么？""怎么学？"

3. 体验活动，使教师、家长充分了解幼儿是如何学习的

（1）集体模仿一句话：大家模仿一下；"你是怎么记住的"方法交流。（考查了幼儿的什么能力？）

（2）每人做一份试题；谈一谈自己的感受。

（3）根据上一环节辩论的分组情况，以组为单位，以其中的一道题为例，引领孩子学的是什么？怎么学（某一知识点的不同年龄班循序渐进的积累过程）？

4. 分享

自然化案例（略）

5. 总结

（1）在《纲要》《指南》的范围下进行学习。幼儿的发展是一个持续、渐进的过程。

（2）"孩子是学习主体"，关注幼儿的学习方式与学习特点。

过去：读书、听课、做作业、反复的练习、认字、做算术题等抽象的学习方式。

现在：

认识幼儿的学习：是主体通过与环境相互作用导致能力或倾向相对稳定变化的过程。

遵循幼儿学习方式：最大限度地支持和满足幼儿通过直接感知、实际操作和亲身体验获取经验的需要。

遵循幼儿学习特点：在做中学、玩中学、生活中学。

陶行知：做是学的中心，也是教的中心，不在做上下功夫，教故不成教，学也不成学。

陈鹤琴：凡是幼儿能做的让他自己去做。

张雪门：孩子是怎样生活的就怎样学习，孩子是怎样学习的，就怎样教育。

日本幼教专家本吉圆子：孩子仅仅聆听语言的说明是不能学到东西的。孩子要通过自身整个身体与外界事物的接触才能得到教育，通过手及身体的接触使身心和头脑运作起来。

（3）教育者正确认识自己的角色定位。

过去："灌输""训练""成人讲、幼儿听"，是最好的教与学的方式。成人在幼儿学习中的作用被定位为：训练和管压。

现在：教育者的定位：支持者、合作者、引导者。

教研活动后延续：继续学习《指南》，并与具体实践相结合。

幼儿园新年联欢活动

北京市西城区宇锋幼儿园　史晓华/文

一、调查分析，了解需求

（一）教师讨论会：结合班级幼儿发展评估及近几年幼儿园新年联欢活动的开展情况，征求教师对新年庆祝活动的建议。

（二）家长问卷：利用新学期家长会机会，发放问卷，向家长征求对于新年活动建议。

（三）回顾近几年幼儿园新年活动开展的次数、内容、方式、效果，结合幼儿园发展需求，提出建议。

二、确立活动总目标

利用新年这一对幼儿成长具有重要意义的节日，开展联欢活动，让孩子们感受新年的快乐、成长的快乐、自信的快乐；让家长感受亲子的快乐、教育的快乐；让教师感受职业的快乐！

三、制订活动方案

（一）确定活动主题：（言简意赅）根据活动目标，我们的新年庆祝活动主题：做最棒的自己——家园同乐庆新年。

（二）确定形式及地点：新年庆祝活动形式——全园性联欢；活动地点——园外剧场；活动人数——全体幼儿、一名幼儿家长、全体教师。

（三）确定幼儿园新年庆祝活动时间表。

幼儿园新年庆祝活动时间表

时间	内容	负责人
9月	宣布活动意向，使不同部门教师明确此次活动的目标、意义，征求活动建议	保教管理者
10月	确定活动主题、活动地点 制订并通过全园新年活动方案	保教管理者、园长
11月	制订班级活动方案 各班级依据活动方案开展主题活动	班级教师、家长
12月	结合本班主题开展情况，幼儿活动兴趣，制订详细的新年活动 根据实地踩点情况，确定当日活动方案 明确各部门职责 召开家长志愿小组动员会 与相关部门沟通，制订活动安全预案	保教管理者、教师相关部门负责人（安保、医务、伙房、资料信息、家长志愿者小组）安保负责人
12.31	新年庆祝活动正式开始	园长、保教管理者、各部门负责人

四、各班级按照计划开展主题活动，并制订当日活动计划

联欢会主题："做最棒的自己——家园同乐庆新年"

活动目标：让孩子们感受新年的快乐、成长的快乐、自信的快乐；让家长感受亲子的快乐、教育的快乐；让教师感受职业的快乐！

活动形式：舞台联欢

活动时间：12月31日上午10：00—11：30

活动地点：剧场

领导小组：

    总负责人：园长

    小组成员：部门负责人及年级组长

    职责：负责制订详细的活动方案、流程、安全预案，人员和物资的总
        协调，活动场地的布置，推进活动的顺利进行。

教师责任具体分工表

职责	负责工作内容
年级组负责人	负责本年级组活动的协调
各班幼儿演出负责人	负责协调和落实本班联欢会相关具体工作，以及各班的家长工作
摄像师物品采购负责人	负责摄录整个活动场景，有重点有全面。联欢会所需物品的购买
活动音乐负责人	负责整场节目各环节音乐的收集及整理，家长邀请函的制作
LED大屏负责人	负责整场节目各环节LED大屏素材的收集、整理及播放
卫生保健负责人	明确联欢会当天保健医具体分工（前台及后台）
教师节目负责人	负责青年教师节目的编排与日常训练
主持人	主持活动流程，把每个环节流畅串联在一起
场地门卫负责人	防止活动中幼儿单独离开活动场地，不是本园家长不能擅自进入活动场地

具体活动安排及节目顺序（略）。

五、总结、反思

在新春佳节到来之际，为了给孩子们提供一个大胆表现自我的舞台，让你我共同度过一个难忘的节日，我园特于×××剧场内举办此次"做最棒的自己——家园同乐庆新春联欢会"。伴随着开场短片中孩子们的一张张笑脸，一句句稚嫩的新年愿望，全园上下期盼已久的联欢会开始了。首先由园长将新年的祝福及期盼送给了所有的幼儿、家长及教师，紧随其后的就是孩子们的精彩亮相。

孩子们演出的内容全部来源于幼儿的日常生活。例如，中班幼儿将平时在

音乐区练习的节奏乐在非洲跳动乐曲伴随下，舞动到新年大舞台；小班幼儿变成一个个海洋小动物在名曲水族馆的伴奏下自由地游来游去；大班的歌表演爸爸妈妈叽了呱啦童趣十足，幼儿园最小的宝宝班和家长们共同表演森林大咖秀，创意十足。这些节目来源于幼儿生活，可以看出孩子们非常投入，家长更是兴奋，看着孩子们的成长，纷纷鼓掌加油。孩子们在排练节目的过程中，注重发扬蓝天特色，张扬自己的风采，历练自己的胆量，学会付出与坚持，感受辛苦努力后成功的快乐与自信，对于每个孩子来说"迎新春的舞台"是很珍贵的心路历程，孩子们在这样一个过程中获得成长。也许舞台上的孩子们表现得并不完美，但是对于每一个孩子来说，站在舞台上的他就是最完美的。

教学活动计划、教师观察记录及管理者批阅示例

北京市公安局幼儿园　魏新莉　刘红磊/文

教学活动计划及管理者批阅

中班活动计划	管理者批阅
教学活动：陀螺图形乐（科学） 1. 活动由来 　　上学期孩子们经常会拿拼插玩具来插陀螺然后不停地旋转，看到孩子们这么感兴趣，在新学期我们也为孩子们提供了陀螺的玩具，孩子们纷纷有了自己的发现，从陀螺在什么地方好转，什么面的陀螺转起来更稳，小棍插在什么位置上转得更稳，两个颜色的面转出来是什么颜色的等一系列的小主题活动。孩子们都非常感兴趣，有一天孩子们突然问我："老师，如果上面有图案的话，转出来是什么样子的呢？""我觉得如果是正方形的那转出来也是正方形的。""我觉得转出来是长方形的。"孩子们七嘴八舌地说着，看他们对这个问题这么有兴趣，所以准备了这节课——陀螺图形乐。 2. 活动目标 　　（1）探索和发现陀螺快速转动时图案变化的有趣现象。 　　（2）能用图画的方式记录结果并分享自己的发现。 　　活动重点：探索陀螺在旋转时图案的变化。 　　活动难点：将看到的图形记录在表格中。 3. 活动准备 　　经验准备：幼儿已认知陀螺及操作陀螺的经验。 　　物质准备：（1）陀螺（人手四个陀螺）（2）记录表格、笔。	能根据班内幼儿的主要问题制定目标并采取有效措施。指导重点突出、体现实效性。 能够调动幼儿已有经验，使幼儿在操作过程中体验成功。 你善于观察幼儿，能从幼儿的兴趣需要中生成教育活动。但文字要梳理的顺畅些。 活动难点是幼儿的实验观察结果的记录，你是如何支持幼儿的？如何帮助幼儿解决记录难点，采取哪些策略？ 过程中的每一个环节教师需要观察什么？指导幼儿什么才能让幼儿有所发现？

左侧竖排：幼儿园业务园长／保教主任工作指南

中班活动计划	管理者批阅
4. 活动过程 (1) 今天老师给小朋友带来了一个不一样的陀螺。 ①出示陀螺引发孩子们的游戏兴趣。 ②陀螺上的图形都有什么？ ③你来猜一猜在转动的时候它会变成什么图形呢？ (2) 幼儿进行猜想并记录。 (3) 对自己的猜想进行尝试验证。 (4) 记录实验结果并和大家分享。 （做成小本本放在区域里） 总结梳理：原来我们实验的这四个图形都会转出圆形的图案。 (5) 活动延伸：在科学区提供白色卡纸，幼儿可装饰绘画陀螺，在游戏中继续探索图案在快速旋转中发生的变化。同时提供多种形状的陀螺，幼儿可以探索旋转后形状发生的变化。 反思 　　在活动中，幼儿都能积极主动参与，情绪愉快，愿意表达自己活动的体验。我充分尊重幼儿的想法，给幼儿探索操作的时间，等待幼儿的发现。大部分幼儿能自主发现变化，由于图案在运动中随转动速度的变化而变化，幼儿无法将运动状态下看到的图案进行记录。因此，在这个环节有些乱，我舍弃记录改为幼儿口头分享，将自己看到的表述出来。中班幼儿进行记录相对有些难，可以运用拍照的形式帮助幼儿观察记录，将动态画面变为静态画面，可能更适合幼儿。	记录中会发生什么问题，教师如何帮助幼儿？ 半日反思比较全面，能够关注到幼儿细节。从幼儿的行为，反思活动设计中的不足。活动中能发现问题，及时调整，更好地适应幼儿的学习方式。在活动中吸取教训，寻找解决办法。希望你在实践中，继续观察，尝试多种策略，寻找适宜中班幼儿记录的方式、策略。

教师观察记录及管理者批阅

观察重点	阅读图画书	日期	9 月
观察对象	琪琪	观察地点	活动室
观察纪实			下午活动区时间，琪琪来到了图书区，拿了一本《绿野仙踪》，从第一页开始认认真真地看了起来。看到了中间，她就皱起了眉头，拿着书就去找瑶瑶，说："这本书是你带来的，能给我讲一讲吗？我有点看不懂。"这时的瑶瑶本来在玩拼插玩具，听到这个，瑶瑶立马起身把自己的玩具收起来，来到了图书区和琪琪一起看书。瑶瑶一页一页地给琪琪讲故事的内容，两个人一边讲一边交谈，整个活动区时间她们两个一直在看这本书，时不时也会有其他小朋友加入她们，和她们一起看这本故事书，瑶瑶也很高兴很认真地讲给小朋友们听。

观察重点	阅读图画书	日期	9月
观察对象	琪琪	观察地点	活动室

现象分析	我们班自从开展了"图书漂流"活动，幼儿将自己喜欢的图书从家带来放在图书区供大家阅读，大大提高了幼儿阅读兴趣。从家里带来的图书，是爸爸妈妈讲过的，所以幼儿对故事内容比较熟悉。将书带到幼儿园来，幼儿自己就可以跟小朋友讲述，成为伙伴之间的"小老师"，这样更能激发幼儿学习的兴趣。在幼儿相互交流的过程中，有助于提高幼儿的语言表达能力及逻辑思维水平，而且还激发了幼儿主动阅读的兴趣。
教育措施	1. 教师应有重点的选择图书为幼儿讲述，使幼儿了解图书的内容。 2. 鼓励带来图书的幼儿，为有需要的幼儿进行讲述。 3. 与家长沟通配合，将这种"图书漂流"活动坚持下去。
管理者评议	你是一位很有心的老师，能够根据幼儿的兴趣需要开展活动，受到小朋友的欢迎。如果你能从多角度进行剖析幼儿的发展，你会发现这个活动很有意义和价值。再多观察几名幼儿在这个活动中的表现、发生的变化，记录教师是引导、支持的过程，这将是一篇很好的教育案例。

第四章　日常保教管理

第五章　园本研修

近年来，为了解决培训与实践"两张皮"、教研与实践相脱节、培训与教研不相干等问题，我国很多地区将教研、培训等教师继续教育的资源整合起来，以求通过教研、培训等多种手段的综合利用，共同作用于教师的专业成长，更好地帮助教师在日常教育教学工作中实现从教育观念到教育行为的转变。这一教师教育的理念可以用"研修一体"来概括，即通过教研与培训的整合促进教师的专业发展。本章正是从这一理念出发，在幼儿园这一促进教师专业发展的最基本层面提出园本研修的概念，旨在通过这一概念将研修一体的教师教育理念贯彻落实在幼儿园日常教育实践中。

本章将针对幼儿园保教管理者在实际工作中存在的一些困惑，重点回答以下问题：什么是园本研修？它有什么样的价值？开展园本教研需要关注的问题及有效开展的方法有哪些？开展园本培训需要把握的原则及有效开展的方法有哪些？如何针对不同教师的不同特点和需求开展分层培训？如何处理好课题研究与日常实践和教研的关系？保教管理者如何对课题研究进行管理和指导？等等。

第一节　园本研修及其价值

园本研修是幼儿园教师在自己的幼儿园中，结合自身实际工作进行的一系列的学习、研究和进修，以提高自身的实践能力和专业水平。相比较幼儿园之外的教师培训机构中开展的研修来说，园本研究有其自身的特点和价值。

一、园本研修的含义及特点

（一）园本研修的含义

园本研修是指幼儿园从日常教育实践出发，立足于解决教师在实践中面临的真问题，"以园为本"开展的研修一体的活动。它以教师为学习、实践和研究的主体，将园本教研与园本培训整合起来，围绕教师在实践中遇到的实际问题，通过多种形式的教研与培训活动，来帮助教师在解决实际问题的过程中，更新专业理念，丰富专业知识，提升专业能力，进而达到促进幼儿身心和谐发展、提高幼儿园教育教学质量的目的。

园本研修大体包括园本教研和园本培训两个方面。其中，园本教研侧重在以解决实际问题为基础的研究、探索活动上，园本培训侧重在以丰富专业知识经验为目的的学习、培训活动上。两者虽各有自己的重点和目的，但它们又相互作用、相辅相成，以研促训，以训带研，共同为提升教师的专业能力、促进教师的专业发展服务。

（二）园本研修的特点

园本研修是以教师为主体将研究与培训整合为一体的活动。它呈现出以下几个特点。

第一，"园本性"，即"以园为本"，是园本研修最基本的特点。它立足于本园实际，旨在解决本园的实际问题，促进本园教师的专业发展和幼儿园的可持续发展。

第二，"实践性"，即关注教师在实践中存在的真实困惑与需求，以解决实际问题为导向，以改善教育实践为根本目的。

第三，"主体性"，即尊重教师在研修活动中的主体地位，注重发挥教师的主动性、独立性与创造性。

第四，"合作性"，即注重教师与教师、教师与管理者、教师与研究人员之间的对话、互动与合作。

第五，"实效性"，即注重研修给日常教育教学工作带来的改变，切实转变教师的教育行为和教育观念。

第六，"专业引领性"，即注重保教管理者自身专业性的提高和引领作用的发挥。

第七，"研修一体性"，即注重将教师的学习、研究与日常教育实践紧密结合，在三者相互促进、相互转化的过程中让教师成为园本研修的主体。

二、园本研修的价值

综合园本研修的上述七个特点，可以看出园本研修不同于传统的统一安排、整齐划一的教师培训模式。培训的主导权、管理权和决定权都在幼儿园自身，幼儿园可以根据自己的实际情况和需要，综合利用各种资源，开展多样化的研修活动，来解决本园问题，促进园所发展。我们可以从幼儿园发展和教师发展两个层面来看园本研修的价值。

（一）幼儿园发展层面

1. 有利于促进幼儿园的可持续发展

"以园为本"的理念最突出的是"基于园所""为了园所""在园所中"，这使得幼儿园拥有了自主权，可以从幼儿园发展的根本目标出发，围绕幼儿园教育教学实践中存在的关键问题，通过系统思考、统筹规划，将管理、培训、教研、课程等因素整合起来，共同作用于幼儿和教师的发展。因此，园本研修有利于加快幼儿园课程改革，激发园所内在活力，形成学习型组织，增强教职员工的改革意识、学习意识、研究意识、发展意识和创新能力，进而促进幼儿园的自主发展和可持续发展。

2. 有利于形成幼儿园的特色发展

有了发展的自主权，有了可持续发展的目标和内在的动力后，幼儿园就可以进一步追求特色发展。当然，特色发展并非一日之功、一蹴而就，需要经历长期的实践研究和探索的过程，不断积累物质资源和文化底蕴，找到既符合幼儿教育规律，又符合园所实际，还能被教职员工认同，并具有生长活力的载体。园本研修是幼儿园找到这一载体、实现特色发展的重要途径，它正是以解决问题为出发点，通过发挥教职员工的主体性来调动幼儿园内部力量，在遵循普遍规律的基础上寻找独特性，在发挥优势的同时弥补不足，在优化整合幼儿园各种资源的过程中，推动幼儿园向着更加具有鲜明特点和生命活力的方向不断发展。

(二) 教师发展层面

园本研修的实践性、主体性、合作性、实效性、研修一体等特点，都指向于教师的专业发展，其对教师专业发展的价值可概括为以下六个方面。

1. 有利于教师在主动学习的基础上将研究与实践整合为一体

教师的学习是一种教师在教育教学实践中，以自身的原有经验为基础，以真实的教育情境为背景，以实际问题的解决为中心，通过亲身的体验不断地进行专业知识与经验的主动建构的过程，是一种研究性的学习和反思性的学习。

园本研修尊重教师的学习方式，立足于教师自身的需求，结合实际案例开展研修活动，围绕教师困惑的问题展开研究与讨论，注重调动教师的原有经验，促使教师以原有经验为基础，在尝试中理解新理念，在体验中积累新经验，在运用中靠近新理念，在不断的体验与反思中将新理念内化为自己的观念，并自觉指导自己的教育行为。这会帮助教师改变"你讲我听、你说我做"的被动学习状态，促使他们基于自身的需求，主动地向理论学习、向同伴学习、向幼儿学习。这种以解决实际问题为中心的学习，将教师的教育实践与研究活动紧密结合起来，帮助教师在自己内部形成学习、研究与实践的一体化。

2. 有利于教师获得自我价值感和职业幸福感

园本研修立足于教师在实践中遇到的实际问题，关注教师存在的困惑和需求，接纳教师的真实想法和感受，鼓励教师积极参与、大胆表达、勇于尝试，让教师获得被接纳、被尊重的感觉，这有助于教师带着更大的热情和主动性参与到研修活动中来。同时，好的园本研修还能够激发或加深教师对幼教事业的热爱，不断提升其专业理念和师德。这种对教师情感和价值追求方面的影响因研修始，但不止于研修，它还可以促使教师在不断地发现问题、解决问题的过程中获得成就感和自我价值感，进而帮助教师获得职业幸福感。

3. 有利于教师成为自身实践的研究者

园本研修强调以教师为研修的主体，发挥教师的主体性，让教师在解决实际问题的过程中深入研究幼儿、研究幼儿的学习过程、研究自己的教如何为幼儿主动地学服务，从而真正成为自身实践的研究者。

园本研修倡导教师带着研究的意识开展日常工作，注重培养教师的观察意识、问题意识和反思意识，注重引导教师深入地研究幼儿在活动中的学习特点、学习方式和发展需要，挖掘教师自身教育行为中的闪光点和存在的问题，帮助教师提高观察和解读幼儿的能力、主动发现问题和解决问题的能力、积极应答和有效互动的能力、自我反思与及时调整的能力等，进而支持教师围绕自身实践中的问题开展自主研究。

4. 有利于教师与同伴开展互助与合作

园本研修注意打破教师单打独斗、关起门来搞研究的封闭状态，鼓励教师根据自己的兴趣、需要和关注点，与其他教师结成学习与研究的共同体，围绕大家共同关注的问题，发挥各自的优势，开展互帮互助与合作研究。注重为教师创造相互观摩、学习的机会，搭建交流分享的平台，鼓励教师开放自己的心态、开放自己的教室、开放自己的研究过程，大胆表达自己的想法或提出疑问，贡献自己的经验和智慧，在开放、互助的氛围中形成合作式的研究伙伴关系，并在合作研究的过程中不断吸取他人的经验、改善自己的实践。

5. 有利于教师切实改善自身的教育行为和教育观念

园本研修以帮助教师解决实际问题为出发点，同时注重通过研究和解决教师面临的实际问题来促进教师自身的专业成长。关注教师在教育实践中存在的真问题，就是要透过教育实践中的若干现象，诊断出隐藏于现象背后的原因，找到支撑教师教育行为背后的教育观念中的深层问题，进而找到影响幼儿园教育质量提高的关键问题和本质问题。建立在这一过程基础上的园本研修，可以在查找教师教育行为中的表层问题的同时，帮助教师改变视角、转变观念、更新认识，从而将园本研修的落脚点回归到教师的专业成长上来。

6. 有利于发挥管理者对教师发展的专业引领作用

一项对幼儿教师的调查研究表明，最直接能够促进他们专业成长的人是幼儿园的保教管理者，可以说这些人所发挥的作用就是所谓"隐性的专业引领"。实践也表明，那些教育教学质量较高的幼儿园中，保教管理者的专业水平通常也较高，其对于该园教师所发挥的专业引领作用也较大。所以，园本研修不仅仅注重提高教师的专业水平，还注重发挥管理者尤其是保教管理者的专业引领作用。

在园本研修中，倡导保教管理者通过研究教研、研究教师来支持教师研究幼儿、研究幼儿的学习。园本研修注重管理者与教师共同经历研究的过程，诊断影响园所教育质量的关键问题，把握研究的核心价值；注重带领教师开展行动研究，激发教师的认知冲突，引导教师有目的地自我实践与自我反思，跟进教师研究基础上的尝试与调整，支持教师之间的互助与合作研究；注重通过日常观察、交流研讨等多种方式，挖掘教师的研究经验和实践智慧，鼓励教师相互学习、主动运用、反复验证、不断创新，促使研究成果向日常实践不断转化。正是这样的专业引领，在加速教师专业发展的同时，也促进了幼儿园的管理者、教师和幼儿的共同成长。

第二节　园本教研的有效开展

园本教研是园本研修的一个重要组成部分，也是保证园本研修体现实践性、主体性、实效性等特点的重要手段。然而，传统的幼儿园教研工作更多的是通过学习、实践、观摩、总结四个步骤来开展的，程序相对模式化，教师参与比较被动，通过教研改善日常实践的效果不太明显。为了提高教研的实效性，让教研更好地发挥出对于教育教学实践的积极作用，我们倡导开展有效的园本教研。本节将围绕如何有效地开展园本教研这一核心问题，重点阐述园本教研的含义、意义、原则以及有效开展园本教研的基本方法。这些方法主要来自一线的探索，通过大量的实践经验总结提炼而成，具有较强的现实指导意义。

一、园本教研的含义及意义

（一）园本教研的含义

园本教研，即以园为本的教育教学研究活动。具体而言，它是指以《纲要》和《指南》为指导，以幼儿园教师为教学研究的主体，以影响幼儿园教育教学质量提高的关键问题为研究对象，以促进幼儿和教师的共同发展进而提高幼儿园的日常保教质量为根本目的，在真实的教育情境中运用行动研究的方法和程序来解决实际问题的研究过程。

（二）园本教研的意义

园本教研以幼儿园的发展为本，以幼儿和教师的发展为本。他对于幼儿园教师的专业成长、幼儿园的课程改革和保教质量的提升都具有重要意义。

1. 开展园本教研是促进教师专业成长的有效途径

教师的专业成长就是在自己原有经验的基础上，不断探索、研究、验证、发现，不断吸收同化各种新信息，从而建构整合自己的教育理念，形成教育能力的过程。园本教研对于教师的专业成长具有重要意义，体现在以下三个方面。

（1）有助于点燃教师的研究热情

园本教研关注教师日常工作中遇到的实际问题，针对真实的教育情境，研究教师存在的困惑，探索具体而有实效的教学策略和方法。因此更容易激发教师内在的动机与需求，点燃教师的研究热情，促使教师积极主动地参与教研工作，为教师成为自身实践的研究者奠定了基础。

（2）有助于唤醒教师的研究意识

园本教研关键是要唤醒教师研究的自觉性，使其转变观念，积极投身于园本教研中，变"要我研"为"我要研"，进而增强研究的意识，养成研究的习惯，使研究成为一种随时随地都可能发生的活动、一种自觉行动、一种自然而然的行为。实践证明，教师一旦带着研究的意识开展日常工作，就会以研究者的心态真诚地投入工作，从教学中的小问题入手，用反思的眼光去研究教学行为，深刻地思考，主动地调整，进而创造性地开展日常工作。

（3）有助于提升教师的实践智慧

教师专业成长的核心是获得产生于处理复杂性和不确定性情境过程的实践性知识，尤其要面对的是如何把那些明确的知识付诸教学实践的过程。也就是说，教师专业发展的主要内容就是提升教师的实践智慧，从而实现由新手型教师到经验型教师再到专家型教师的转变。园本教研是提升教师实践智慧的有效途径。园本教研主张教师在实践中研究，在研究中实践，通过教育研究现场中实际发生的问题来反思和改进自己的实践，促进教师对自己、对自己的专业活动乃至相关的人、事、物更为深入的理解。教师被置于解决不确定的实际教育教学问题的情境之中，他们需要在不确定的、疑惑的、困顿的、迷茫的、多种可能的、多种选择的思绪中做出自己的计划。这为教师提供了一个检验和反思自己所持有的不确定性专业知识的平台，从而促使教师的实践智慧进一步发展，提高应对千变万化的实际情境的能力。

2. 开展园本教研是为了适应新课程改革的需要

当前我国幼儿园课程的基本导向是：要求教师不是简单地执行课程方案，而是要创造性地参与课程实施过程。所以，当今幼儿园课程改革重视发挥教师在课程决策过程中的作用，即课程实施过程不是一个简单地遵循课程方案去做的过程，而是一个根据自己特定的教育对象、对教育材料进行加工和再创造的过程；教师在实施的过程中需要对现成的课程方案进行演绎、调适、补充和完善，使课程方案中所体现出来的思想和方法与实际的情况相符合，并能根据实际的需要做出判断和选择。由此，教师发展自己积极主动地对课程进行修正研究和调适的意识和能力就显得非常重要，而开展园本教研活动是教师获得这种能力的最好途径，因为园本教研是每个教师都应该做的，而且也是能做的。

3. 开展园本教研是提高幼儿园日常保教质量的必要手段

幼儿园的保教质量是由幼儿园的教育环境质量、教育活动质量、师幼互动质量、课程实施质量、管理工作质量、家园共育质量等多个要素构成的，而这些要素都需要通过园本教研来不断加以完善。因此，园本教研是提高幼儿园日常保教质量的必要手段。幼儿园通过开展园本教研，可以促使教师带着研究的意识开展每一天的工作，在工作中关注每一名幼儿的兴趣爱好、个性特点、已有经验、发展需求和个体差异，针对幼儿的年龄特点、个体差异设计课程方案和教育计划，并帮助教师积累、掌握多种策略和方法开展积极有效的师幼互动。同时，园本教研还会引导家长与教师形成合力，共同参与教育实践，通过家园共育共同作用于幼儿的身心发展。所以，开展园本教研对于促进幼儿、教师和幼儿园的共同发展具有重要意义。

二、开展园本教研的基本原则

园本研修具有园本性、实践性、主体性、合作性、实效性、研修一体等特点，园本教研作为园本研修的一部分，也应具有以上特点。这就决定了在开展园本教研时需要遵循以下几个原则。

（一）务本求实

务本即以园为本，以人为本。以园为本要求园本教研以教育教学实践为核心。以人为本要求园本教研既要以遵循幼儿的身心发展规律为前提，又要以促进教师的专业发展为目的。求实即追求实效。首先，园本教研应从实践中来，即从教师真实存在的困惑和纷繁复杂的现象中剖析出真正要解决的问题，在研究分析的基础上找到影响幼儿园保教质量提高的关键问题。其次，园本教研应在实践中进行，即带领教师在日常教育教学实践中围绕这些关键问题，结合具体教育情境，开展基于问题解决的现场研修和行动研究，不断发现问题、寻找原因、提出方案、实践研究、反思调整、再发现问题等。此外，园本教研还应回到实践中去，即在日常实践中检验研究的效果，并将研究的成果运用到日常工作中去，以帮助更多的教师转变教育观念、改善教育行为。

（二）人人参与

主体性要求园本教研要以教师为研究活动的主体，努力发挥教师的主动性、独立性和创造性。这里的教师是一个广义的概念，可以理解为全体教职员工的统称，包括教师、保育员（或助理教师）、后勤人员、行政人员等。园本教研倡导人人参与，具体可从三个方面来把握：第一，为每一位教职员工提供参与教研的机会，针对不同群体的需求开展教师教研、保育员教研、后勤教研、行政教研等多主体参与的活动。第二，尊重每一位教职员工的想法和需求，给每一位教职员工表达想法、发表意见、提出建议的机会。第三，尊重教师在专业发展方面的普遍需求和个体差异，倡导开展集体的专题研究和个体的日常研究，帮助每一位教师经历发现问题、分析问题和解决问题的过程。

（三）平等对话

园本教研注重打破以往"领导一言堂"的局面，着力改变"专家说得都对、教师被动接受"的传统观念，倡导还给教师话语权，鼓励教师通过实践研究与理论对话、与同伴对话、与自我对话。因此，园本教研呼唤平等、开放的人际氛围和对话式的教研文化。首先，园本教研倡导教师通过个人反思与自我对话，反思自己的已有经验和认识观念；其次，园本教研倡导教师通过同伴互助与同伴对话，在互助中与同伴展开合作学习，实现共同进步；最后，园本教研还倡导教师通过专家引领与理论对话，在对话中让实践找到理论支撑，也让理论更好地指导实践。

（四）研训融合

研修一体性是针对要解决的关键问题，综合利用教研与培训两种手段，共同作用于教师的专业发展。园本教研应考虑在研究过程中将培训自然融合进来，一方面可以由教研引发培训，通过研讨找到问题及其背后的主要原因，分析教师的优势与不足，针对教师普遍缺失的专业知识开展有目的的培训；另一方面也可以让培训跟进教研，通过教研摸索出一些比较好的想法和做法，将其总结成经验，通过培训活动在全园范围内推广，促使个人经验变为集体经验。总之，可以通过教研与培训的相互作用，实现研训融合、相辅相成。

（五）教科研同步

过去的教研往往与科研混为一谈，常出现以科研代替教研的情况。然而，科研与教研不能完全等同，因为科研更突出科学性、规范性、系统性和创新性，较注重文本成果，而教研更看重针对性和实效性，较注重实践成果。幼儿园如果想从根本上提高教育质量，应该将二者结合起来，尝试在开展教研的基础上借助专家引领逐渐形成课题研究，通过采取更加严谨的研究思路、科学的研究方法、规范的研究程序，以取得更有创新性的研究成果。对于有研究基础和条件的园所来说，可以申报科研课题，并通过日常的教研工作来推进和落实，实现二者的同步开展和相互促进。对于研究条件和基础不足的幼儿园来说，应先从做教研开始，在思考更深入、研究更有经验的基础上，尝试由教研问题逐渐生成科研课题，进而以科研来提高教研的质量。

三、开展园本教研的有效方法

如何更加有效地开展园本教研，促进教师主动、自觉地专业发展，这应该成为每一位幼儿园管理者尤其是保教管理者认真思考的问题。下面将围绕这一主题，从以下几个大家普遍困惑的关键问题提出具体的方法。

（一）如何确定园本教研的真问题

之所以提出园本教研的"真问题"，是因为幼儿园教研实践中有很多围绕"假问题"开展教研的现象存在。所谓假问题，可能是教师感兴趣的、擅长的问题，而没有与本班幼儿的兴趣和实际需求对接，容易导致幼儿为教师服务；可能是管理者感兴趣、认为重要的问题，而没有与本园教师的实际困惑和需求对接，容易导致教师不接纳、被动参与；又可能是某些专家教授们感兴趣、想要研究的问题，而没有与本园实际和发展现状对接，容易导致研究与实践相脱节……所以，明确什么是园本教研的真问题、如何寻找真问题等，就具有非常重要的意义。

1. 真问题的内涵

"真问题"，其关键在"真"字。园本教研的"真问题"中，"真"是针对"园本"来说的。"园本"，实际是以幼儿园教育实践为本。基于实践研究，我们认为真问题包含三层含义：第一层，它是真实存在于实践中的、教师关注的困惑问题；第二层，它是客观隐藏于现象背后的、反映教师观念的本质问题；第三层，它应是有利于广大教师改善教育实践的关键问题。这三层含义综合起来浓缩成一个"真"字，同时将教师的关注点、影响教育质量的根本点和改善实践的关键点三者统整起来，体现出了所谓"真问题"的丰富内涵，应该成为我们在开展园本教研时的价值追求。

2. 寻找真问题的方法

真问题需要同时具有上述三层含义，而且指向于实现幼儿、教师和幼儿园三者共同发展的目标，所以，寻找真问题的过程并非一件易事，常常使保教管理者们感到困惑。在此提供一些来自一线探索的具体的策略和方法供大家借鉴，它们是从诸多案例研究中总结提炼出来的。具体案例参见本章资源广角中的《三寻教研真问题的故事》。

（1）了解教师真实困惑，增强自身问题意识

保教管理者通过日常进班观察、定期与不定期的调查问卷、教研反馈表、教研活动中的敏锐观察、教师的教育随笔、观察记录、反思笔记等多种形式，了解教师在日常工作中的状态、困惑和关注点，分析其背后的原有经验、产生原因及其认识中的误区，敏感地发现它们与教师的专业发展和园所教育教学质量之间的关系，并以研究的态度对其进行质疑和思考，不断增强自身的专业敏感性和问题意识。

（2）筛选教师的关注点，明确教研的切入点

教研的切入点是指教师要研究的具体内容或要解决的具体问题。教师是园本教研的主体，所以从教师的关注点切入研究，既有助于调动教师参与研究的主动性，又有助于将研究与教师的实践紧密联系起来。但是，教师困惑的问题很多，哪些问题是值得拿出来供大家深入研究讨论的呢？可以从以下几方面加以筛选。

第一，是个别问题，还是普遍问题。如果是个别教师因其工作经验所限或个人兴趣偏好而困惑的问题，可选择个别讨论的方式解决。如果是很多教师普遍关注的问题，或是很多教师普遍存在但没有意识到的问题，可以考虑作为教研的内容。

第二，是问关键问题，还是次要问题。有利于广大教师改善教育实践的关键问题是园本教研真问题的内涵之一。因此，面对教师五花八门的关注点，管理者还可以从哪个问题更有利于全园教师观念和行为转变的角度来思考，从中梳理出最为关键的问题，用关键问题的研究来以点带面地牵动各项教育工作，更加有效地改进实践，提升质量。

第三，是需要通过研究解决的问题，还是需要通过其他途径解决的问题。如果是教师不知道的问题，就属于认知层面的问题，需要对教师进行学习培训；如果教师已经理解具体的理念，但实践方法单一，思路不开阔，就需要更多的经验交流和分享，包括外出的学习等；如果教师已经理解并会做了，但在日常工作中却不能充分体现，需要建立相应的制度来保障落实；而在教师似懂非懂时，最需要通过教研来帮助教师将会说的认识转变为自己理解和信服的信念，进而再转化为自己的日常实践。

第四，是否是既可操作、又有研究空间的问题。在教师所提的问题中，有一些比较空泛，无从下手。与之相反，还有一些问题则非常具体，可能进行一两次就解决了。所以，研究的问题应贴近教师的日常实践，既有可操作性，又有一定的探索空间。

（3）依托具体教育情境（或事件），挖掘教师真实想法

在通过调查问卷广泛搜集教师问题时，教师提出的困惑往往比较概括化，管理者很难了解教师心中的真实想法。这就需要依托具体的教育情境，来获得更多体现教师潜在观念的真实信息。具体方法有以下几种，可针对不同情况灵活选择。

第一，举例说明。当教师提出困惑，而我们不是非常了解教师因何困惑、纠结在哪里时，可以请教师举例说明。在例子中会有背景和具体情境，也就会体现教师更多具体的想法、认识和行为。举例说明可以在调查、访谈时有目

的、有计划地运用，也可以在研讨时根据需要灵活使用。

第二，分析案例。即选取一个具有典型性的教育情境或事件，来调动教师充分发表自己的看法，从而了解教师。所谓典型性，是指这一案例中所出现的教师行为能够比较明显地反映出教师日常的普遍行为，也更容易反映出教师的观念，还能更好地了解到不同教师的不同想法。但由于这种方法往往用于集体活动中，所以管理者要注意营造宽松、开放的氛围，保证每个教师能够说真话。

第三，观察行动。即围绕一个关注点，教师进行认真思考，并按照自己的想法在自身工作中实际做一做。管理者通过教师实际的行动以及对自我行动的解释来了解教师的真实想法。所以，观察教师的实际行动应该说是最能了解教师的方法。但相对来说比较费时费力。

（4）把握教育核心价值，观察解读幼儿行为

在了解教师真实想法之后，很多管理者就着急开始带着教师研究了。这种不明根源的做法必然会陷入就事论事或跟着教师走的局面。还有一些有经验的幼儿园管理者知道追问"为什么"，但一到分析环节就分析不出来，或出现偏差。所以，分析原因、找准本质成为广大保教管理者的难题。在此我们提出一些解读幼儿行为的方法供管理者参考。

第一，观察幼儿的学习过程。借助观察，了解幼儿都做了些什么，在做的过程中都想了些什么，学了些什么，怎么学的等。

第二，解读幼儿的言行。面对幼儿的每一言每一行，综合各方面信息，思考幼儿为什么这么说、这么做。还要结合幼儿平时的表现，从中分析幼儿的已有经验、发展水平、个性特点、兴趣爱好等。

第三，挖掘幼儿真正的发展需求。经过对幼儿细致的分析，梳理幼儿在情感态度、能力、知识技能等方面的现状，挖掘出幼儿隐藏在言行背后的、真正的发展需求。

第四，明确教师的适宜性行为。针对幼儿的发展需求，教师来思考贴近幼儿的已有经验和发展需求的教育目标以及教育过程，寻找到适宜的教育行为。

（5）分析背后的本质问题，找到教研的落脚点

园本教研的核心是促进教师观念和行为的转变。只有从教师关注点开始研究，最后落到本质问题的解决上，园本教研的意义才能得以实现。所以，隐藏在现象背后的本质问题，就是园本教研的落脚点。诊断本质问题，有赖于保教管理者对《纲要》《指南》精神的深入理解、对幼儿学习规律的清晰把握和对教师现状的心中有数。如何从表面现象诊断出反映教师观念的本质问题？可以运用以下方法。

第一，通过追问为什么，找出教师的深层观念。即管理者面对教师的言行，追问为什么来寻本求源。例如，"她为什么这么做?""支持教师做法的背后观念是什么?"等。

第二，寻找与《纲要》《指南》倡导的先进理念的差距。诊断出教师现有的理念，再对照《纲要》《指南》中相应的正确理念，对比分析，找到差距。

第三，明确本质问题，找到教研落脚点。澄清存在于现象背后的本质问题，明确教研需要回归的落脚点，厘清教研目标。

第四，适时寻求外援支持，提升自身诊断能力。因每个人的分析能力不同，所以在诊断本质问题时，会有许多困难和困惑。当幼儿园园内教研支持团队（管理者与骨干教师）经过细致分析仍然诊断不清时，可适时邀请园际学习共同体、区教研室、相关领域专家等专业资源帮助诊断。

（6）凝练园本教研真问题，将切入点和落脚点连成一线

经历前面的方法，真问题的三层内涵已经得到挖掘。由于教研的切入点是从教师困惑的问题而来，一般都很具体。而教研的落脚点又往往是不被教师自身所意识到的深层问题，一般都比较抽象。如果只抓住了切入点，就容易陷入具体问题中而就事论事；如果只抓住了落脚点，又容易空泛，不易被教师理解和把握，导致理论脱离实际。有了凝练的真问题，可以时刻提醒我们把握住具体问题和本质问题之间的联系，并在整个研究过程中始终做到从具体问题切入，又通过一条教师能够接受、理解的路径回归到本质问题上。可以尝试下面的方法。

第一，澄清教研的切入点和落脚点并将二者联系起来。表述时，切入点在前，体现研究的范围、内容、任务，落脚点在后，体现研究的目标、关键点和突破点。

第二，考虑教师的理解度和研究操作性，推敲真问题的"深浅"度。有时，落脚点过高和抽象，则教师依靠已有认识不足以理解。另外，考虑到教师的研究水平和经验，也可以在切入点回归落脚点的路径中加入联系点，便于教师的操作和落实。这时，管理者需要适当调节真问题的"深浅"度，也就是概念的具体程度、研究的难易程度等。

（二）如何制订园本教研计划

园本教研计划，是幼儿园保教管理者立足于本园教育教学实际情况和教师队伍发展的现状，以教师为研究的主体，以教师在实践中的真实困惑和需求为研究内容，为解决影响教育质量提高的关键问题，经过深入细致的思考和分析后而提出的设计与安排，制订目标明确、重点突出、思路清晰、措施可行的计划，以达到提高日常保教质量并促进教师专业发展的目的。

园本教研计划从时间段或指向性上，大体可以分为学期全园教研计划、教研组教研计划、教研活动计划等。下面，将从制订园本教研计划的要素和步骤、各类型教研计划的制订两大方面加以具体说明。

1. 制订园本教研计划的基本要素和步骤

制订园本教研计划的基本要素包括：现状分析、教研目标、重点内容、具体措施、逐月安排。现状分析即对上学期教师在教育教学实践中取得成绩和存在问题的分析；教研目标即教研工作要达到的主要目的；重点内容即本学期教研工作要解决的主要问题；具体措施即解决问题的具体措施和方法；逐月安排即将解决主要问题的具体措施和常规研究工作的措施落实到每个月所要安排的活动中。

围绕这几个基本要素，制订园本教研计划的步骤可用表 5-1 概括。

表 5-1　制订园本教研计划的基本要素和步骤

基本要素	步骤	要点
问题	1. 调查分析教育实践现状	调查、梳理、筛选、诊断
目标	2. 明确教研目标	目标的针对性、目标的可达成度
重点	3. 确定重点内容	联系性、主线突出
措施	4. 提出具体措施	目标指向性、研究性、连续性
落实	5. 列出逐月安排	目的性、生成性、实效性

（1）调查分析教育实践现状，确定研究问题

这是保教管理者制订教研计划的关键，需要在制订计划之前进行。保教管理者通过多种途径调查了解教师日常教育实践的现状及其困惑和需要，深入、细致地分析教育实践的优势与不足，最终梳理、筛选和诊断出影响本园教育质量的关键问题及其背后的原因。

第一，调查。在日常工作中，管理者经常性地深入教学实践第一线，通过多种途径（如下班观察、跟个别教师沟通、看教师的计划、反思笔记、随笔等）及时发现本园教师在实践中存在的问题和面临的困惑（包括教师在教育观念、教育行为、教育技能等方面），教师的发展需要以及教研方式的有效性等方面的问题，并随时进行积累和分析。保教管理者通过召开管理者诊断会、教师座谈会、保育员座谈会、家长座谈会等，及时与教师、保育员、家长或其他管理者进行沟通与交流，全面了解他们对教育教学工作的意见和建议。

第二，梳理。在每学期末的教研工作总结中，保教管理者不仅要总结本学期取得成绩还要梳理出教研工作中存在的多种问题，为制订下学期的教研计划提供依据。

第三，筛选。根据问题的轻重缓急列出：哪些问题是近期可以解决的？哪些问题是需要经过一段时间才能解决的？哪些问题是亟待解决的？哪些问题是需要在深入分析成因的基础上进行研究讨论才有可能解决的？

第四，诊断。保教管理者找出影响园所教育质量提高和教师专业化发展的关键性问题，进一步分析产生问题的真正原因及了解教师对此问题的认识程度。方法有多种，例如，有的教师通过园内的行政教研进行自我诊断，有的教师借助教研员、专家或姐妹园组成的学习共同体来帮助诊断。

（2）立足于教师专业发展，明确教研目标

保教管理者在现状分析的基础上，对所诊断出的关键问题进行分解，对可解决程度做出预期，从而制定出比较有针对性、经过研究可以达成的教研目标，为本学期教研工作的开展指明方向。不同幼儿园面临的关键问题是不同的，有的可能是教师的活动存在盲目性，缺少目标意识；有的可能是教师教育目标意识过强，不大关注幼儿的需要和原有经验；还有的可能是教师做得多想得少，主动反思的能力有待提高等。

第一，目标的针对性。针对所确定的要研究的关键问题，思考目标怎样定才能更具体，更切合教师的实际问题和发展需要，更具有问题解决的针对性。

第二，目标的可达成度。根据教师的原有经验、基础和水平，思考所提出的目标是否经过一学期的努力可以达到。要注意提出的目标并不是越高越好，要切合实际，否则会降低教研工作的实效性。

（3）针对影响质量的关键问题，确定重点内容

保教管理者围绕对现状的分析和教研目标确定学期的重点内容。重点内容是解决问题、实现目标的实践载体，即通过什么样的内容开展研究，以帮助教师发现问题、解决问题。这里需要注意以下两点。

第一，联系性。重点内容与现状分析中的问题和教研目标紧密联系，是对教研目标的落实，因此内容应是具体、可操作的。

第二，主线突出。突出体现研究的主要线索，而非一些常规的工作内容。

（4）综合考虑多种途径和方法，提出具体措施

保教管理者围绕具体目标、针对具体问题选择和采取可操作性强且具体可行的方法和途径，切实帮助教师解决实践中的困惑和问题，保证总的教研目标的达成。措施应具有以下特点。

第一，目标指向性。每一步措施都是有目的的，是与总目标紧密联系的，以保证行动的方向性。每一步措施（包括方法和途径）应针对解决某一个具体问题而提出，并应指向某一具体的目标。

第二，研究性。措施中要体现"研"的过程，以保证行动的质量和有效

性。研究中不管采取什么措施，都应是针对关键问题开展、有不断深入研究的过程、能够引发教师思考和认知冲突等。

第三，连续性。每一步措施之间要有连续性，以保证研究的系统性和逐步深入。教研质量的高低关键在于对要解决的问题思考和研究到了什么程度，哪怕一学期就解决一、两个问题，只要研究明白并在实践中加以落实了，对于教师来说也已经是不小的收获了。这就要求计划中所提出的每一步措施都是紧密联系且逐步深入的。这要求保教管理者在提出措施之前首先要对问题进行深入分析和逐步分解，然后再对每一步措施做出选择和判断。

（5）列出逐月重点安排，保证计划的落实

是指管理者根据每个月的日常工作和重点工作，将前面所提到的措施细分到每个月中，甚至可以细致到每一次的教研活动中，以保证总目标在每个月中的具体落实。这一安排可以通过表格的形式来呈现，这样条理清晰，不会落掉某项工作。逐月安排应体现三个方面。

第一，目的性。每一次活动和内容都应该有其明确而具体的目的，且都应与总的教研目标相一致。

第二，生成性。教研工作计划相当于一个行动研究方案，它既具有一定的计划性，又具有相对的灵活性。因此，计划的制订者可根据研究过程中的具体情况进行灵活但有目的的调整，以提高教研工作的实效性。

第三，实效性逐月安排应该为目的服务。逐月安排工作在选择工作形式时应结合教研目的和要解决的具体问题来考虑，不应片面地求新、求热闹，要有实效性。另外，还要根据所研究问题的普遍程度和存在范围来灵活选择适宜的形式。

2. 制订各类型教研计划的方法

（1）制订全园教研计划

全园教研计划是保教管理者基于对全园上一学期保教工作实践总体情况的分析，依据全园保教计划的安排，针对存在的关键问题和原因，有目的、有重点地布置一学期的教研工作的设想与安排。在本章后面的资源广角中呈现了相关的具体案例《北京市西城区曙光幼儿园教研工作计划》，在此提出以下几点需要注意的问题。

第一，教研计划的制订应从诊断实践中的问题和分析原因入手。一学期要解决的问题不一定多，找到一个关键性的问题研究透了就是有价值的。如果是全体教师参与的教研活动，就应选择大家普遍关注或普遍存在的问题来进行研究。

第二，研究主题的确定来源于教师实际困惑的问题，研究目的的确定则应考虑通过研究这一问题促进教师在专业能力上哪方面的发展。

第三，在研究过程中，保教管理者要注意发挥教师的主体性，关注教师的感受和需要，让教师有准备、有思考、有体验、有质疑地参与教研活动。

第四，教研过程要注意将教研活动与教师的日常实践紧密结合，让教师带着实践中的困惑和思考来，带着在实践中的尝试和体验来，再带着研究中的感受和新的问题回到实践中去再尝试、再调整。

第五，研究过程要注重体现"研"的过程。保教管理者将学习、研究、实践、总结进行整合，让教师结合实践中的困惑和需要学习，在学习的基础上进一步明确研究的问题，在实践的过程中运用所学习的专业知识与经验，在实践和研究同步进行过程中及时总结经验、梳理问题。

（2）制订教研组计划

教研组计划是教研组长围绕全园教研计划，为达到既定的教研目的，针对本教研组前一阶段的研究情况和实践分析中的优势与问题，对教研组的研究活动所做出一系列的设想与安排。在本章后面的资源广角中呈现了相关的具体案例《围绕游戏材料"125块小积木"的教研活动计划》，在此提出以下几点需要注意的问题。

第一，要对本教研组涉及的年龄班的实践和教师的基本情况做分析。

第二，结合本年龄班组教师普遍困惑的问题开展研究，与业务园长或保教主任共同分析问题背后的原因、研讨教师存在的关键问题，确定教研的目的。

第三，紧密围绕本年龄段幼儿的年龄特点、发展水平和学习特点进行实践研究。

第四，带着研究的意识，带领本组教师开展各方面（环境创设、主题活动的开展、家园共育、体操的设计等）的工作。

（3）制订教研活动计划

教研活动计划是教研组织者为解决某一具体问题、达到某一特定目的而设计的单独一次或连续几次的具体可行的研究活动方案。相比较全园教研计划和教研组教研计划，它具有更强的指向性、针对性、可操作性和可落实性。教研活动计划的一般格式包括：教研活动的来源、教研主题、教研目的、活动准备、活动过程（包括各个环节的主要的目的和任务、研讨的问题、要做的事情、具体的方法）等。需要注意的问题有以下几点。

第一，诊断关键问题，确定教研活动的主题和教研目标。这里需要重点考虑的问题是教研活动从哪儿切入以及如何回归到哪个落脚点上来。

第二，梳理教研思路，找到适宜的研究载体。明确了教研的切入点和落脚点，就需要寻找能够反应研究主题、回归研究目的的实践案例作为研究的载体，再借助对这个研究案例的分析来梳理出带领教师讨论的教研思路，从而找到从切入点到落脚点之间的研究路径。

第三，设计教研活动计划，研磨每一个环节的目的、任务和问题。这需要教研组织者明确每一个环节的具体目的与教研活动总目标之间的关系；做好教研活动前的准备，如该搜集哪些学习资料、准备什么样的研究案例、提出什么样的问题供教师提前思考等；研磨研讨过程中的每一个环节和关键性提问；明确这次的研讨与后续的实践之间的关系，让教师清楚回到实践中应该怎样想、怎样做。

（三）如何开展教研活动

开展教研活动是保教管理者完成保教管理工作的一项重要职责，也是幼儿园帮助教师解决实际问题、促进教师专业成长的一条重要途径。在以往传统的教研观和教师观支配下的教研活动，往往会表现出一些突出问题：管理者一言堂，把握着教研的主动权，教师被动参与，不感兴趣；教师顾虑重重，"你好我好大家好"，不敢直面问题；研讨停留在经验交流上，缺少聚焦问题的深入讨论；研讨就事论事，难以与教师的日常工作紧密联系；主持人按照计划按部就班，重形式、走过场，难以发挥专业支持和引领作用；教师事先不了解研讨的目的和内容，缺少对于关键问题进行深入思考的时间和空间……这些问题都会影响教研活动的有效开展。针对这些问题，我们总结出开展教研活动时需要把握的几个关键要素和一些具体方法。

1. 开展教研活动需要把握的关键要素

有效的教研活动一般都会体现出几个主要的特点：教师作为研究主体的反思性、同伴之间的互助与合作性、研究的专业支持与引领性、教研的实效性等。为了凸显这几个特点，保教管理者需把握以下几个开展教研活动的要素。

（1）宽松的研究氛围

为尊重教师的研究主体地位，促使其主动研究、大胆尝试和创新而营造出一种开放、平等的研究氛围。

例如，保教管理者经常以平等身份参与到教师的实践中来，而不是对教师随意指示；在教研过程中经常以改进工作为出发点，以开放的心态和教师探讨问题，鼓励教师之间以及与管理者之间的平等对话、相互质疑。

（2）明确的教研目的

通过教研要解决教师实践中存在的哪一方面问题。

例如，关于科学教育，教师还存在着传统的直接教授、忽视幼儿主体性、不给幼儿探究空间的问题。针对这一问题，教师是对科学教育的核心价值不知道（认识上的问题），还是对其理解有误（理解上的问题），还是从理论上知道怎样做是对的，但在实践中不知道该如何操作（操作技能上的问题）？

（3）具体的研究问题

带领教师围绕教学实践当中困惑的什么问题展开研究。

例如，关于科学教育，教师对"如何创设自然角的环境才能促进幼儿的探究式学习"存在困惑，那么就可以将这一问题具体化为"依据幼儿的年龄特点，不同的年龄班应该如何创设自然角（包括动植物的种类、数量、所提探究问题的多少及引导策略等）"。

（4）真实的问题情境

研究问题是在什么样的具体情境下发生的，大家可以围绕着怎样的真实情境展开。

例如，管理者如果发现某班教师在自然角的创设中出现了好的做法或者出现了明显的问题，就可以组织教师围绕这个班的具体情况对比展开分析和研讨。

（5）有效的教研方式

保教管理者以何种角色、通过何种途径、组织形式及支持策略来引导教师自己发现问题、分析问题并解决问题。

例如，通过角色扮演，让教师体会急于指导给幼儿带来的空间上的不自主；通过对比方式让教师发现问题；通过辩论的方式让教师充分呈现观点，学会辩证地看待问题。

（6）及时的自我反思

在教研过程中经常围绕幼儿的表现、教师的行为及教育目标这三者之间的关系反思自身在实践中存在哪些优点与不足。

例如，在活动之前的备课中，反思前一次活动中的优点与不足，为接下来的活动做准备；在活动中随时反思自己的行为对幼儿的行为产生了哪些影响；在活动后对整个活动的设计、组织实施及效果进行全面的反思。

（7）经验的总结梳理

教研管理者对教研过程做阶段性的总结和整体性的提升，梳理和归纳出教师在研究过程中的困惑、感受、分歧、争论、经验甚至教训等，并在此基础上与教师那么达成共识、梳理策略，且提出有待于进一步研究的问题。

例如，关于自然角的环境创设与支持策略，教师经过研究与实践认识到：不同年龄班要根据幼儿年龄特点设计出能使幼儿看得懂的且数量适宜的问题；自然角的创设关键不在于动植物数量的多少，而在于怎样引导幼儿与环境和材料的有效互动等。

2. 开展教研活动的方法

针对前述教研活动的几个特点，保教管理者在研究教师和研究教研的基础上，探索出从教研活动前、中、后三个环节来提高教研活动有效性的方法。

（1）教研活动前——重在诊断和设计

教研活动之前，保教管理者的主要任务是基于对教育实践和教师现状的分析，进行诊断与设计，重在解决教研活动研讨什么的问题。针对这一问题，可以参考以下策略。

第一，诊断问题背后的原因。针对教师在实践中的困惑或表现出的一些现象，可以从方法、角度、认识、价值观等多个层面，去分析教师的已有经验是什么，还存在哪些缺失，进而诊断出问题背后的主要原因和要解决的本质问题。

第二，制定明确的教研目标。从实践层面和教师发展层面综合考虑，明确教研活动解决教育教学实践中的什么问题，以及促进教师在哪些方面的发展（如观察能力、理论联系实际的分析能力、教学设计能力、教学反思能力等，或发现问题、分析问题、解决问题的研究意识和研究能力等），在此基础上确定具体可达成的教研目标。

第三，确定具体的教研内容。管理者围绕所要解决的主要问题，找到最直接体现教师困惑和想法的案例作为研究的载体，结合实际案例梳理、提炼出具体的问题，形成"内容（要研究的是什么）——案例（依托什么研究）——问题（想解决的具体问题是什么）"一体的研究链。

第四，选择适宜的教研方式。管理者思考用什么方式和手段能引导教师对问题进行深入思考，让教师既能进入案例中去感受幼儿的行为和背后的心理，理解案例中教师的教育行为和目的，又能跳出案例去挖掘幼儿行为的意义和教师行为的价值，反思自身教育行为和教育观念中的问题，进而从教与学之间的关系的角度反思自身是否坚持了以幼儿为主体、教为学服务的理念。

第五，搜集相关的学习资料。针对所要解决的主要问题，有目的地查找和搜集相关的学习资料（理论书籍、文章或网络资源等），列出相应的思考题目，提供给教师提前了解和学习，以使教师有目的、有思考地参加教研活动，为深入研讨做好准备。

（2）教研活动中——重在互动与引领

教研活动开展过程中，保教管理者的主要任务是依照提前设计好的教研活动计划，根据教师的现场反应，做出有效的应对与灵活的调整，重在解决教研活动怎么研讨的问题。具体可以参考以下策略。

第一，呈现教师的原有经验。管理者营造宽松、开放的研讨氛围，借助承载问题的实践案例，针对具体的教育情境，让教师在没有顾虑的情况下，表达自己的真实感受、想法和原有经验，以此作为后续研讨的基础，使要解决的主要问题与教师的原有经验联系起来。

第二，捕捉有价值的生成性问题。倾听教师的表达，了解教师的想法，尤其要重视教师表达出来的与保教管理者不一致的认识，敏感地察觉其中的研究价值点，追问教师言语背后更深层次的想法（如顾虑、担心、不满等），进而找到可以继续展开、深入甚至争论的生长点。

第三，激发教师的认知冲突。通过剖析幼儿行为表现、教师自身体验的对比、同伴之间的辩论、学习专业理论知识等多种方法，引入新的认知或视角，激发教师在自身原有经验和新的经验之间产生冲突，并在冲突的刺激下进行更加深入的思考，从而将教师由关注表面现象引向更深层次的价值澄清。

第四，鼓励教师之间的互动与质疑。当教师的想法趋同、声音单一但又并非真实一致时，保教管理者尤其要注意帮助教师放下面子或顾虑，从对事不对人、为了更好地解决问题、为幼儿服务的角度，鼓励教师大胆地提出问题或质疑，引发教师更深入地思考。

第五，回归问题的本质。当教师积极表达甚至各执己见、争论不休时，保教管理者不能陷入教师针对细节的纠缠上，而应保持清醒的头脑和敏锐的眼光，找到教师争论的焦点和关键问题，并适时抛出问题，带领大家跳出自身视角的局限性，回归到对问题本质而非细枝末节的讨论上来，由此保证教研由切入点回到落脚点上，实现教研目标。

第六，梳理研讨思路及经验。当教师的讨论进行到一定程度的时候，即使还有问题没有弄明白，也应适时对之前的研讨思路和来龙去脉加以总结，梳理出讨论了哪些问题、澄清了哪些认识、达成了哪些共识，还有哪些问题尚未清晰、可以继续尝试和探索的是什么，等等，进而提炼出得到大家认可和实践证明的经验，帮助教师在零散思考的基础上形成比较明确的思路。

第七，明确后续实践的要点。在总结梳理的基础上，结合不同教师的实际情况和不同需要，提出他们回到自己的班上应该共同关注的是什么，需要结合本班实际特别注意的是什么，需要保持的是什么，需要调整的是什么，需要新的尝试或创新的是什么等。以此帮助教师明确各自后续实践的方向及要点，保证教研与日常实践的有效对接。

（3）教研活动后——重在反思与成长

教研活动结束了并不意味着保教管理者思考的结束。正如教师在组织完教育活动之后要反思教育效果一样，保教管理者也要在教研活动之后反思教研的效果。其主要任务是通过反思分析教师的反应和自身作用的发挥，重在解决教研活动该如何完善与调整的问题。针对这一问题可以参考以下策略。

第一，分析教师在研讨中的反应。借助教研记录、录音或录像，分析教师研讨过程中有哪些矛盾、争论、顾虑、经验、问题等，进而把握不同层次教师存在的不同需求或发展状况。

第二，分析自身作用的发挥。结合教师的反应，分析自身在组织研讨的过程中哪些地方做到了接纳、理解、倾听，哪些地方做到了引导和引领，哪些地方做到了开放、支持，等等，从而找到自身在组织教研策略上的优势与不足。

第三，分析教研活动的效果。结合教师的需要和教研的目标，综合分析解决了哪些问题，获得了哪些经验，还有哪些问题没有解决，又有哪些新的问题出现，满足了教师的哪些需要，教研目标实现了多少，不同发展阶段的教师在专业知识和专业能力上达到了什么程度。

第四，找到后续调整的方向。结合教师的需要和教研目标，进一步清晰后续研究的思路，明确教师回到自己班上需要共同关注和重点解决的是什么问题，同时结合本班实际情况需要特别注意或灵活调整的是什么，并尝试明确需要在日常实践中重点关注的是什么，需要在教研活动中解决的是什么，需要在培训中学习的是什么，需要在管理中落实的是什么，需要通过制度保障的是什么。

（四）如何在园本教研中激发教师的认知冲突

1. 认知冲突的内涵

所谓认知冲突，是指"认知发展过程原有概念（或认知结构）与现实情境不相符时在心理上所产生的矛盾或冲突。"[1] 认知冲突使教师产生对自己已有的教育教学思想、观念和行为的质疑、批判，从而为摒弃、否定错误的教育教学思想、观念，接受正确的教育教学思想、观念和选择正确的教育教学行为提供可能。教师反思作为一种思维活动是自我认同与认知冲突的统一。但相对于自我认同而言，教师反思时产生的认知冲突是提高教师专业素养的更为活跃的思维因素，它对教师的专业化有着重要的意义。

2. 激发认知冲突的方法

在幼儿园教研工作中，教师在反思时普遍缺乏认知冲突，导致其反思的空泛和浅显。为此，激发教师的认知冲突应该成为园本教研过程中关注的重点。下面依托一个小班娃娃家的游戏案例来解析激发教师认知冲突的园本教研策略。

---

① 车文博. 当代西方心理学新词典［M］. 长春：吉林人民出版社，2001：299.

案例

娃娃家游戏："穿串儿真好玩！"

片段一

学期初，某园一位小班老师给娃娃家提供了各种穿烤串的游戏材料，孩子们在娃娃家里玩起了烧烤的游戏，非常高兴。游戏活动就这样连续进行了一周多的时间，孩子们的兴趣依然不减。只见他们熟练地将"豆腐块""豆腐皮""鱼片"等穿在细棍儿上，一串儿又一串儿，一会儿的工夫就穿了一大盘。发现孩子们的动作越来越熟练，老师便投放了新的游戏材料——包饺子用的材料，有用皱纹纸做的馅儿，用布做的面皮，面皮上还有一些小摁扣，方便孩子们包饺子时把皮捏起来。

片段二

一天，两个孩子依旧尽兴的穿串儿，玩得不亦乐乎。过了一会儿，老师以客人的身份来到了烧烤店，对孩子们说客人饿了，想吃饺子，能不能给客人做饺子吃。孩子们满口答应了客人的请求。一个孩子扭过脸，正准备去拿包饺子的材料，却被摆在玩具柜上面两层的烤串儿材料所吸引，于是又开始接着穿串儿，似乎把客人的需求忘得一干二净了。老师看到了孩子们的这种表现非常困惑：刚才孩子明明答应了要给客人包饺子，怎么没按着自己答应的去做呢？他们每天这样重复地穿来穿去，已经很熟练了，好像没有什么发展了，老师还该不该让他们这样重复地玩下去？是不是该引导他们去发展别的动作技能（如包饺子）？

片段三

后来的几天中，两个孩子又来到这里玩烤串儿游戏，不仅比前一周穿得更熟练了，而且出现了把串儿放在炉子上翻烤、用扇子扇火、往烤好的串儿上撒调料、送给旁边娃娃家的小朋友吃等一系列新的游戏情节。他们玩得好开心啊！

上述案例是某幼儿园保教管理者通过有目的的连续观察和随机观察，记录下来的幼儿游戏表现和教师的困惑。在由教研员和几位幼儿园保教管理者组成的片区学习共同体研讨活动中，大家围绕这个案例，针对如何在园本教研中激发教师的认知冲突进行了实践研究，探索并总结出了激发教师认知冲突、深化教师自我反思的四步教研策略和方法。

（1）关注教师的真实困惑，找到适宜的教研契机

①敏感地觉察幼儿游戏行为中的价值

值得关注的是：这两个幼儿为什么一直重复同样的动作毫不厌倦？这里面

到底隐藏着幼儿游戏行为怎样的秘密和价值？其实这个案例中包含着两个层面的价值：一个层面是从幼儿角度来看，这里存在着重复性游戏行为的价值，另一个层面是从教研角度来看这里存在着可以促进教师深入研究、激发教师认知冲突的教研价值。

②把握教师困惑背后的原因

北京市西城区的"研生、研学、研师、研研"的教研理念强调，园本教研应关注教师在实践中的真实困惑和需要。于是，针对上述教师的困惑，该学习共同体开始深入思考：这个问题是否具有普遍意义？如果在集体教研中讨论这位教师提出的困惑，根本目的是要解决什么问题？经过交流与分析，大家认为这样的困惑在教师中比较普遍，并意识到教师之所以会产生这样的困惑，源于他们不清楚幼儿重复性的游戏行为背后的意义及其反映出的幼儿游戏需求，导致他们处理不好教师的教育目标与幼儿的游戏需要之间的关系，把握不好幼儿的关注点与教师的关注点之间的平衡。管理者要想把问题讨论清楚，必须对幼儿的具体游戏行为和教师的已有经验进行深入、细致的分析。于是，由这一困惑引出了后续的教研过程。

（2）剖析幼儿的鲜活反应，开展深入的追根研究

①深入观察和分析幼儿游戏行为背后的意义及心理需要

为了更加客观、准确地找到教师困惑问题的根源所在，学习共同体成员反复观看了幼儿游戏的录像，重点观察了幼儿玩烤串儿的游戏过程，围绕幼儿穿串的重复性动作是否有意义进行了讨论：一是幼儿此时的需求到底是什么，是穿串儿还是包饺子？大家一致认为是继续玩烤串的游戏，而非包饺子。二是既然幼儿对穿串儿这么感兴趣，那穿串儿对于他们到底有什么意义？经过再次观察，大家将幼儿穿串儿的整个过程分解为由四个动作构成的动作系列：穿（烤串儿—扇（扇子）—翻（烤串儿）—洒（调料），这一系列动作不仅锻炼了幼儿的手眼协调能力、小肌肉精细动作和细致观察能力，而且反映出幼儿已将自身已有的生活经验联系起来，更重要的是体现出幼儿在这个不断重复的过程中逐渐实现着由单纯模仿成人动作向建构动作之间联系的发展，并且伴随着幼儿的发展，游戏情节逐渐丰富起来，已有的生活经验逐渐转变为幼儿的游戏经验。于是，大家理解了幼儿的重复性动作是因为他们需要在这个重复的过程中不断调动、巩固已有生活经验并把它们联系起来，丰富他们的游戏性体验（包括兴趣性体验、自主性体验、成就感和胜任感体验）。由此，大家更加清晰了在教师投放游戏材料的过程中应该更加关注的是通过游戏材料来引发幼儿的游戏行为，进而支持幼儿建构游戏行为之间的联系，形成自己的游戏经验。

②诊断教师已有经验中的认识误区，明确教研目的

基于上述分析，学习共同体成员又翻回头来分析教师在其已有经验中是如何认识这一问题的。结果发现教师在以客人身份引导幼儿包饺子时，她一方面认为重复性动作对于幼儿的发展意义不大，应该拓展幼儿新的动作技能，而包饺子包含了团、揉、捏、摁等小肌肉动作，比单纯的"穿串儿"有更多发展价值；另一方面认为，幼儿的发展是要由教师来引导的，没有了教师的引导，幼儿的发展就会停滞不前，幼儿的游戏也就失去了意义。

由此，大家进一步诊断出教师对于投放游戏材料的目的、支持幼儿发展的内涵等都存在认识上的误区，误把幼儿的重复操作理解为没有发展；把幼儿的发展等同于动作技能的发展；把教师的需求等同于幼儿的需求……所有这些又都反映出教师对于幼儿游戏的意义、实质及游戏与发展关系的认识不清楚，致使其难以对幼儿的游戏需求做出准确的判断并给予适宜的应答。如果把这一系列问题拿到教研活动中去研讨，目的就是要帮助教师反思行为、发现问题、澄清认识。怎样才能让教师产生认知冲突，自己意识到问题所在？这是我们接下来的设计中要解决的一个难题。

（3）聚集研究中的难题，展开系统的精研细磨

①通过由表及里地剖析，找准教师的认知冲突点和思考路径

有效教研追求的是让教师自己感悟到问题所在。怎样实现？最难的也是最关键的问题应该是找到教师的认知冲突点，进而梳理出引导教师由困惑到冲突再到自悟的思考路径。该学习共同体尝试了以下做法。

首先，剖析教师困惑，找到表层冲突。由教师的困惑反映出在教师的期望与幼儿的现实表现之间出现了冲突，即教师想通过自身的介入引发幼儿对包饺子产生需要，但幼儿因兴趣点仍然停留在穿串儿上，所以嘴上答应了却没有按教师期望的去做。这一冲突是显而易见的，可称之为表层冲突。

其次，分析困惑背后问题，找到深层冲突。由教师困惑背后的深层原因反映出教师的已有经验与问题涉及的新理念之间存在着冲突，即教师认为幼儿重复性的穿串儿对其发展意义不大，但后来追录的游戏反映出幼儿在不断地调动自己已有的生活经验，按着自己的节奏逐渐丰富着他们的游戏情节（在游戏中逐渐出现了翻烤、扇火、撒调料、送别人吃等），逐渐实现着由单纯操作游戏材料（自己烤串儿）向按着自己的想法与其他幼儿交往（把自己烤好的串儿送给旁边娃娃家的小朋友吃）的新需要发展。教师的主观判断与幼儿的实际发展之间的矛盾，可以促使教师产生对自己已有游戏观念的怀疑和反思，进而产生自身的游戏观念与幼儿游戏本质之间的认知冲突，并在这一冲突的激发下更新观念，调整行为。相比表层冲突，这层较深，可称为深层冲突。表层冲突可能

是教师自己意识到并主动提出的，深层冲突则可能是教师自身没有意识到的。

再次，找到三点一线。管理者帮助教师由关注表层冲突到产生深层冲突，由反思到自悟。这其中的三点即切入点、中介点和落脚点，一线即由切入点到落脚点的思考路径。具体来说，切入点就是教师自己提出的困惑——幼儿为什么嘴上答应却没有照做，落脚点应该是他们自己没有意识到的深层问题——教师并没有尊重幼儿自身的游戏需要和发展节奏，注重了技能提高而忽略了幼儿的创造性；中介点应该是幼儿在游戏中自然表现出来的兴趣和需要。由此，大家明确了思考路径是：先讨论幼儿为什么没有照做的原因，然后讨论其中反映出幼儿怎样的兴趣、需要和发展节奏，再从对教师关注点与幼儿关注点的对比分析中反思教师行为背后观念的问题，最后再讨论什么样的支持才是适宜的。这就成为园本教研活动中需要教研主持人带领教师重点讨论的四大问题。

最后，找到中介的载体，细化研讨思路，并提出具体问题。反复观看了幼儿连续几天的游戏录像后，管理者从中找出了反映幼儿兴趣和需要的关键信息，并决定将其剪辑成三段先后给教师播放：第一段是小班幼儿在娃娃家的常见游戏行为，重点讨论"小班幼儿游戏行为有什么样的特点？"等问题；第二段是教师介入当天幼儿的游戏过程，帮助教师发现表层冲突，重点讨论"幼儿重复性地穿来穿去有没有意义、有何意义？""教师为什么想让幼儿包饺子？幼儿为什么没按教师的期望去做？这样的矛盾说明了什么？"等问题；第三段是后来几天幼儿的游戏表现，帮助教师产生深层冲突，重点讨论"幼儿在此期间到底有什么发展？""这反映出幼儿怎样的游戏兴趣和需要？""幼儿关注的是什么？教师关注的是什么？二者不一致时怎么办？""幼儿游戏的本质是什么？在游戏中教师应该支持的是什么？到底什么样的支持才是真正适宜的？我们应该从什么角度考虑适宜性？"等问题。

②始终把握住两条线索，并根据需要灵活穿梭其间

在精细研磨的整个过程中，管理者要始终贯穿着两条线索，一条是对幼儿游戏行为的分析，另一条是对教师教育行为的分析。同时还有一件非常重要的事情就是根据需要不停地在两条线索之间穿梭，把握住结合点，由幼儿到教师，由行为到观念，以此帮助教师逐渐跳出自己作为教育者的视角，尝试站在幼儿的视角上，回归幼儿游戏的本质去体会他们的想法和需要，反思自己已有观念中的误区。

（4）关注教师的研讨反应，进行深入的教研反思

①关注教师的反应，形成教研反思的意识

保教管理者对教研过程的效果进行反思如同教师要对教育过程的效果进行反思一样重要。在园本教研中，保教管理者应该在形成问题意识和研究意识的

基础上，逐渐树立反思的意识，帮助自己在反思中深化思考，提高专业判断和指导能力。

②反思设计和实施中的问题，找到突破难题的症结

在大家的努力下，园本教研活动按计划顺利开展了。就研讨过程来看，由于是教师自己的困惑，所以大家参与的积极性很高，基本都能围绕问题主动思考，大胆表达出自己的看法。但仔细分析教师的表达，管理者发现他们还是习惯性地站在教师期望的角度，去谈教师应该如何发展幼儿的动作技能、社会性等；而没有从保障幼儿游戏权利的角度，回归到幼儿游戏的本质上去研究幼儿真正的兴趣和需要是什么，以及教师自身该如何支持幼儿创造性地开展游戏。这又引发了大家对教研设计和实施过程的反思，总结起来仍有几个"症结"值得进一步关注。

第一，教研计划中对提问的设计和对互动策略的设计缺一不可。计划中更多地关注了如何激发认知冲突的系列问题设计，但对于如何聚焦关键问题、如何捕捉冲突点、如何促进教师之间的思维碰撞、如何引导教师由教育行为反思背后深层教育观念等，缺乏有针对性的互动策略设计。

第二，对研讨过程的把握是对教研主持人的最大挑战。主持人除了按计划实施之外，还要敏锐地做出价值判断、准确地把握争论点、灵活地抛接问题、适度地跳入与深挖问题、适时地跳出与回归本质等。这一系列的能力都是在考验教研主持人的专业引领能力，需要长期磨炼。

第三，从教研切入点到落脚点的思考路径还需在实施的过程中进一步细化和落实。尤其是除了把握关注教师的困惑——解读幼儿的行为——把握幼儿的关注点（行为背后的兴趣和需要）——对比教师的关注点——反思教育行为中的问题——深入反思已有认识和观念中的深层问题等关键点，还需要管理者进一步去体会和细致把握，并在实施过程中去落实，真正促进教师对自身深层观念的自省与自悟。

总而言之，激发教师的认知冲突是园本教研中的一大难题，也是值得深入思考和重点研究的一个课题。上述四步教研策略之间存在着内在的逻辑关系，共同构成了以激发教师认知冲突为着力点的整个教研过程，可以用图 5-1 表示。其中的虚线部分是经过反思后增加的一个"插步"，这一步取决于教研主持人自身的教研智慧和灵活度，对教师反思的有效性具有重要的引领作用。

第一步：关注教师的真实困惑，找到适宜的教研契机	找到教研的切入点

↓

第二步：剖析幼儿的鲜活反应，开展深入的追根研究	找到教研的落脚点

↓

第三步：聚焦研究中的难题，展开系统的精研细磨	找到教师冲突点和产生认知冲突的思考路径及两条线索

↓

插步：把握现场的互动节奏，发展专业的引领作用	找到引领教师自主建构的教研方法

↓

第四步：关注教师的研讨反应，进行深入的教研反思	找到突破难题的症结

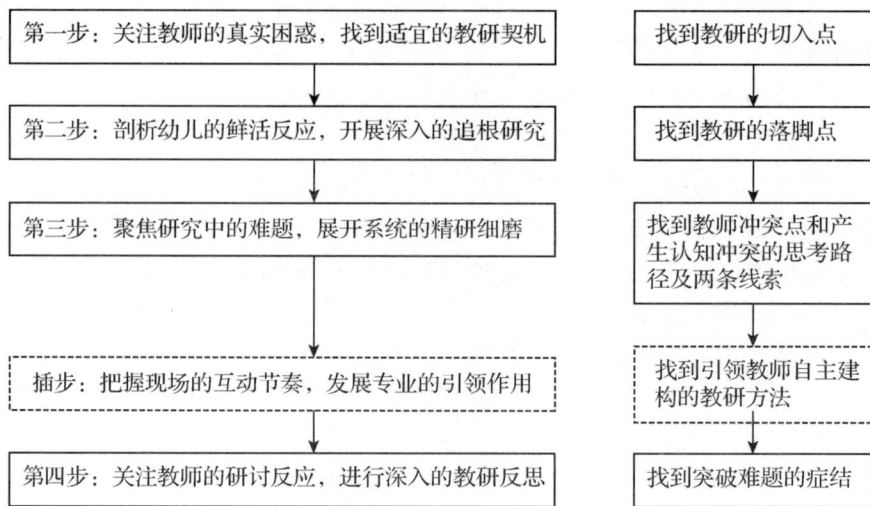

图 5-1　在园本教研中激发教师认知冲突的方法

（五）如何实现研究成果向日常实践的转化

1. 园本教研的研究成果

所谓研究成果，从形式上可以分为两种：文本成果和实践成果。其中，文本成果是指以文字形式存在的研究案例、论文、研究报告等。实践成果是指以实践形态表现出来的幼儿园教育环境的改善、教育活动质量的提升、教师教育观念的转变及教育行为的改进等，两者各自的侧重点不同。园本教研不能仅关注文本经验的总结，或者以为研究过了教师就懂了、会做了，而是要更关注教师实践行为的改善。其意义在于将总结梳理出来的经验真正作用于教师教育观念的转变和教育行为的调整，将研究的效果落实到教师每一天的日常工作中，并将教研工作与制度建设紧密结合起来，以园本教研制度来保障教师的专业发展和园所的可持续发展。

2. 实现成果转化的方法

园本教研关注教研的实效性，注重已有研究成果在日常教育实践中的落实和转化。如何更好地实现这一转化？可以借鉴以下几种方法。相关具体案例见本章资源广角中《注重教研成果的运用　不让研究从头再来》一文。

（1）总结、梳理、提炼已有经验

第一，深入实践细致观察，帮助教师及时发现亮点、挖掘价值。管理者应经常性地深入班级实践，通过现场观察和交流讨论，及时发现教师工作中的亮点，给予肯定，并与教师共同明晰其中对于幼儿发展的意义和对于自身发展的价值。

第二，认真批阅文字材料，帮助教师把各种笔记作为经验总结的练习簿。管理者在审阅教师平时上交的教育笔记、观察记录、反思笔记等文字材料时，应该认真阅读，努力发现其中体现教师的新发现、新思考、新想法、新尝试的内容，勾画出来与教师分享交流，并结合日常实践中的观察与讨论，帮助教师挖掘自己有意义的想法、有价值的做法并积累起来。这样教师就不会再把写笔记当作负担，而是作为自己尝试总结经验、获得专业成长的途径来对待。

第三，适时渗透具体指导，帮助教师增强经验总结的意识和能力。大多数幼儿教师都具有感性认识多于理性思考，善于操作不善于总结的特点，这导致他们缺乏经验梳理和总结的意识和能力。管理者应结合教师在日常工作的点滴尝试与进步，适时渗透经验总结的意识，帮助教师一点点地积累自己的想法和做法，指导他们写出自己的思考和感悟，逐渐梳理、积累出自己的教育案例，将个人的经历变成经验，进而将经验变成经典。有时，也可借助更高层次的专业指导，来进一步帮助教师提炼观点和策略。

（2）运用、完善、巩固已有成果

第一，鼓励教师在班级日常实践中运用已有的研究经验，并给予及时肯定。鼓励教师结合本班的实际情况，选择已有研究成果中自己能够理解的、适合本班幼儿的内容和方法，在班级实践中试着运用，从幼儿的反应和变化中感悟其中的意义和价值。管理者对于主动运用、大胆尝试和有感悟的教师及时给予肯定。

第二，引导教师在运用中发现价值，对已有经验加以丰富和完善。在运用过程中，管理者还应该关注教师在其中发现的新方法、新价值、新效果，做好过程性研究资料的记录与积累，作为对已有研究经验的丰富和完善。

第三，指导教师在日常工作中反复尝试和体验，把研究经验变成自己的教育行为。在运用和完善的基础上，管理者还应该指导并带动教师在日常工作中反复尝试和体验，提出自己的感悟和设想，并试着把在这些感悟与设想迁移到其他的领域和教育情境中，逐渐摸索出适合自己班幼儿和自己特点的教育策略及方法，不断巩固自己教育经验，改善自己的教育行为。

（3）共享、扩展、推广有效果的经验

第一，通过分享会实现教师个人经验的共享。管理者还应该利用教师的合作研究，创造教师交流分享、扩展经验的机会。如在每学期的教研计划中安排专门的交流和总结的活动，让每位教师对自己的想法和做法进行梳理，再带到集体中与大家讨论，把大家达成共识的内容提炼出来，形成文字（包括观点和案例），再对教师提出的疑问或困惑进行深入地讨论，提炼出更进一步研究的问题及其价值。因为有问题的经验更有价值。

第二，通过观摩活动达成个人价值追求与园所价值追求的共识。针对不同教师关注的不同问题，组织多种形式的观摩活动，如新教师之间的观摩、年级组之间的观摩、专题研究教师之间的观摩、全园性的观摩等，把教师个人在研究中的价值追求和研究经验呈现在更多教师面前，将园所发展所追求的价值融入其中，帮助教师在个人的价值追求与园所的价值追求之间达成共识，实现价值观的统一。

第三，通过家长开放活动达成家庭教育与幼儿园教育的共识。除了在幼儿园内部扩展和推广已有研究成果之外，还应向家庭进行推广。围绕园所的重点工作，各班结合自己的特点和实际情况，向家长开放多种形式的教育活动，帮助家长了解和理解幼儿园的教育理念和价值追求，针对家长关注和困惑的问题给予专业化的建议和指导，帮助家长与教师达成教育上的共识，以便更好地开展家园共育。

（4）通过实践检验将达成共识的好经验形成制度

第一，激励教师在实践中大胆尝试和检验已有的研究成果。在日常实践中，管理者应激励教师大胆尝试和验证，关注他们的感悟和思考，把大家都认为有效果的好经验明晰出来，为形成制度奠定基础。同时，也要关注教师的新发现，与教师共同观察幼儿的活动，鼓励他们创造出适合本班幼儿的适宜策略。

第二，营造民主、开放、平等的氛围，自下而上地听取教师的意见和建议。尊重教师的主体地位，保护教师的合法权益，通过多种形式，倡导教师表达自己对于幼儿园发展的想法，收集教师对日常保教工作的意见。

第三，召开座谈会，针对日常工作中的普遍问题进行共同商讨，讨论哪些成果可以变成制度。结合已有的研究成果和大家的实践检验，共同讨论其中哪些是有效果、值得长期坚持的做法，明确哪些是必须要做到的、哪些是经过努力可以做到的、哪些是应该发展的方向。针对教师可以做到和必须要做到的，尝试制订工作规范；针对实践中确实有效果且需要教师努力做到的，尝试制订支持和激励办法；针对今后的发展方向且需教师克服困难、坚持做到的，尝试制订保障和奖励制度，等等。

（5）通过制度建设保障研究成果变成教师自觉行为

第一，在制度的形成过程中，自下而上地达成教师对制度的理解和认同。保教管理者与广大教师一起诊断实践中存在的关键问题，分析产生问题的根源，广泛听取教师的意见和建议，鼓励大家在实践中进行大胆地尝试和改进，及时梳理、总结教师的研究经验。基于大家的感受和体验，通过集体协商，将经过研究、实践并得到大家认可的研究经验变为研究成果，通过制订教研工作常规、教师研究制度、管理者研究制度等巩固下来。

第二，在制度的实施过程中，促进研究成果向日常实践的转化。制度形成后，保教管理者不要仅仅将关注点放在教师是否按着制度中规定的要求去做了，而更要关注做的效果如何，即实践改善得如何，幼儿的生活状态如何，同时还要关注教师在执行和落实制度要求的过程中的感受、想法和困惑，进而思考如何将制度中的要求变为教师的常态行为。

第三，在制度的调整过程中，催化教师的专业成长。有了制度并不等于就有了保障。管理者的作用也不是作为监督者去督促教师执行制度，而要作为引导者与支持者去关注、了解教师在执行制度过程中的感受及遇到的困难，想办法提供一些摸得着、操作性强的抓手（如由具体方法转化成的操作模板）来给他们提供新的理念、视角和思路。同时，根据教师的反映和实践中的效果来不断调整和完善制度的内容，增强可操作性和可落实性。通过这种跟进性的支持，把教师执行、落实制度的过程变为帮助教师进一步学习和理解制定制度的意义和要求背后的理念的过程，变为不断完善和调整制度来催化教师专业成长的过程，变为促进教师整体专业水平不断提高的过程。

第四，在教师与管理者共建制度的过程中，实现由外在规定行为向内在自觉行为的内化。制度本身属于刚性要求，只能解决行为问题，不能解决信念问题。但立足于以园为本，将制度的形成、落实与催化作用融为一体的园本教研制度建设的过程，是促使教师从外部教育行为的变化导向内部教育观念变化的过程。即以园本教研理念为指导，通过常规与要求帮助教师在充分感受制度所带来的变化中，将外部规定的、不自觉行为变为内在理解和认可的自觉行为，再逐渐形成行为习惯，进而内化为自身的价值观和教育信念。

本节内容主要阐述了园本教研的含义及意义、开展园本教研的基本原则、开展园本教研的有效方法三个问题，并对开展园本教研的有效方法进行了重点探讨，从如何确定真问题、如何制订教研计划、如何开展教研活动、如何激发教师的认知冲突、如何实现研究成果向日常实践的转化这五个关键问题入手进行了具体的阐述，梳理了很多源于实践、切实可行的有效策略和方法。它们也许并不全面，但确实是在一定范围内经过推广应用并经历过实践检验的研究成果，希望广大幼儿园保教管理者和教师结合实际加以运用，并结合本园实际不断完善和创新。

第三节　园本培训的有效开展

园本培训是园本研修的另一个重要内容，也是教师在职培训最经济、最实用的途径之一。它有助于园本研修的经验和成效在更大的范围内得以推广和落实。然而，在实际操作中通常会存在一系列问题，如培训目标模糊，容易流于形式；培训方式单一，不能适应时代要求；培训内容落后，不能满足不同层次和发展阶段教师的需要；教师通常会把园本培训作为幼儿园行政要求完成的任务，而主观能动性不强等。为帮助幼儿园更好地解决这些实际问题，本节将围绕如何有效地开展园本培训这一问题，重点阐述园本培训的含义、意义、原则以及有效开展园本培训的方法。

一、园本培训的含义及意义

开展园本培训是为了实现幼儿园的发展目标和满足教师的发展需求。其关键任务是解决幼儿园在教育教学实践中的问题和矛盾，致力于促进幼儿园教育教学质量和教师教育教学水平的提高；针对教师的不同需求，体现"以人为本，以过程为本、以质效为本"的理念，建立和创新园本培训的模式。

（一）园本培训的含义

园本培训是指从幼儿园自身情况考虑，立足于本园工作实际，以实际工作中出现的问题为切入点，以教师现有专业水平和专业发展需求为基础，充分利用和发挥幼儿园内部资源（如骨干教师、保教管理者、后勤人员等）或外部资源（专业研究人员、家长、社会等）的作用，建立教师本位、问题本位及资源本位的一种多元化的培训方式。

园本培训是以幼儿园为培训基地，由幼儿园决策、开发和组织，从本园教师的实际情况和具体问题出发，以促进幼儿园发展为目标，将培训和幼儿园保教活动紧密结合在一起，促进幼儿园教师保教活动质量提升与效果提高。因此，它具有目标的直接指向性、管理的自我主体性、内容的现实针对性、方式的灵活多样性等特点。这就使得园本培训更能针对本园教师的实际问题和当前需要而展开，实现幼儿园富有特色的内涵发展。

基于上述含义和特点，园本培训强调两个"本"：一要以幼儿园发展为本，强调必须从幼儿园实际出发，围绕幼儿园工作中的实际问题，有针对性地开展园本培训工作，为幼儿园的教育发展服务。二要以教师发展为本，确立教师在园本培训中的主体地位。通过园本培训培养教师，提高教师专业素质，为教师的自我发展服务。

（二）园本培训的意义

教师是幼儿园的智能资源，是幼儿园生存和发展的主体，他们的综合素质决定着所在幼儿园的存在状态。在社会迅猛发展的新形势下开展园本教师培养和培训，提高教师综合素质，对于幼儿园的内涵发展具有重要意义。具体体现为以下三点。

第一，注重为教师提供最佳的学习和成长环境，加快教师由理论到实践的转变速度。

园本培训关注幼儿园的实际需要，以幼儿园为培训基地，按需施训；重视在教学实践中培训教师，强调岗位练兵；重视教师在培训中的主体地位，强调教师内部成长动机的激发。

第二，注重摸索"以教师为中心，以幼儿园为本位"的、多元化的培训模式，努力满足不同层次教师的需求。

在园本培训中，既有面向全体的全员培训模式，也有面向不同岗位、不同层次和专业发展阶段教师（包括保育员）的分层培训模式，还有满足不同教师个体需求的个别化培训模式。这种分层次、多元化的培训模式，增强了培训的针对性，较好地体现了对教师主体地位的尊重，更有利于每一位教师的专业素质在其原有基础上都有所提高。

第三，注重提高教师专业化成长的意识和能力，帮助其实现自身的价值，体验教育工作者的成就感和幸福感。

园本培训注重与教研的紧密结合，注重增强教师的问题意识，提高教师的研究能力。同时，园本培训还有助于提高教师整合资源、创设环境的能力，帮助教师逐步有意识地挖掘幼儿身边的教育资源（如幼儿同伴、幼儿园工作人员、家长、社区、自然等资源），并将之充分利用，以促进幼儿的健康成长。更重要的是，园本培训能帮助教师确立"快乐研究"的价值观。多样的学习方法和培训方式改变了教师对专业发展与成长的恐惧和回避，而把它作为一种乐趣、一种幸福，进而让教师在快乐中重建自己的教育生活。

二、开展园本培训的基本原则

园本培训的途径和形式是多样化的，重要的是要将教学、培训、教研三者紧密结合起来，形成"教—修—研"三位一体、互相促进的良性循环，以达到在促进教师综合教育素质提高的同时促进其专业化发展的目的。

（一）将园本培训与园本教研相结合

园本研修的研修一体性要求园本培训应是以教研为平台，赋予培训活动以具体的教学情境，立足于幼儿园的实际情况进行的学习和研究活动。将培训与教研相结合，可以从三个方面加以考虑：第一，可以在研修一体的理念指导下，在整体设计中将教研和培训的内容相互渗透；第二，在具体的研修活动中，综合利用教研和培训两种手段，充分发挥教师的主体性，保证研修经验在实践中的推广和落实；第三，还应从研修的主要目的出发，针对不同的问题、不同的原因采用不同的方式来解决，更好地发挥教研和培训各自的作用。例如，为了更好地帮助青年教师积累教育教学经验，解决教学中的问题和困惑，园本培训应以教师实际需求为出发点，以具体实践指导为落脚点，与教师的工作紧密结合，这有助于将理论直接转化为教师的教育教学能力，架构理论与实践的桥梁。具体而言，幼儿园可以结合各种主题实践活动，以现场教研为平台，围绕教师困惑的问题开展系列的研究活动，再就教师普遍不了解的内容开展专题培训活动，如开展"环境大家谈""观摩优质活动""教学技能赛"等培训活动，或邀请专家进行专题讲座、答疑解惑，以促使教师在具体的实践活动中提高将理论与实践相结合的能力，在不断地研究探索中积累更多科学、有效、灵活的教育策略和方法。

（二）将课程实施与专题培训相结合

设计活动方案是开展好活动的前提，要科学、合理地设计出一个好的活动方案，就必须有先进的教育教学理念支撑。青年教师的课程预设能力通常较差，他们会在活动开展的各个环节碰到各种各样的问题。为此，幼儿园应安排有经验的老教师帮助青年教师找出问题，并提出改进意见；还可以组织青年教师边结合优秀的教学录像边走进现场，开展"怎样有效回应幼儿的生成""如何有机实现课程的整合""如何确保主题背景下的集体活动价值"等具体内容的培训，让他们真正理解什么是"以幼儿发展为本"的理念，掌握"如何顺应幼儿的自然发展"的教学思路，并迁移到自己的工作实践中去。除此之外，还可以开展"角色游戏指导方式""游戏中的材料提供""游戏主题的确立"等专题培训，使青年教师真正理解"游戏是幼儿最基本的活动方式"。

（三）将全员培训与分层培训相结合

教师因年龄、学历、受教育经历、所学专业、现任岗位等个人情况和专业背景的不同，会产生不同的特点和需求。因此，幼儿园培训中除了从幼儿园角度出发设置的面向全体教职工的培训活动之外，还应该针对不同岗位和专业发展阶段的教师，结合工作对他们的不同要求及他们自己的不同需求，开展更有针对性和实效性的分层培训。例如，关于加强安全教育、制度建设、师德教育等，需要开展全员集中学习与讲座。针对保育员如何做到保教结合、新教师如何做好家长沟通工作、骨干教师如何立足幼儿的需求生成课程等，可以开展情景表演、体验式、案例分析等形式多样的分层培训与研讨活动。

（四）将师德培训与教学技能培训相结合

年轻教师由于参加工作时间较短，对教师角色承担的责任与任务通常体会不深刻，由此单纯的教学技能培训并不能全面提高年轻教师对自身职业的认同感。幼儿园要搭建多层次的培训平台，在提高年轻教师的教育教学技能的同时，积极促进其对自身教育角色的认同。具体而言，幼儿园可以将通识性培训和专业性培训相结合，将老教师的技能传授和年轻教师的自我认知相结合，将同伴的讨论和自我反思相结合，以使年轻教师逐步具备一名合格教师所应具备的各方面素养。

（五）将多种培训方式相结合

由于年轻教师的个性差异明显，不同的教师可能对培训方式有不同的需求，为此，幼儿园应努力提供多种培训方式，以求取得最好的效果。通常而言，交流式培训更能营造宽松、自由的氛围，让教师更自主、自信地敞开胸怀，讨论问题，从而有助于解决青年教师由于害怕交流而回避的心理问题。不过这种方式容易失于散乱，不够正式，因此在使用交流式培训的同时，还宜开展研讨式培训。研讨式培训以教研组、年级组活动为载体，以行动研究为主要方式，聚焦教学活动现场，通过"一课三研""教学一得""微格分析"等多种活动，让教师有机会共同斟酌教学方式，思辨教育上的困惑。此外，案例式培训、对话式培训也是颇受年轻教师欢迎的园本培训方式，幼儿园应在园本培训中交叉使用，以创造更为生动、活泼的学习、研讨氛围。

三、开展园本培训的有效方法

（一）从多个角度确定园本培训的内容

园本培训应注重开展以《纲要》和《指南》为向导的多种培训活动，坚持从幼儿园实际出发，从教师的需求出发，创设宽松的环境，发挥教师的创造性，发掘富有特色的教学方式方法，拓宽园本培训的内容和有效途径，凸显本园优质个性，促进幼儿园的内涵发展。

园本培训的有序进行，最重要的是对培训内容的选择。如何选择园本培训的内容？可以从以下多个角度来考虑。

1. 从教师的需求中来考虑

在日常实践工作中，教师往往有许多困惑和需求。由于受理论水平和实践经验等诸多因素的限制，这些问题完全由个体教师来解决是不现实的。幼儿园可以收集整理这些问题，通过培训活动组织教师集体学习、研讨，解决问题。这些问题来源于教师的实践，容易激发教师参与培训的兴趣，促使教师想说、敢说、有得说，又有话可说。例如，开学前教师的一项重要工作是创设班级环境和投放玩具及游戏材料。对于这一问题，很多教师都会觉得不知该如何构思和着手才能够更好地体现环境的互动性、操作性、挑战性、层次性和开放性等特点，让环境真正起到对于幼儿主动学习与发展的支持作用。为此，幼儿园需要提前对教师进行环境创设方面的培训。再如，不同专业发展阶段的教师具有不同的需求，针对新教师要进行岗位适应和常规工作方面的培训，针对发展期教师要围绕他们经常遇到的问题进行实践策略和能力提升方面的培训，对于成熟期的骨干教师则要进行课题引领和研究能力方面的培训，等等。

2. 从幼儿的需求中来考虑

幼儿是幼儿园各项工作的核心和最终归宿。关注幼儿，就是关注教育，关注未来。幼儿需要教师的接纳、理解、信任并需要得到适宜的支持。因此，幼儿的一举一动，一言一行，都是教师应该深入学习和了解的内容。例如，如何更好地了解幼儿的需求，包括他们的当前需求和发展需求等，除了与幼儿和家长直接沟通之外，教师对幼儿行为表现的细致观察很重要。于是，幼儿园应该围绕如何通过观察更好地了解幼儿的需求这一问题，组织教师进行深入的学习与讨论，以帮助教师提高观察了解幼儿的专业能力。

3. 从管理的要求中来考虑

管理者与教师有着一致的目标，但往往是一对矛盾统一体，总是在途中发生分歧。从管理的角度提出培训内容，也是必不可少的。例如，实施管理的必要手段便是评估，如何评估是管理者的难点，也是教师关注的焦点。组织大家在一起探讨、学习有关评价的内容则有助于教师在思想上接受，在行动上支持。再如，为了加强幼儿园文化建设，提高教师的综合素质和文化素养，可以开展礼仪、文化讲座，或者走进博物馆、剧院等多种活动。

4. 从热点的话题中来考虑

"两耳不闻窗外事，闭门只读圣贤书"显然是不合时宜的。敏感捕捉政治、体育、环境、娱乐等社会生活方方面面的信息，进行筛选，为我所用，也会是园本培训的好内容。例如，围绕如何应对雾霾天气、加强幼儿自我保护和健康教育这一话题，幼儿园可以组织"雾霾天气对人体的伤害及自我防护的方法、室内体育活动的开展、环保教育从我做起"等系列培训活动，以帮助教师利用好这一教育资源。

5. 从研究的课题中来考虑

开展课题研究是帮助幼儿园深化教育改革、提高教师教育教学能力的重要工作。有条件和基础的幼儿园都应该尝试着带领教师开展课题研究。为了增强教师参与课题研究的兴趣、明确课题研究和自身实践之间的关系，幼儿园可以围绕所要研究的课题开展相关的培训，帮助教师找到自己研究的切入点，将课题研究与自身的日常工作紧密联系起来。例如，围绕如何总结梳理实践案例和研究经验，可以开展案例研究方面的培训活动，帮助教师对自己平时的实践案例进行梳理、总结、归类和提炼，并在此过程中进行再研究、再反思和再调整。

（二）有目的地选择园本培训的方式

在设计园本培训时，一个重要的方面就是要思考以何种方式来开展培训。

传统的培训多采用讲授式的培训，教师被动参与，培训效果不好。园本培训注重发挥教师的主体性，多采用参与式培训，并且根据教师的需求、培训的目标和内容采用多种培训方式。这里介绍几种常用的以教师为主体的培训方式，它们各有各的特点和适宜解决的问题。幼儿园在开展园本培训时应该根据培训目的来综合考虑，灵活运用，有时甚至要在一次培训中选择多种方式。

1. 主题式培训

所谓"主题"，就是体现在作品（文学类、艺术类、科学理论类等）中或活动中的中心思想和核心内容。"主题式"培训就是指根据某一确定了的中心思想和核心内容而进行的园本培训活动。

主题式培训适用于园所对某一个影响保教质量的专业问题进行深入、系统的学习、研究与培训，能够在依据某个主题不断帮助教师获得专业知识上的补充和对观念的不断改进与落实。幼儿园运用"主题式培训"开展的活动一般可以是"园所环境创设""玩教具研究""家园共育"等内容。

例如，幼儿园的环境是实现教育目的的重要资源之一，在促进幼儿的认知、发展幼儿的社会性、陶冶幼儿的情操等方面都有明显的作用。但并不是所有教师都已经达到了这种认识，更不是所有教师都能够把这一认识具体落实在教育教学活动中。于是，可以以"让每一寸空间发挥最大的教育价值"为主题，开展"幼儿园环境设计与研讨"的系列园本培训活动。

2. 案例式培训

案例式培训指的是，根据一定目的，把一个或是多个具有真实情境的实际教学活动确定为案例，对其从教学活动设计到活动实施再到活动反思的整体过程展开分析、评价、改进的园本培训活动。这个方式是更加适合新入职教师掌握活动设计、获得基本专业技能的有效方式。

例如，某园管理者在批阅教师计划时，发现教师的教学活动设计过于笼统空泛、思考不够细致，并且在教学过程中面对幼儿的各种表现往往感到手足无措。于是，为了帮助教师深化关注幼儿的意识，在设计活动时关注到对学科核心经验的认识和了解，进而在开展教学活动时更加应对自如，就以教师撰写的教学活动设计方案作为具体案例，开展了"教学活动设计与思考"的园本培训活动。

3. 体验式培训

体验式培训指的是，教师通过在真实情境中的参与、体验，获得切身感受，并能够换位思考，获得认识上的不断更新的一种园本培训活动。体验式培训适用在园所各种培训活动中，特别适合于青年教师的培训活动，能够帮助教师获得真实体验，并触动其深入思考与感悟。

例如，某园管理者在实践中发现，有些教师面对幼儿亢奋、难过、发脾气以及幼儿间发生了矛盾等情况时，不知道该如何应对；有些教师提出了自己的应对方法，却总是不见效果。为解决教师的此类问题，就采用了体验式培训，开展了"幼儿情绪管理"的园本培训活动。管理者根据教师经常遇到的幼儿情绪问题，创设了若干情境，并请教师分工扮演事件中的幼儿和教师。首先，请扮演教师的教师采用自己认为合适的方式解决问题。然后，请扮演幼儿的教师说一说自己当时的想法，对教师处理办法的感受，以及当时自己的希望和要求。再请扮演教师的教师说一说自己的想法。通过这种体验式培训，帮助教师总结出解决此类问题的有效方法。

4. 对比分析式培训

对比分析式培训，就是指管理者根据需要解决的问题，选取两种有典型性的、会产生不同教育效果的现场，引导教师通过对现场情况的观察、分析来获得相应的认识，从而达到改善教师教育行为这一目的的园本培训活动。

对比分析式培训适用于园所教师观念比较局限、不能够打开思路、不容易形成认知冲突的时候，采用这种比较强烈的、对比明显的、能够引发观念冲突、产生教育方法争论的方法。这种方式能促使教师通过对两个真实现场的实际观察与对比，分析出幼儿们的不同表现，从而寻找到改善教育行为的方向。

例如，为了有效地引导和促进幼儿阅读，某园开展了对比分析式研讨与培训活动。根据教师的意愿确定了两个案例现场，一个现场是教师自己设计的教学活动，主要是由教师带领幼儿一页一页地欣赏根据图画书制作的 FLASH 动画，并使幼儿逐一回答教师提出的问题。于是幼儿的表达仅限于教师的提问，问一句答一句，自发的想法和表达较少，有种被教师拽着走的感觉。另一个现场是教师先把图画书投放到图书区，专门观察和记录下在教师不做任何指导的情况下幼儿拿到书后会怎样阅读、关注什么内容。当教师观察了两个"教学现场"并对其效果进行对比分析后发现：在第一个教学现场中，幼儿的思维其实已经被教师提出的封闭性问题给局限住了，所以有个性特点的想法和表达较少，教师也根本不可能真正了解到幼儿感兴趣的内容和他们自己对画面的理解。而在第二个教学现场中，教师利用了图书画面自身的价值，先让每个幼儿结合自己的兴趣和已有经验去观察画面，于是出现了不同的关注点和理解，在此基础上教师再提出开放性的问题，幼儿答案就呈现出了多样化。这里所体现的正是幼儿自己在阅读故事、理解故事、表述故事。教师也就能够清楚地了解到不同幼儿的个性特点，从而更有针对性地开展教学，促进全体幼儿的共同发展。

5. 师徒帮带式培训

师徒帮带式培训是一种让有经验的老教师与青年教师结对，通过老教师的言传身教将其经验传授给青年教师，从而帮助青年教师迅速掌握工作要领、提高专业技能的培训方式。师徒帮带式培训是青年教师职初岗位培训的有效方式，可以大大缩短青年教师对岗位、教育教学常规、过程的熟悉与适应期，帮助其更快地了解幼儿、了解教育，并在职业意识、责任感、事业心等方面受到老教师的积极影响，同时也可以促进新老教师双方对教育教学过程的思考和研究。

例如，某幼儿园为帮助初入职教师尽快适应岗位要求，且考虑到他们的性格特点，为每位新教师都配备了一位有经验的老教师作为师傅，并将他们安排在一个班级中共同开展日常工作。于是，在每一天的工作中，新教师都在接受着工作常规、班级管理、家长工作、教育活动设计与组织等多方面的贴身指导。同时，管理者提出一系列的要求：开学初，新教师要提出自己的需求，老教师则结合新教师需求和岗位要求制订师徒帮带计划；学期中，要以组为单位进行师徒帮带经验交流，新老教师都要分享各自的感受和体会；学期末，新老教师还要共同撰写师徒帮带工作总结，反思过程中的收获与不足，进而提出后续帮扶的重点和措施。

6. 课例研修式培训

课例研修式培训指的是以课例为载体，在教学行动中开展的包括专业理论学习在内的教学研修活动。课例研修也是一种行动研究，主要围绕内容与目标、主体与角色、程序与细节、方法与手段、知识与能力五方面展开课例研修。大概包含两个方面：一要选择研修主题。研修要从问题入手，问题可以从幼儿活动的表现中来，从教师教学中来，也可以向全园教师征集问题，自下而上地产生研修问题。二要明确研修过程。"以问题解决为主线"组织教师学习、商讨关键问题、设计观察表、集体备课、教学展示与观察、分析与讨论、反思、二次设计、再展示、再分析讨论、再反思……

例如，某幼儿园围绕语言领域的故事教学活动展开了课例研修活动。通过对已有教学活动的分析，发现教师对故事教学的核心价值是什么以及幼儿在此类活动中如何学习等问题认识不清，经常出现教材分析肤浅、目标定位不准、教师提问封闭、幼儿回答局限、活动效果不佳等诸多问题。于是，他们组建课例研修小组，由骨干教师做课，其他教师共同观摩和研讨，并聘请专家指导，共同经历了从原经验阶段到新设计阶段再到新行为阶段的一个完整的培训过程。自此过程中，基于对幼儿学习表现和师幼互动行为的细致观察与研讨，教师不断深化对教材的理解与分析，不断调整着教学活动的目标，不断完善着教师的提问，不断激发着幼儿的主动思考，不断丰富着幼儿的多元表达。通过理论与实践、教师与专家、教师与同伴之间的深入对话，教师获得了学科领域专业知识与专业能力的丰富与提高。

总之，开展园本培训的方式还有很多。其实，不管采用哪种方式都是为了丰富和拓展教师的专业知识与技能，进而促进教师教学行为的不断改善，最终则要能够最有利地促进幼儿的健康、和谐与快乐发展。只要培训的内容是围绕着教师实践中存在的真问题展开，培训的方式是有利于解决问题的，培训的过程越来越贴近教师的实际需求，保教管理者还会创造出更多、更有效、更能满足教师需求和有助于提高教师专业化水平的园本培训方式来。

（三）基于教师需求开展分层培训

教师培训不应只关注教师的群体需求，还应关注教师的个体需求。因此，在园本培训中，除了有针对全体教师的普遍性需求开展的全员培训之外，还应该有针对不同发展阶段教师的特殊性需求开展的分层培训。

所谓分层培训，是指针对适应期、发展期、成熟期等不同层次教师的不同特点和发展需求，设计不同的学习内容，选择不同的培训方式和方法，来达到不同发展目标的培训活动。

开展分层培训不仅是不同发展阶段教师的需要，也是幼儿园内涵发展的需要。因为分层培训既有助于解决不同发展阶段教师面临的不同问题，又有助于保证教师队伍的梯队建设，从而实现教师队伍在自身基础上的整体提高与可持续发展。下面就如何开展分层培训阐述一些必要的步骤和方法。在本章后面的资源广角中，呈现了专门针对新教师开展的园本培训案例《做快乐、幸福的新教师——支持职初期教师适应与成长的园本培训策略》。

1. 通过调研确定分层

因为园本培训具有针对性的特点，因此，在开展培训前要对全园教职员工进行全面的调查与分析，并在调查分析的基础上确定教师的分层。当然，这个调研完全可以与教研的调研一起做，以减轻教师负担。

首先，应对全体教职员工按着不同的岗位进行调查与分析，包括一线教师（含保育员）、保健医、后勤人员、保教管理者等。根据不同岗位的职责与要求，并结合他们的实际需要，确定是否要针对各岗位人员进行必要的岗位培训。例如，保育员虽然和教师都属于一线教师，但保育员岗与教师岗有不同的要求，针对教师的培训不完全适用于保育员，所以应该从保教结合的教育原则出发，对保育员如何配合教师更好地完成教育教学工作，开展相关的培训。

其次，针对不同发展阶段和需求的教师进行调查与分析。目前，大家常用的教师分层标准多是按着工作年限进行的。例如，工作三年以内（含三年）的为适应期教师，工作四至八年（含八年）的为发展期教师，工作九年以上的为成熟期教师。当然，各幼儿园也可以根据本园教师的实际情况进行分层。在初步分层的基础上，通过调查问卷和访谈进一步了解不同层次教师在教育教学工作中存在的具体困惑和需求，进而结合其日常行为表现分析出每个层次教师的特点，为后续选择相应的培训内容和方式找到依据。

2. 结合《幼儿园教师专业标准（试行）》制定目标

《幼儿园教师专业标准（试行）》为教师专业发展指明了方向，也为制定园本培训的教师发展目标提供了依据。幼儿园管理者应该以《幼儿园教师专业标准（试行）》为依据，从专业理念与师德、专业知识、专业能力这三大方面的基本要求出发，同时结合本园各层教师的实际情况，找到他们各自的优势与问题，进而制定出符合他们现状的发展目标。例如，在对全园教师分层和专业发展现状分析后，可以针对不同层次教师的发展方向确定这样的目标：针对适应期教师的发展目标可以定为注重基础研修，奠定职业信念，获得必备知识技能；针对发展期教师的发展目标可以定为注重学科研修，拓展教育经验，提升实践反思能力；针对成熟期教师的发展目标可以定为注重系统研修，挖掘专业优势，增强研究反思能力。各园也可以根据对本园教师分析来确定不同层次教师的发展目标。

3. 基于需求选择内容

受自身受教育经历、工作年限、岗位要求、个人追求等因素的影响，不同教师处于不同的专业发展阶段，存在着不同的需求和问题。因此，园本培训应针对不同发展阶段教师的不同需求和问题，结合他们的关注点和急需解决的问题，选择适合他们的内容。当学习内容是教师真正关注的问题时，他们内在的学习动机才能得以激发，主体性才可能得以发挥，见表5-2。

表5-2　不同发展阶段教师的培训内容

发展阶段	需求与问题	培训内容
适应期教师	处于职业认知阶段，职业信念有待形成，缺乏实践经验，独立带班和设计、组织教育教学活动有很大的难度。	关于职业认识、班级管理、保教配合、与家长沟通、把握年龄特点分析幼儿行为等方面。
发展期教师	改革意识强、动力与能力不足，容易出现职业倦怠现象，关注自己教多于关注幼儿的学等。	从开阔眼界、扩大知识面的角度出发，将专业理论的学习与实践案例的分析相结合，围绕他们的困惑或者需要深入思考的问题。
成熟期教师	需要将理论更好地转变为实践行为，掌握幼儿学习发展规律和特点，让有效的教支持幼儿主动的学；在独立开展研究、反思、梳理经验方面的能力不足。	关于观察幼儿、深入反思、有效师幼互动、教学活动的有效开展等方面的内容。

4. 围绕目标选择方式

教师的学习方式是基于实际问题解决的研究性、反思性的学习。所以，园本培训应紧密结合教师在日常工作中面临的实际问题，开展能激发教师积极主动参与的学习与研究活动。为此，幼儿园管理者应认真观察和了解不同发展阶段的教师的不同特点，并以《幼儿园教师专业标准（试行）》中的要求为发展目标，来设计和选择有效的培训方式，帮助教师解决实际问题并获得专业成长，见表5-3。

表 5-3　不同发展阶段教师的不同培训方式

发展阶段	特点与发展目标	培训方式
适应期教师	刚从学生转变为教师，对各项工作都需要慢慢了解、熟悉、适应和掌握。缺乏工作经验是他们的短板，但积极向上、思维活跃、敢想敢做、朝气蓬勃却是他们的长处。这些带给他们的是追求进步、展示自我的动力，使得他们在工作中态度积极、情绪饱满，更容易激发幼儿的热情，也更容易和幼儿融到一起，形成活泼、愉快的师生关系。	选择才艺展示、师德演讲、专业知识辩论会、技能比赛、情境表演等方式，来开展师德教育、爱岗敬业、专业学习方面的培训。
发展期教师	对各项工作都已熟练掌握，逐渐积累起应对各种问题和情况的工作经验，甚至已经形成了比较固定的、习惯性的思维模式和行为方式。有些教师开始出现职业倦怠，觉得这些经验足够了，不愿意再花太多的时间和精力来提高自己；而有些教师已经不满足于现状，有了追求更好的发展机会、更大的创造空间、更多的专业自主权和更高的专业发展目标的需要。	组织围绕一些教育实践中的深层问题的专题研讨会、案例对比分析、经验分享会、操作体验式、课题培训、职业规划讲座等多种活动，来开阔他们的视野，打破固有思维模式，调动尝试改变的热情，激发内在学习和研究的动力。
成熟期教师	工作经验就更多、更全面了，对工作和相关的专业理论有了自己的一整套认识、思考、操作方式和方法，实践能力已经达到了一定的水平。有些教师已经有了参与课题研究的经历，有些教师在实践中进行了新的探索与尝试，还有些教师初步形成了自己的教学特点和风格……总之是进入了职业发展的又一个新的阶段。	开展制定职业规划、外请专家引领、骨干教师讲堂、师傅带徒弟、轮值干部、申报或参与课题研究、带教研组研究等多种方式的培训，帮助他们明确自己的职业发展目标，发挥辐射带头作用，主动寻求自我突破与完善。

5. 结合实践评估效果

园本培训是教师在职培训中最经济、最实用的培训途径之一，具有实效性强的特点。可以从两个方面来评价园本培训的效果，一方面是教师在培训过程中的状态和反应，另一方面是教师在培训之后在实践中的尝试与改变，而后者相比前者更是体现培训实效的重要指标，见表 5-4。

表 5-4　不同发展教师培训的评估指标

发展阶段	培训评估指标
适应期教师	教师是否觉得培训活动是有趣的，是否愿意参加培训？ 培训活动是否让教师更喜欢这份职业？帮助教师学到了更多的专业知识、教育策略和应对问题的方法？ 教师是否有意识地把学到的知识、策略和方法在日常工作中运用？ 教师是否在日常工作中有了主动思考和学习的意识？ 教师是否在日常工作中表现出了大胆尝试和探索的行为？
发展期教师	教师是否觉得培训活动是能够帮助他们解决问题，满足他们实际需要的？ 是否能激发起教师的工作热情，调动工作积极性？ 教师是否在培训过程中积极表达和贡献自己的经验？ 教师是否在培训后主动运用所学经验，进行新的尝试和改进？ 教师是否主动对自己的已有经验进行反思，调整自己的教育行为？教师是否愿意并在同伴有需要的时候主动提供帮助？ 教师是否主动与同伴交流分享或展示自己的经验？
成熟期教师	教师是否对自己的发展目标和方向有了比较清晰的设计和规划？ 教师在培训过程中是否能够发挥自己的骨干带头作用，贡献自己的智慧？ 教师是否在日常工作中有了自己想要解决的问题以及解决问题的基本思路？ 教师是否有意识的梳理和总结自己得到认可的案例和经验？ 教师是否能在日常工作中打破固有思维模式和行为方式，大胆进行改革与创新？

（四）加强园本培训的管理与保障

园本培训是一项系统工程，并非组织一次讲座或学习一篇文章那么简单，要想有效地开展，必须要有一套工作机制作为保障。因此，园本培训必须加强领导，明确职责；制定规划，确立目标；建立制度，保证实施。总体来说，幼儿园应该做好以下三项工作。

1. 加强园本培训的组织领导，明确分工，责任到人

幼儿园应首先建立园本培训领导小组和机构，然后根据本园自身情况对机构的工作职责与常规要求进行明确。例如，园长应全面负责与领导幼儿园教师

培训工作；业务园长作为直接责任人，应具体进行园本培训工作规划的制订、过程的管理等；各教研组长也应规划、组织本组的教师培训，开展行之有效的实践活动等。实现园本培训任务分工明确，责任到人，就要构建上下畅通、互相合作的、立体的培训体系。要定期召开园本培训专题会议，研究培训工作，形成团结协作、长期有效的园本培训局面。

2. 健全培训制度和计划，实现培训有序

要确保园本培训落到实处，幼儿园需要制定一系列园本培训制度作为保障。例如，制定园本培训教师制度、学习制度、考勤制度、总结制度、考核制度、奖惩制度等。认真做好园本培训档案的收集、整理、归档，使资料科学规范、完整。为保证培训活动的持续开展和内容科学有效，幼儿园还应结合市、区要求和教师需求制订园本培训工作的长远规划和阶段计划，列出培训的内容和安排，教师再依据总的计划制订出适合自己的小计划。这样既指导了教师的学习，又明确了学习的内容，让教师知道学什么，什么时间学，统一了步骤，保证了学习的系统性和针对性，督促教师自觉的完成学习任务。为了强化教师的学习意识，增强学习的主动性和自觉性，园本培训应建立考核机制，把教师培训时的考勤、学习、成果等情况作为年度考核、评优、评聘的重要条件。

3. 加大投入，建立机制，保证经费和培训的落实

幼儿园应积极努力向教育行政部门申请园本培训的相关经费申请，确保有一定数量的专项经费用于园本培训，并建立机制保证落实。具体来说，需要建立以下四个方面的机制。

(1) 建立园本培训可持续实施的组织管理机制

第一，成立以园长为首、业务园长主抓的园本培训领导小组。园本培训关系着教师专业素质的提高，关系着幼儿园个性化特色的建设，关系着幼儿园的长远发展。因此，必须要有一个领导小组来统筹规划。而园长是园本培训的第一责任人，是以园为本教育教学研究的身体力行者。所以，必须强化园长在领导小组中地位和作用。

第二，成立"园本研修支持团队"。由园所的管理者和骨干教师形成支持团队，能够保证园本培训的可持续发展。支持团队在每次培训活动前共同分析幼儿园工作现状，制定改进措施，设计培训活动。同时，支持团队还可以经常反思园本培训开展情况，探索支持策略。

第三，还要落实教师在园本培训中的主体地位。园本培训能否可持续地进行下去，从根本上说取决于教师的积极性。为此，必须在培训活动中真正使教师成为主体，充分尊重、发挥教师的主体性。为了确立教师在园本培训中的主

体地位，可以采取一些制度性措施，让教师在园本培训中拥有建议权、选择权和决定权，即需要培训什么、怎样培训、需要哪些学习资料和具体帮助等，教师都应该有机会和权力提出自己的建议、做出自己的选择，并经过大家的讨论来做出决定。

第四，建立教师培训档案并规范管理。幼儿园应为每位教师建立培训档案，留下其参加培训的痕迹。每名教师都应有参与培训的时间、内容、课时、作业和教师学习效果反馈等记录，以保证每一名教师有接受培训获得专业发展的机会和权利。同时，教师培训档案还有助于管理者定期检查教师个人和整体参与培训的情况，及时发现遗漏或需要调整和完善的地方，以保证每位教师都享有均等的培训权和发展权。

（2）建立园本培训可持续实施的效果评价机制

园本培训能不能可持续地进行，极其重要的一个因素就是看有没有实际效果。没有效果的活动，是很难受到教师欢迎的，因而也就不可能持久。这样，建立科学、有效的效果评价机制，对于园本培训的可持续开展就具有关键的意义。在评价园本培训效果时，可以参考以下几个指标。

第一，教师现场表现，即教师在培训过程中是否表现出积极主动的参与状态，如积极思考、大胆发表意见、主动提出问题、与同伴交流讨论等。

第二，教师反馈评价，即在培训结束后，通过访谈、问卷或座谈会来广泛听取教师的反馈意见，了解他们的感受与收获、培训中存在的问题等。

第三，实践效果考察，即教师回到自己的日常工作中是否主动地运用培训中学到的方式方法进行了新的尝试或探索，是否有了行为上的调整与改变，是否与同伴有了更多的交流与互助。

四是培训者团队反思，即培训支持者团队根据前几个指标来共同分析和反思培训的效果，找到存在的问题和原因，进而调整培训计划或设计新的培训计划。

（3）建立园本培训可持续实施的激励机制

园本培训的可持续实施，人的因素是第一位的。因此，在园本培训实施过程中建立有效的激励机制，通过一套制度来激发教师的积极性和创造性，就具有极重要的意义。例如，坚持"不求个个优秀，但求人人进步"的理念，以促进教师的专业发展为目的，运用多元化、发展性的评价方式，采取定性与定量相结合、自评与互评相结合、整体发展与个体发展相结合等评价方法，对教师进行科学、客观、公正、有效的评价；大力度地进行表彰和奖励主动参与园本培训并在研修中有突出表现的教师；把园本培训与教师考核评优、职称评定及后备干部培养选拔等直接挂钩，等等。

在建立激励制度的过程中还需要注意几点：第一，应体现公平的原则，要在广泛征求教职工意见的基础上出台一套大多数人认可的制度，并且把这个制度公示出来，在激励中严格按制度执行并长期坚持；第二，要和考核制度结合起来，这样能激发员工的竞争意识，使这种外部的推动力转化成一种自我努力工作的内生动力，充分发挥人的潜能；第三，要体现科学性，也就是做到工作细化，管理层必须系统地分析、搜集与激励有关的信息，全面了解教职工需求和培训效果，不断地根据情况的改变制定出相应的政策；第四，应是一个开放的系统，要随着时代、环境、园所发展形势的变化而不断变化，逐步建立多跑道、多层次的激励机制；第五，还要充分考虑教职工的个体差异，实行差别激励的原则。

（4）建立园本培训可持续实施的信息资源共享机制

园本培训作为一种学习活动，当然离不开信息资源。为了使园本培训可持续地开展，还需特别注意建立信息资源共享机制。例如，在园内建立园本培训资料库；开设骨干教师讲堂；干部、教师外出学习时注意收集资料信息；定期组织外出学习的信息交流活动，等等。

（5）建立园本培训可持续实施的保障机制

园本培训的可持续实施，必须要有一定的保障，其中重点要做到以下三点：一是经费保障，要有专项培训经费；二是后勤保障，包括物质保障、生活保障、电教设备保障等；三是图书资料保障，要配备必要的图书、音像资料等。

本节主要阐述了园本培训的含义及意义、开展园本培训的原则、有效开展园本培训的方法三个问题，并重点介绍了有效开展园本培训的具体方法，包括如何确定园本培训的内容、如何选择适宜的培训方式、如何基于教师的需求开展分层培训以及如何加强培训的管理与保障。需要注意的是，园本研修是将园本教研和园本培训整合起来的研修一体的活动，为将两部分说清楚，特分开来阐述，而且在每一部分中都渗透了另一部分的内容。但事实上，幼儿园在实际工作中具体操作时，是要秉持着研修一体的理念，将两者综合起来考虑的，努力实现相互渗透、相互支持、相辅相成。

第四节　课题研究及管理

课题研究是幼儿园教科研工作的一部分，是园本研修中的重要内容，它集理论、研究、实践为一体，能够更加全面、系统地提高教师的研究能力和水平，解决实践中的问题，促进教师的成长。课题研究相比日常教研更加严谨、规范、系统、深入，是教师专业成长的必经之路，也是一个幼儿园提高品质的关键所在。

随着社会发展和幼教改革，社会对幼儿园和幼儿教师提出了更新、更高的要求。很多幼儿园希望通过参与或者承担科研课题的方式，持续探索幼儿学习和发展规律、教育规律及教育方法、策略，以获得实践层面和理论层面的新认识。与此同时，现在幼儿园教师学历层次、整体素质较高，教师对自身的要求也逐步提高。一线教师也开始希望独立承担课题，提高自身的研究能力，朝着研究型的教师发展。因此，课题研究无论是对幼儿园整体，还是对教师个体来说都是非常重要的内容，而课题研究管理也就显得尤为重要。

一、课题研究的含义及意义

（一）幼儿园课题研究的含义

课题研究是针对问题做出的主动寻求解决问题方法的过程。幼儿园的课题研究内容应该来源于幼儿教育管理者和实践者工作中存在的问题，这些问题的解决是有利于幼儿的长远发展和幼儿园的持续发展的。幼儿园的课题研究应该立足实践，利于解决实际问题为出发点的，其研究结果对于幼教同行应当是有借鉴作用的。

（二）幼儿园课题研究的意义

1. 幼儿园发展层面

幼儿园作为学前教育机构，理念是否先进、师资力量是否雄厚，直接关系到幼儿园教育教学质量。如何让幼儿园的理念紧跟时代步伐、师资队伍不断强大，是每个幼儿园都面临的课题。课题研究作为解决实践问题，提升教育教学质量的重要途径，日趋成为各幼儿园关注的研究形式。

幼儿园课题研究是立足于幼儿园实际的，是从幼儿园和教师的具体情况出发的，旨在解决实践中的困惑和问题。随着课题研究的深入，幼儿园会逐渐形成自己的园本特色，形成园本课程，有利于幼儿园自身的持续发展、特色发展。

2. 教师发展层面

目前很多幼儿园在课题研究实施过程中采用全员参与的方式，在课题研究的过程中，通过对一个问题或现象的深入探究、多种途径的学习，通过与专家、同行的交流，教师的理论、实践水平都会不断提升。教师观念的转变、研究能力及素养的提高，会积累更多的研究方法，不断丰富实践活动，促进幼儿更好的发展。

综上所述，幼儿园课题研究对于幼儿的成长、教师能力的提升、幼儿园的持续发展都有着重要的意义。

二、课题研究与日常实践和教研的关系

(一) 课题研究与日常实践

课题研究并不是游离于日常教育教学之外的工作，真正有意义、有价值的课题研究应当是贯穿于整个日常教育教学工作始终的"现场式"研究，即在教育教学过程中发现、研究、解决问题，完善教师的教育行为，有效促进幼儿发展，使日常教育教学工作更加科学、合理，更为丰富、有效。

开展课题研究实际上就是教师在日常教育教学工作中置身于研究情境，理性地审视、预见、探究教育教学中出现的问题，并用研究的方式解决问题，使研究内容具有针对性，研究过程具有扎实性，研究成果具有有效性，从而将教育教学问题转化为有益的教育教学经验。

课题研究成果应回归于日常教育教学，并作为可开发的资源运用于日常教育教学实践。课题研究成果只有经过实践的检验，做到"研以致用"，才能体现课题研究应有的意义和价值，使课题研究具有延续性、持续性。在日常教育教学工作中开展课题研究，既让教育教学顺应课题研究，又使课题研究为教育教学服务，真正使课题研究与教育教学相辅相成，共同成为有效促进幼儿发展和教师专业成长的支点。

(二) 课题研究与日常教研

1. 在日常教研的基础上可以形成课题

日常教研中形成的问题往往反映了教育教学中的小现象、真问题，而这正是幼儿园课题研究目的和内容的来源。同时，课题研究的实施应当与教师日常工作相结合，渗透于一日生活之中，在日常教研中推进，使课题研究的成果反作用于日常教学，解决实际问题。例如，针对多数教师反映的"不知道在区域游戏中如何观察和指导幼儿"的问题，可以形成一个课题研究，通过相关研究、梳理经验，形成基于实践的指导方法，既有效解决了日常教研中的问题，也促进了日常教研的深入。

2. 课题研究是对日常教研的规范化、科学化、深入化、系统化

日常教研常常根据教育实践的需要随时随地开展，如观摩课、示范课等，形式多样，具有较强的自发性和灵活性。课题研究则讲求计划性、系统性、持续性和深入性，并且有严格的研究范式和程序。例如，某班以"解决小班幼儿入园焦虑的方法研究"为研究课题，那么教师需要在连续 2 年的时间内，通过查阅文献、咨询专家、行动研究等方法，持续探究如何解决小班幼儿入园焦虑的问题，形成较为科学、完善、深入、全面的解决方法。可见，课题研究是对日常教研的规范化、科学化、深入化和系统化。

3. 课题研究对于参与者的研究意识和能力有一定要求

进行教育教学研究，不仅是教师专业发展的需要，也是提升教师职业幸福感的重要途径。但是，这并不意味着任何一位教师都必须开展课题研究。一方面，课题研究作为一种科学研究方式，其本身的科学性、严谨性、复杂性对研究者的理论素养、思维方式、研究能力等方面都有较高要求。另一方面，实施完整的课题研究，需要教师投入较多的时间、精力。多数教师基于多方面情况的考虑，更希望以聆听课题报告、自主阅读、开展观摩课等形式提高自己的专业能力。因而，教师进行研究，并非必须选择课题研究这种形式，而是可以根据自己的情况和需要灵活选择。

三、课题研究的管理与指导

（一）课题管理工作的目的

课题管理工作要做好每个立项课题的追踪及指导，立项—实施—结题都要实施监控，保证每个课题的正常开展。通过课题管理能够关注到各个课题不同阶段实施情况，及时给予有针对性的指导，提升课题研究水平，保证课题更好地开展。课题管理工作也能够收集课题结题时的成果资料，为下一次课题内容的选择提供依据和经验。

1. 深化课题研究内容，明确课题研究目的

课题研究内容是否贴近实践工作、是否具有可行性，是课题研究目的确立的先决条件和实施的基础。课题管理首先要对课题内容的选择进行把关，引导教师选择能够解决日常工作中实际问题、有助于提高日常保教质量、有利于丰富和深化园本课程的内容。同时，对课题内容的把关也有利于课题管理者从全局掌握和分配课题内容，确保课题的层次性和连续性，熟知课题研究目的，为课题实施过程的管理打下基础。

2. 规范课题研究制度，保障各项课题顺利实施

课题管理需要制定相应的课题研究制度，把课题管理规范化、制度化。课题的立项—实施—结题，都要有相应的制度保障，确保各项课题的正常开展和实施。其次，通过一定的评价手段对立项课题进行阶段性的评价，找出优势和不足，提出下一阶段的建议，以便每项课题都能够顺利、高质量的实施。最后，根据课题研究的经验，应不断完善课题研究制度，让课题管理更加贴近实际工作、更具指导性。

3. 丰富课题研究经验，提高课题研究的时效性

课题管理的最终目标是为了指导实践工作，作为课题管理者，应当通过培训、经验分享、问题研讨等形式，帮助课题实施者，尤其是课题主持人丰富课题研究的相关知识和经验。例如，如何撰写文献综述、如何设计研究方案、如

何使用研究方法、如何收集研究成果等。在课题实施的每个阶段都应当有相对应的培训学习、交流分享活动，丰富课题研究经验及实践指导能力，从而提高课题研究的质量。

4. 转化课题研究成果，为教学实践服务

课题研究的最终目的是将课题成果转化到教学工作实践中。保教管理者应加强课题研究的力度，注重过程管理，把课题研究成果转化为教师的教学行为，使课题研究更好地为教学实践服务。

（二）幼儿园或教师在课题研究中经常出现的问题

1. 目的不明确

幼儿园开展课题研究的目的本是为了将研究成果用于工作实践，促进幼儿园保教质量的提高，然而许多幼儿园开展课题研究并不是出于这一目的。有的幼儿园是受外力驱使，纯粹为了完成上级管理部门下达的任务；有的幼儿园是追随潮流；有的幼儿园是出于竞争需要，因为要评省、市级示范幼儿园一定要有课题研究成果。出于这类目的而开展课题研究的幼儿园很少会去考虑如何通过课题研究切实改进教育教学工作，提高保教质量，促进幼儿的全面发展和教师的专业成长。

2. 不重视过程

（1）选题盲目

第一，缺乏针对性。目前许多幼儿园不考虑自身实际，直接选择省、市级规划课题，或者什么话题最热门就研究什么。这些课题往往不符合幼儿园的基础条件和教师的研究能力，缺乏可操作性，大多是低层次的重复，缺乏现实意义。这样的课题研究花费了幼儿园大量的精力，实效却不高。

第二，有课题无问题。有的选题大而空，不具备可操作性。例如"幼儿创造力的培养""中国神话对幼儿发展的影响"等，这些课题涉及面太广，只确定了研究范围，却没有提出具体问题，导致教师无从下手，无法操作。

（2）忽视过程

课题研究应是一个从假设到论证的过程，它追求的是实践中的探索，注重的是过程中的实效。然而，许多幼儿园的课题研究过程常常走过场：课题组教师集体研讨分配任务，教师围绕课题组织活动，开展几次教学活动观摩或以经验介绍的形式展示研究"成果"，结题时每位教师写几篇经验性的文章，仅此而已。许多教师在此过程中对如何开展研究始终不明确，最终导致"开题轰轰烈烈，过程懒懒散散，结题匆匆忙忙"。

3. 缺乏保障

很多教师都提出，幼儿园缺乏合理的课题研究工作管理制度。首先，幼儿园常常忽视对课题组成员进行相关培训，也很少为教师提供相应的专业指导，使得教师在研究中遇到问题时无法找到有效的解决策略，导致研究停滞不前；其次，课题组教师日常带班工作任务很重，研究时间得不到保证。专业水平的限制、研究精力的缺乏使得幼儿园无法形成一种良好的研究氛围，导致课题研究得不到保障。

（三）管理者对课题研究的指导和管理

一线教师参与课题研究的经验比较粗浅，独立进行课题研究的能力还有待加强，需要进行相应的培训，加强这方面的学习。

此外，一线教师常常忙于班级事务，一开始对研究还充满热情，但往往到后期就会懈怠，到结题时就会感到困难。因此，在课题实施的各个阶段，我们需要加强监督，比如给每个课题准备材料包，请课题负责人定期上交研究资料；根据研究计划督促课题组成员按部就班地完成研究任务。对课题各个阶段的监督，有利于课题按时按质完成、形成课题研究成果，真正达到课题研究的目的。

1. 前期指导和管理

课题研究的前期，主要是通过培训、交流提高教师课题研究意识，引导教师了解课题研究的重要性，提高教师参与课题研究的积极性。

（1）指导内容和要求

①明确课题研究的目的

一线教师对于课题研究的认识并不清晰，一部分教师认为课题研究是幼儿园管理层和学前教育研究人员的事，这部分教师只是满足于带好班；一部分教师能够参与课题实践部分的研究，但研究是被动的；一部分教师有主动研究的愿望，但受实践操作和研究经验的多重影响，研究并不能顺利地开展。针对大部分教师对研究不主动的情况，我们所要做的是让教师明确课题研究开展的作用以及重要性，了解课题研究最重要的是能够解决实践工作中的困惑和问题，提升保教质量。课题研究的最终目的是使教师的研究能力和实践能力得到提高，这也是提高幼儿教师职业幸福感的途径，更是教师专业成长的必经之路，是教师不断成长的推动力。

②丰富幼教相关理论知识

要顺利地在幼儿园班级中开展课题，除了有积极的态度和实践能力以外，还应当具备相应的理论知识和素养。因此，在日常培训中，应当加强教师理论知识的学习，提高教师理论联系实践、指导实践的能力，提高教师的研究能力。这期间，可以对教师进行有目的的分层培训，避免不必要的时间和资源浪费。

③了解课题研究初期的工作

课题研究初期需要让教师了解整个课题研究的步骤和过程，对课题研究的整体有初步的认识。而在此阶段最需要了解的是选题、申报、立项、开题论证。

阶段一：课题选题。

有价值的研究点是研究的开始，因此，首先要让教师明确幼儿园的课题往往是来自于实践中的"困惑"和"问题"。这就要求教师有一双善于发现问题的眼睛，找准问题，明确研究方向。除此之外，选题还可以来自一些热点问题，或是前人研究基础上的创新、也可以从国内外研究现状找到研究点。当然，选题还要考虑研究者的优势，要与自身工作相结合，与研究者的能力相适应。

选题一般要遵循以下原则：一是科学性，选择的课题要有理论基础和事实依据，符合科学原理、预期结果要合理、研究方法要正确严谨。二是可行性，选择的课题便于实践操作，容易获得相应的预期成果。三是创新性，选择的课题应当是同行中研究不多、有新意、有借鉴价值的。

阶段二：课题申报。

申报课题，就是提出申报课题的请求。目前，我国的教育研究课题分为校（园）级、区级、市（地）级、省部级、国家等级别；教师个人或幼儿园集体申报等类型。申报课题是开始课题研究的工作框架，是进行研究的基本思路，也是保证研究顺利进行的必要途径，是研究成果质量的重要保证。一般的课题研究都附有课题申报表，研究者要根据自己的选题，认真填写申报表，设计初步的研究方案，表明自己为什么要研究、研究什么、怎样研究等，见表5-5。

表5-5 《课题申请书》（部分）

编号	

课题申请书

课 题 类 别 _____

研 究 方 向 _____

课 题 名 称 _____

课 题 负 责 人 _____

负责人所在班级 _____

填 表 日 期 _____

课题名称						
主题词						
课题类别						
负责人 姓名		性别		出生日期		
行政职务			技术职称		最后学历	
工作单位			电子信箱			
通信地址				邮政编码		
联系电话	(单位)		(手机)		家庭	

	姓名	出生年月	职称职务	学历	工作单位	课题研究分工
核心组成员						

预期 最终成果	A 专著　B 论文　C 其他（选项后计"√"）	预计 完成时间	

阶段三：课题立项。

在申报课题之后，各级别的教育科研部门在组织专家对所申报课题进行评审、挑选后会以书面形式通知课题申报者，如课题批准立项证书。

阶段四：课题开题论证。

开题论证是对已立项的课题进行有组织、有系统地鉴别其研究价值、分析其研究条件、评价其研究方法的研究活动。一般包括开题论证准备、召开开题论证会、形成论证意见等环节。

由课题组先写出反映课题研究的全面设计和构思的开题论证报告，包括问题提出、理论基础、研究目的、研究假设、研究内容、研究方法、研究步骤等，请专家评审组评审、指导。专家评审组通过之后，课题组根据专家评审组的意见，将开题论证报告进一步完善，然后才能正式开始课题的实际研究。

（2）指导方式

①专家讲座

首先，可以通过讲座的形式，向教师宣传课题研究开展和幼儿教师实践工作的关系，让教师感受到课题研究的重要。

其次，通过专家讲座对整个课题研究的过程有个整体的认识。同时课题初期的选题、申报、立项、开题论证也需要专家予以重点解读和指导，更好地帮助教师理解课题研究初期的任务。通过讲座，还可以让教师了解如何收集资料、撰写文献综述等，为课题的实施做好充分准备。

②经验分享

可以邀请有课题研究经验的教师谈谈自己的课题研究经验，即教师为什么研究、收获了什么等。通过亲身的感受，分享课题研究带来的快乐和成功。

③交流研讨

在课题初期，请课题研究教师交流研究计划，清晰自己的研究目标和思路。在相互交流，吸纳建议中，进一步完善自己的计划。其间，可以邀请专家，对教师的交流过程进行点评、提出意见，从专业的角度给予教师更好的支持。

2. 中期指导和管理

这是课题研究最为重要的一部分，通过实践研究，最终达到课题预期研究效果。在这期间，课题实施者要按照课题研究计划逐步实施，并在研究的过程中不断总结经验。

（1）指导内容和要求

①总结前一阶段研究成果，解决研究中的困惑、问题

课题中期，研究已经进行了一段时间，教师也积累了一些经验、问题、成果，并形成中期总结。这一时期的交流，可以进行成果分享、向同伴征求意见，从而进一步促进课题深入开展。此阶段的指导可引进专家支持，使课题研究更具科学性。

②明确下一阶段的研究内容和目标

课题中期，课题研究已进行了一半，教师有了一些研究经验，对下一步的研究工作会有更多地思考。这一时期，有必要帮助教师总结前一阶段的研究、理清思路，为进行下一阶段的研究打下基础。

③落实课题研究中期的监管工作

课题研究中期管理可运用过程检查、指导建立课题档案、协调控制等方式进行，是保证研究工作取得良好效果的关键。

管理者通过对课题研究过程的跟进，了解课题研究计划的实施，经费的落实和使用情况等。建立各级各类课题管理档案，指导教师收集课题实施中的各种材料，进行梳理、归档。此外，还要对各研究的中期成果进行论证和评价、对课题进行滚动立项、中止或变更。

（2）指导方式

①交流研讨

课题中期，请参与课题的教师进行交流研讨，重点分享前一阶段的研究成果、遇到的问题。其间，邀请专家一起进行研讨，对各课题的实施提出意见和建议，完善课题的研究计划。

②专家讲座

此阶段，可以通过调查问卷和访谈的形式，了解教师在课题研究中的困难，并有针对性的邀请专家进行讲座，解决困惑。例如，如何设计研究计划，如何使用各种研究方法，如何进行评价等，以更好的支持教师的课题研究。

③实践指导

在课题实施过程中，一线教师往往很难发现研究的突破点或是需要改进的地方，这就需要管理者进行一对一地深入实践的指导，就实践中的问题现场研讨解决。为了更好地监管整个过程，管理者需要制作一些表格进行记录，并留存资料，这对丰富管理者管理课题的经验也是非常有益的。

3. 后期指导和管理

课题研究的后期管理主要是对课题研究成果进行验收和鉴定、评价和奖励、推广和应用等。

（1）指导内容和要求

①总结课题研究的整个过程

课题研究后期，管理者可以与教师一起总结课题研究的整个过程。这样不仅回顾了整个研究过程，更为下一次的课题申报奠定了基础。

②明确课题研究后期工作内容

这一阶段基本上进入课题研究尾声，课题负责人和课题组成员需要整理相关资料、撰写结题报告或论文。管理者需要提前向课题研究教师明确这一时期的内容，帮助教师提前做好准备。

③落实课题研究后期的监管工作

课题研究的后期管理，主要是帮助教师形成研究成果，并做好结题工作。如督促教师提出鉴定申请（填写《结题申请书》）、提交鉴定材料（研究报告、研究方案、研究过程工作报告、论文、专著、调查问卷、测查工具等）、实施鉴定（如会议鉴定、通信鉴定等），对通过鉴定的课题颁发鉴定证书。此外也需要鼓励教师参与成果评比，推广课题研究成果。

（2）指导方式

①经验分享

组织教师进行成果交流，分享研究的收获。可以请研究教师把自己的研究成果以 PPT 的形式展示出来，向同行介绍自己的研究过程及结论，分享课题研究的感受，把好的经验进行推广。

②培训及专家指导

这一阶段，课题管理者需组织一些培训活动。例如，如何撰写工作报告、结题报告等，为课题结题工作做好准备。

同时，可以邀请专家对课题结题工作进行指导，更好地总结、梳理研究经验，保证课题顺利的结题。

③材料收集

课题后期是整理整个研究过程资料的时期，课题管理者需要为每个课题统一准备材料盒，并请教师按照结题材料要求进行收集、整理。如《结题申请书》、研究报告、结题报告、研究方案、研究过程工作报告、论文、调查问卷、测查工具等。同时，也要对课题初期和中期的材料进行整理，为结题工作提供依据。

经历了这一系列的过程，一个完整的课题告一段落。整个研究过程是需要教师付出时间和精力的。而每一次研究也必定会成为优秀教师成长道路上的奠基石。

（四）课题管理中需要注意的问题

1. 创设开放式的研究文化

创设开放式的研究文化，使教师在团体中有话想说，有话敢说。平等、自由的研究文化在很大程度上决定了组织成员的思维方式和行为方式。在这样的文化氛围之中，成员们能够自由、自主地表达意愿、寻求帮助，管理者与教师坦诚相对，共同亲历课题组的发展，同时自己也在这个过程中实现专业能力发展。

2. 明确共同的目标与愿景

管理者需要反复宣读、解释，让全体成员清晰地意识到自己的责任和使命，并提供一个平台使组织成员之间可以不断沟通交流、反复述说、质疑。它要求管理者必须把建立共同愿景当成日常工作的中心要素，是持续进行、永无止境的工作。

3. 建立支持性监管制度

行政管理部门需要建立支持性监控制度。课题研究过程中的研究与实验，与日常教学工作相比，在时间安排、人员配备、资料收集等方面存在差异，因而往往需要打破固有的、统一的评估标准，以给教师更多实验的空间，以促进课题研究持续有效进行。

4. 吸纳家长的资源

积极寻求家长的支持，主动将家长纳入课题资源库当中。家长们主动参与到课题组的一些活动中，为课题研究的持续进行提供了重要的资源和信息。还应将家长吸引到课题研究当中，重视家长对于课题研究的态度，将家长的支持，视为评价课程改革成败的重要指标之一。

5. 提高管理者自身素质

保教管理者应该坚持系统地研习管理学理论，并不断结合实际，有意识地训练自己的多种技能，就能够更好地发挥计划、组织、指挥、协调和控制等管理职能，以提高课题研究的效果和效率。

6. 创造多种对话机会

在幼儿园管理者之间，管理者与教师之间，幼儿园与行政部门之间应建立对话关系，在互动关系中形成支持性的管理制度与模式。课题管理者通过不同的管理策略鼓励教师相互"敞开"和"接纳"，通过组织年级交流会，成立课题研究小组，举办教师论坛等方法，不断创造组织内部成员对话的机会。

7. 关注课题研究的实效

教科研工作是一项与教育、教学有联系，但又是教育、教学任务以外的一项工作。如果教师在思想上对教育科研没有足够的重视，就有可能在忙于日常工作后，忽略教科研工作，使教科研工作不能落到实处。因此，实施过程中的随时督促检查是必不可少的。及时了解教师课题实施情况，督促教师按计划认真做好各项工作，并及时积累资料是非常重要的工作，以保证教科研工作顺利进行、提高研究实效。

本节简述了幼儿园开展课题研究的内容、步骤和方法等内容，因为课题研究是一个科学规范的领域，所以还有很多应该了解的内容，但篇幅有限不能一一列举及详细论述。有兴趣进行课题研究的幼儿园管理者，可以参考一些具体讲述科研方法的书籍或参加相关培训，将更有助于对课题研究的了解。

资源广角

三寻教研真问题的故事

北京市西城区教育研修学院　顾春晖/文

在没有深入进行"园本教研专题的确定"课题研究之前，我们教研室的同人都认为这不是一个很有难度，并需要深入研究的题目，觉得很容易搞定。没想到真正做起来后，每每在寻找教研真问题的时候，每每需要反思、总结经验的时候，我们开始逐渐意识到这个问题的价值，并深感艰难。

这是一个国际学习共同体在与北京市西城区民族团结幼儿园并肩作战时发生的关于确定教研真问题的故事。当时，民族团结幼儿园正在围绕"在艺术活动中支持幼儿个性表达的环境创设策略"的教研专题进行系列研究。在明确要对全区进行园本教研现场会后，民幼邀请国际学习共同体的老师们来深入分析教育现场，共同研师、研研，设计教研活动。

我们观摩的是中班张老师组织的"蝴蝶装饰画"活动。这个活动源于幼儿知道《三只蝴蝶》的故事后，对蝴蝶产生了浓厚的兴趣。教师通过幼儿自发地绘画，发现他们并没有把握蝴蝶的主要特征。因为蝴蝶翅膀本身具有对称、重复的特点，而使用排序、对称等规律进行装饰活动正是幼儿应该具有的基本能力。因此教师决定借此契机，让幼儿掌握对称这一装饰方法。为此教师准备了三种层次的材料：最容易的是在蝴蝶轮廓图里，教师画好一半翅膀，幼儿直接照画即可。最难的是白纸，幼儿完全是自己画。中间难度的是只有蝴蝶的轮廓图，幼儿需要将两只翅膀装饰好。在和幼儿一起欣赏完各种蝴蝶的图片之后，幼儿明确了蝴蝶的翅膀是对称的，然后就开始自选材料来完成装饰画。教师投放的三种材料，都有幼儿选择。只是一些幼儿面对画好一半翅膀的材料时，大多是翻翻看看就放下了。最终有两个幼儿用这一材料来画，但画了一会儿就放弃了。从最后完成的情况来看，幼儿基本都理解了蝴蝶翅膀的对称关系。民幼本学期研究的专题是"在艺术活动中支持幼儿个性表达的环境创设策略"，因此我们在教师组织活动的同时，还关注了一下班上的环境。墙饰上有一些幼儿了解蝴蝶知识的过程；美工区投放了许多蝴蝶的仿真图片，有的贴在墙上，有的贴在了台历上。幼儿用于表达的材料是白纸和彩笔，正如活动中呈现的那样，幼儿绘画的纸有不同的层次。

一、一寻教研真问题

活动后，学习共同体成员开始讨论，首先是明确此次教研要解决的问题。大家的视野逐渐聚集到目标上。当大家了解了活动来源以及此次活动的设计，明确了此次活动目标就是解决装饰画中的对称问题时，对教师在活动中不断强调对称的行为提出质疑："生活中对称的东西很多，为什么只画蝴蝶？"如果目标定位在对称的学习上，教师应该让幼儿广泛发现生活中对称的物体，然后表达。大家意识到这就是教师的问题所在——怎样紧密围绕目标，让幼儿去个性化的发现和学习。围绕着这个教研要解决的问题，大家迫不及待地讨论起教研设计来。这时，我却替教师叫屈：教师发现了幼儿的兴趣——蝴蝶，想借助这一兴趣来渗透教育目标——对称，这不是新观念、新行为所倡导的吗？怎么成了问题呢？对称是教师心中的目标，不是幼儿关注的内容。如果教师直接将对称提出来，作为教育内容来让幼儿学习，这是幼儿的兴趣所在吗？这不是明显的教师牵着幼儿走吗？此时，我感觉到大家对教育实践的分析在背离《纲要》，背离幼儿，而回到了教师本位的思路。我赶紧提出问题："孩子们感兴趣的是什么？对称是教师心中的追求，孩子对它关心吗？"老师们停止了讨论，开始琢磨和反思刚才下的结论：借助幼儿感兴趣的事物开展教育教学，融入教育目标，确实是对的。既然目标、内容都没有错，那么问题到底是什么呢？

经过质疑，这个更关注知识技能、更关注教师本位的问题被否定掉了。很显然，这不是此次教研的真问题。一寻真问题虽然没有成功，但我庆幸：经过认真地思考和深入地讨论，我们没有把一个假问题当成真问题。

二、二寻教研真问题

大家开始放弃这个点，另寻出路。从班级美工区的环境创设来看，大家普遍感到有问题：欣赏和表达的材料过于单一。幼儿对蝴蝶的感受是个性化的，表达的方式也应该多种多样。现在这种只有画，而且是装饰画的方式显然很单一，不能支持幼儿的个性化表达。这个问题恰恰与幼儿园的教研专题吻合。美术是幼儿的另一种语言，其核心就是幼儿个性化的感受和表达。当幼儿喜欢蝴蝶，教师从自身的目标意识出发，一下子就将幼儿的表达圈定在了装饰画上，我也认为这是有问题的。最终教研主题定为：通过多种感知、欣赏和表达材料来支持幼儿对蝴蝶的个性化表达。我们如发现新大陆一般欣喜：艰难的寻找教研真问题的路程终于可以结束了。之后我们细致讨论了教研活动的设计：怎样呈现教师原有经验？怎样通过两组教师的体验对比来引发认知冲突？怎样帮助教师梳理提升本次活动的收获？等等。经过几次讨论和修改，园本教研现场会的设计方案出炉了，民族团结幼儿园也做好了各方面的准备。

现场会当天，整个过程基本按照预定的设计完成。可以看出，两组教师的体验对比确实发挥了一定作用，教师在环境材料支持幼儿个性化表达方面有一定的触动。但是在观看教研活动之后，全区共同讨论时，各幼儿园管理者的提问让我很困惑。有相当一部分教师纠缠着"对称"不放；有的从理论层面提出"个性化表达"和"自主表达"是有区别的；有的提出困惑"装饰画应该怎么搞？"等等。这让我很着急，为什么研了半天，他们还不明白呢？此次研讨是解决环境支持幼儿个性化表达的问题，怎么牵扯出那么多其他不相干的问题呢？我感觉到此次教研活动有着什么致命缺陷，但身陷其中，理不出头绪。

三、三寻教研真问题

事后，我听到同事的想法，听到了民幼教师的想法，确有研讨主题与教师对不上的嫌疑。冷静下来的我开始追问自己：我们找的明明就是教师实践中存在的问题，为什么教师依然觉得没有完全解决他们的问题呢？这次教研活动的真问题到底是什么？我在断断续续、点点滴滴的许多次回顾和追问中逐渐解开麻绳。我想起了一个当时让我不以为然的教研过程中的小插曲：因为某些原因，教研活动只是让做课的张老师在开始环节简单介绍了一下活动开展情况，就没有再安排给她更多的表达机会。研讨过程中，张老师自然而然地提到了那个关于幼儿选择材料的困惑："我觉得这种材料最简单，可为什么孩子们恰恰不选择它，甚至画了一半放弃了？"西城区教研室主任特级教师沈心燕老师马上抓住了这个问题，带着大家思考为什么，寻找原因。最终大家明白了：对于幼儿来说，画他们自己心目中的蝴蝶是容易的，而画教师规定的蝴蝶才是最难的。最后，沈老师还不忘追问一句："解决了你的困惑了吗？"虽然这个问题有意义，但当时我没有太在意，因为觉得与本次研讨主题关联不大，有点跑题。现在想来，为什么沈老师要抓这个问题来引发讨论呢？

我想起了自己以前已经总结过的园本教研切入点和落脚点的关系：以教师的困惑为切入点，从切入点挖掘本质，回归到本质问题——落脚点上。那么此次活动教师的困惑到底是什么呢？自认为很了解此次实践研究的我竟然无法回答这么基本的问题。汗颜的同时，我豁然开朗：管理者找了半天教师实践中存在的问题，却没有问一问教师在此次活动中的困惑。所以管理者设计的问题解决是直接从管理者的视角来切入和进行的（单一的蝴蝶欣赏图片以及表现材料），而教师的困惑是来自幼儿选择材料的那一幕，他们最想知道的是这一具体情境的原因和解决。在他们眼中，管理者带着"研"的问题是他们多多少少知道、明白的，不必花那么多时间。而研了半天，这个装饰画活动究竟应该怎么支持幼儿的问题依然没有解决，教研没有解决自己的困惑。这样看来，此次活动的真问题应该是"在以'蝴蝶'为内容的装饰画活动中，怎样投放材料来支持幼儿的个性化表达"。

此时，我真正意识到了关注教师的困惑以及寻找和研究教师困惑的问题是多么重要。虽然管理者关注的情境和教师关注的情境背后所反映出的根本理念是一致的，但如果教师没有丰富的实践智慧的积累，是无法自动联系的。也就是说，就算是找到了教师行为的本质问题所在，但如果没有与教师的困惑对接，教研就失去了对教师主体的尊重，同时也因失去了对教师学习规律（情境学习）的尊重而失效。

北京市西城区曙光幼儿园教研工作计划

北京市西城区曙光幼儿园　汪京莉／文

一、对上学期教研工作的分析

（一）成绩和优势

上学期末，通过经常下班与教师交流以及对园内教研活动情况的调查分析，我们感到我园近几年的教研工作还是取得了比较显著的效果，得到了教师比较普遍的认可。具体表现在以下两点。

第一，教师在反思能力、研究意识、研究水平和主动通过各种途径学习、吸收信息、不断提高自己各方面能力等方面有了较大的提高。

第二，教师在发现自己好的做法和创新之处后，愿意充分表达自己的想法与思考，尝试教研活动寻求帮助，也有多数人会尽快写成文字，总结整理出来。

（二）存在问题及原因分析

第一，教师在个别化教育方面觉得自己缺乏一些更好的教育策略，在指导幼儿游戏、通过有针对性的提问引导幼儿发展等方面感到能力不足。

第二，玩具架上常有一些被幼儿冷落的玩具，一些教师不知道怎样才能引发幼儿的兴趣，让幼儿爱玩并获得发展。

这些问题有的是教师队伍普遍年轻，缺乏经验所致，有的是教师虽有新的教育理念却缺乏与之相应的教育策略的支持，还有的就是教师自身缺乏深入研究的能力，这也恰恰是我们管理者在带领全体保教人员贯彻《纲要》的过程中感受到的教师作为"支持者不够"的问题所在。因此，这也将成为我们在接下来的教研工作中加以重视并多为教师提供帮助和支持的地方。

第三，我园教师在上学期的教育实践中对环境的教育价值关注得比较多，却忽略了其艺术性给幼儿带来的价值。因此，本学期从发挥教研实效性的角度考虑，我们将借鉴上学期自然角三次研究的经验，带领教师对我园在贯彻实施《纲要》过程中感到有些欠缺的问题——为幼儿提供既具有教育性又富有艺术性的生活和物质环境，满足幼儿多方面发展需要和各领域内容的有机联系——进行进一步的研究，为使教师通过大量的实践、学习和研讨活动，进一步理解和落实《纲要》精神提供切实有效的支持。

二、研究重点及目标

研究重点一：如何为幼儿提供既具有教育性又富有艺术性的生活和物质环境，充分挖掘生活和环境中多方面的教育价值，为幼儿多方面的发展服务。

目标：引导教师深化对环境的理解，并能站在幼儿发展的角度上去考虑营造什么样的环境能够给幼儿提供更大的发展空间。

研究重点二：在深入分析和反思这些玩具和游戏材料被幼儿冷落的原因的基础上，研究如何增强游戏材料的游戏性和挑战性以激发幼儿的兴趣、需要，并在实践中进行有针对性的尝试和调整，以挖掘出更多的教育价值和玩法。

目的：引导教师关注活动区中"被幼儿冷落的"玩具和游戏材料，并能从幼儿兴趣和发展需要出发进行深入的分析、反思和调整，更加关注幼儿的感受，使游戏成为幼儿学习的重要途径。

研究重点三：科学区和益智区投放什么样的游戏材料以及如何投放，才能激发幼儿科学探索的兴趣和愿望；如何针对幼儿的个体差异有针对性的指导幼儿主动地建构自己的经验和科学概念，获得初步的科学探索方法。

目的：以科学区和益智区（主要是数学方面）的游戏材料为切入点，引导教师在研究科学区、益智区游戏材料投放的过程中，关注幼儿的个体差异，并尝试给予不同层次的、有针对性的支持和引导。

三、具体措施及逐月安排

时间	目的	内容	形式	备注
2月下旬	使教师了解本学期教研工作的重点和目标	布置教研工作计划，并对教研工作提出建议	全园会	
	提高教研组长的研究意识，能够有计划地开展班组教研工作	各教研组长根据全园教研计划研究、制订教研组计划	班组内日常研讨	
3月研究重点一	引导教师根据幼儿的年龄特点投放适宜的材料，加强日常实践中的研究意识	在实践中进行不同年龄班玩具和游戏材料的分层次设计、制作和投放	班组内日常研究	中、大班以科学和数学为主
	帮助教师阐明自己班环境设计意图和依据，并加强与其他教师的合作研究	各班交流和研讨互动墙饰及各区角环境的总体设计	集体教研、聚焦研讨	结合教师研讨，学习《纲要》《指南》的相关内容
	帮助教师了解在环境创设中将幼儿作品进行艺术化的具体方法	怎样"让室内环境在呈现方式上既具有教育性又富有艺术性"	互动式讲座、专家答疑式培训	
4月研究重点二	为本学期幼儿在游戏中更加主动地学习创造有效条件	观察幼儿对玩具和游戏材料的反应及玩的情况，根据观察结果改进、调整	日常实践与学习、研讨相结合	
	引导教师通过深入反思玩具被幼儿冷落的原因，更加关注幼儿的兴趣和需要，并在研究幼儿的基础上研究玩具的玩法和教育功能	研究区域中被幼儿冷落的玩具和游戏材料，并在实践中进行尝试和调整	教师个人反思与集体反思相结合	从游戏材料的游戏性、趣味性、挑战性和层次性等方面考虑
	发挥教师的自主性，在观察幼儿的行为表现基础上反思研究的有效性	针对教师的日常研究通过自荐观摩活动检验效果	日常实践与教研活动相结合	

时间	目的	内容	形式	备注
5月研究重点三	了解科学区所能实现的目标及值得探索的内容，发挥教师集体的作用，鼓励教师互相学习、合作研究	借鉴自然角的研究思路和经验，对科学区和益智区的环境创设进行交流和研讨	集体教研活动	结合《纲要》及《指南》中科学领域的相应目标和要求学习
	帮助教师明确不同年龄班科学教育要实现的发展目标，结合各班幼儿年龄特点设计活动	研究不同年龄班科学教育活动的内容、设计思路和组织方式	看相关录像、班组内教研活动	同上
	引导教师在实践中关注幼儿的个体差异，投放不同层次的材料，并通过持续观察反思教研效果	研究科学区和益智区玩具和游戏材料的层次性，并提供有针对性和差异性的指导	教师提出困惑、日常实践与教研相结合	
6月	引导教师在实践中深入研究如何在面向全体幼儿的同时因人施教	交流在关注幼儿个体差异、进行个别化教育方面的心得体会	邀请特级教师介绍经验	结合教师提出的困惑和对《指南》的学习进行
	巩固前期研究成果，帮助教师总结和提升经验	继续对玩具和游戏材料的投放及调整效果进行实践和研究	班组内研讨集体教研中交流	

围绕游戏材料"125块小积木"的教研活动计划

中央办公厅警卫局幼儿园　宋红虹/文

一、教研活动的来源

上学期，我们以"《以游戏材料为切入点，支持幼儿在游戏中主动学习的策略》的研究"为主题展开了园本教研。教师经历了设计—观察—反思—调整—再观察—再调整的研究过程，观察意识虽有所增强，但观察过程中还带有一定的盲目性，对于幼儿行为所反映出的原有经验和发展线索的分析还缺少客观的依据，对幼儿在游戏中获得有益的发展还缺少有效的支持。于是，本学期将以如何在区域游戏中创设问题情境来支持幼儿获得相关学习经验为题，继续展开连续性的研究。本次活动是我们这学期连续研究的初始阶段，重点帮助教师运用学科经验去分析不同幼儿的原有经验和发展水平，并以此为依据探索符合不同幼儿需要的支持策略。

二、教研主题

依托益智区游戏材料分析小、中、大班幼儿的关键学习经验、发展线索及支持策略。

三、教研目的

以游戏材料"125块小积木"（以下简称"小积木"）为载体，通过观察录像中的幼儿的表现，帮助教师学习运用学科知识经验去分析不同幼儿的原有经验，并将两者之间建立起联系，以提高教师理论联系实际的分析能力和观察能力。

四、活动准备

教师分组，提前寻找相关理论依据，在各组内讨论该游戏材料所蕴含的主要学习经验。

幼儿操作这一游戏材料的录像。

五、活动过程

（一）交流分享游戏材料中所蕴含的学习经验

以年龄班组为单位，派代表介绍本组讨论的结果；

集体梳理游戏材料中蕴含的主要学习经验；

提出问题：这些都是幼儿在玩"小积木"时可能获得的学习经验，它们之间是否有内在的联系？对于幼儿来说是否反映出一定的发展线索？

（二）通过观看录像分析不同幼儿的游戏表现

分大、中、小班三个年龄段看录像，帮助教师在学习经验与不同幼儿的原有经验及发展水平之间建立联系。思考以下问题。

录像中每一个孩子的游戏表现分别反映了他们怎样的原有经验和发展水平，涉及我们刚才梳理出来的哪些学习经验？

纵观小、中、大三个年龄班，反映在游戏材料中的发展线索是什么？

针对不同幼儿的原有经验，教师应该向哪个方向引领？提供怎样的支持既能够去引发幼儿主动思考、发现问题，又能保证幼儿的游戏？

（三）与教师一起总结、梳理研究经验

幼儿有哪些原有经验和发展水平，梳理出可以向怎样的方向给以引领以及支持幼儿自主建构学习经验的策略；

请教师谈谈通过这次活动对自己有哪些启发或感悟。

（四）明确下一步要继续研究的问题

引导教师将自己的分析和预设的支持策略运用到实践中去，继续进行有目的地观察，并根据自己的观察目的尝试设计观察记录表，来帮助自己了解到能够反映出支持效果的信息，为接下来的深入研究提供更加有效的依据。

注重教研成果的运用 不让研究从头再来

北京市西城区西四北幼儿园 张立/文

"十一五"期间，为解决我园实际问题，我们申报并立项了"创设幼儿与活动区材料对话情景促进幼儿主体性发展"的北京市课题及西城区重点研究课题，就如何创设活动区、如何提供丰富的活动区材料、如何发展幼儿的主体性等问题展开了多方面的研究，取得了许多可喜的成果。

一、通过反思发现研究成果并没有变成教师的工作常态

研究中，教师学会了积极主动思考，不断发现教育教学过程中的问题，并且想方设法去解决问题，同时以"文本"的形式形成了研究经验和成果。但是在研究结题之后，教师在研究过程中"火花迸发""星光四射"的情景已经很少出现。针对这种情况，我们对教师进行了访谈，发现只有少部分教师认为已经习惯了搞课题研究时的状态，而且加班加点时常发生，更多教师则认为工作压力很大，每天上下午带班，中午还要开会、学习，备课只能利用业余时间。

由此，作为管理者，我们开始反思：在课题研究的压力下，教师全力以赴的工作是那个时期的需要，而在日常的工作中我们该如何保持和巩固已有研究成果，将研究变成教师的常态？这成为我们必须要思考和解决的问题。

二、分析课题研究结束后教师消沉的原因

通过分析，我们认为课题研究实施的应激状态度过之后，教师在巩固运用研究成果方面之所以存在各种问题的原因主要可以归结为以下三个方面。

（一）事务性的工作牵扯教师的精力，使教师无心研究

幼儿园的工作很烦琐，教师既要负责幼儿的饮食起居、身心健康成长，又要负责幼儿的学习、实施个性化教育，还要做好家长工作、为社区服务。同时，政治学习、业务学习、教研活动、家长开放、社区活动、展示任务、工会活动一样也不能少……为了很好地完成各项工作，教师的精力几乎都淹没在日复一日的事务性工作中，无心研究。

（二）教师"求新求异"的意识过强，但是其专业能力不足以支撑创新

我园年轻教师占据了多数，他们"求新求异"的意识比较强烈，对于一些很好的教育教学活动的案例，他们往往都会以"别人已经做过了"为由拒绝使用。但是，他们往往由于教学经验缺乏而难以开展出更好的活动，也不能及时发现活动中出现的问题并恰当解决，这就在很大程度上制约了教师的进一步发展。

（三）园所管理者在组织方面有欠缺，没有形成固定化的制度

园所管理者没有将课题研究过程中的有效管理和组织制度固定化，并且加以督促实施。因此，原本已经逐渐形成的制度缺乏合理有效的保障机制也只能半途而废，直接影响到对教师的支持和帮助，也影响了研究成果的进一步深化和发挥。

三、通过多种途径实现研究成果在实践中的转化

（一）减少不必要的会议和事务工作，将时间还给教师

我们与教师讨论并分析了事务性的各项工作，将必要的工作保留并形成固化为制度（如政治学习隔周一次，每次会议保证一小时结束，教研活动按需分组等），取消了一些不必要的工作（如将学习文件、文章等集体学习方式转变为自学并交记录的方式），将教师的精力更多的放到实践和研究中。

（二）开展研讨活动，明确成果价值

针对教师"求新求异"意识过强的问题，我们和教师一起共同重温已有研究成果，在教研活动中围绕特定的问题展开深入探讨，帮助教师进一步理解我们做过的好活动到底好在哪里，分析哪些东西是可以重复的，哪些东西是需要重新加以扩展或深化的。通过教研活动让教师认识到许多优秀的经验实际上是所有教师共同的财富，沿用别人的案例并不是抄袭和模仿。因为尽管主题相同、案例相同，但是教师不同、幼儿不同，因此相同的活动有可能产生完全不同的效果，成就教育教学过程中的另一种辉煌。

（三）利用园本教研深化、巩固、推广研究成果

园本教研是帮助教师专业发展的重要手段，也是帮助教师在解决问题的过程中理解、巩固已有研究成果的重要途径。首先，我们将教师发现的问题作为深化理解的切入点。其次，通过对比幼儿不同的学习状态，碰撞出实践运用的生长点。教师的行为是否适宜，标准在幼儿。所以我们经常通过录像（再现事实）对比的研究方法帮助教师有针对性地反思和发现问题，大家在自我认知冲突和相互碰撞中将已有研究经验与自身的工作实际紧密结合起来，主动在日常工作中加以运用和验证。

（四）建立《西四北幼儿园成果收集及运用制度》保障研究成果的转化

针对本园教师忙于做事，缺乏及时整理和总结经验的意识，幼儿园也没有及时收集成果，导致教师日常优秀经验流失，难以持续进步的现状，特制定本制度。以便增强教师主动研究与总结的意识，促进教师之间的分享交流，并保证及时将过程性经验、资料总结、固化下来，进而转化到日常实践中。

1. 主要内容

（1）成果的收集与总结。

通过具体要求强化教师收集与总结的意识，通过多种方式的支持帮助教师

及时总结经验。

（2）成果的应用与转化。

通过激励措施鼓励教师大胆尝试与运用，通过管理措施保障成果的转化。

2. 具体要求

（1）学期初确定研究思路。

①每位教师根据《纲要》《指南》精神和课题进程，积极参与到共同体活动计划的制订中来，并认真了解共同体工作计划，积极选择自己的优势或问题，确定自己的研究思路。

②管理者要明确每位教师的优势或问题，并提出研究建议。

（2）细化工作目标。

①每位教师需明确每一学期、每个月甚至每一周的具体工作目标是什么，将成果收集与自身需要紧密结合，真正解决自身在实践中面临的问题。

②教师每周上交目标后，管理者和学科带头人要阅读并给出调整建议。必要时要与教师单独沟通，帮助教师细化目标。

（3）建立同伴互助小组。

教师可根据研究内容或其他需要自由结成互助小组，可通过多种形式开展互助，每学期上交一份简要的互助记录，以说明主要互助内容与方法。

（4）定期收集案例。

结合日常工作中的观摩、评优等各项研究活动，教师及时梳理、积累案例，每月至少收集 1～2 个高质量的研究案例，要体现自己反思与调整的过程，要有文字和影音记录，为学期末的总结做好准备。

（5）期末每人完成自己的成果收集册，纳入继教学分管理：至少包括 1 个研究案例、1 篇论文和其他体现自己研究特点的经验等，按质按量完成的等同于完成继教作业，最高纪录 0.2 学分。

（6）保障措施。

①幼儿园为教师提供成果收集册，统一规格，除必要收集内容外，还可按照自己学期初的工作思路进行个性化设置。

②为减轻负担，教师可将活动案例（如活动区观察记录单的收集）与日常教育笔记和每周观察记录合并上交。

③在备课室出示影像摄录预约时间表，教师可根据自己的时间安排预约，为教师收集资料做好后勤保障。

（7）总结推广。

学期末，教师可按研究内容分组交流各自的主要思路和提纲，分享研讨后再做个人总结性书写。

（8）激励运用。

①每学期末，按时完成成果收集册并在年级组内交流经验，推选质量高或有特点的成果收集成册做全园交流，并根据交流情况修改成为优秀论文，推荐参加区级以上论文评选。

②倡导教师将自己或他人的已有研究经验运用在日常实践中，对于大胆尝试、主动运用、并在运用和转化中创新工作策略和方法、表现突出的教师，给予一定奖励，颁发园级贡献证书，并与骨干教师评选、评优等活动挂钩。

总之，从园所管理者来说，我们更应该不断地反思和总结，正视自己的不足，积极的总结自身有益的经验，利用园本教研活动业已形成的研究氛围和成果，同时结合我园自身的实际将"成果收集及运用"以制度的形式保留下来，并将这一制度融入园所一系列教学和工作制度之中，成为教师教学生活和工作的常态，使得"思考、研究、总结、批判和创新"成为这一制度的内在精神。

做快乐、幸福的新教师

——支持职初期教师适应与成长的园本培训策略

北京市西城区曙光幼儿园　汪京莉/文

为了实施学前教育三年行动计划，解决幼儿入园难问题，我园按照教委统一部署，扩大办园规模，建立了分园，使大量的新教师进入我园工作。新教师的到来，一方面为我园的发展增添了新鲜血液，另一方面也使我园管理工作面临许多亟待解决的问题。例如，如何使新教师尽快完成学生到教师的角色转变，有效应对"职业压力的冲击"；如何使新教师爱上这个职业，迅速获得专业知识和专业能力的提升。因此，保护和调动新教师的工作积极性，妥善解决职初期教师存在的入职适应性问题，是对幼儿园管理者的一种新的挑战和考验。对此，我园开展了一些探索与实践。

一、对园所教师队伍的现状分析

从 2011 年到 2012 年，我园教师队伍的结构发生着巨大的变化。

（一）教师年龄结构分布的变化

	2011 年以前	2011 年	2012 年
40 岁以上教师	6 人	6 人	6 人
30～40 岁教师	3 人	5 人	5 人
20～30 岁教师	6 人	10 人	16 人
20 岁以下教师	0 人	8 人	10 人
教师平均年龄	34 岁	28 岁	26 岁
三年内新入职教师比例	0	46%	60%

从 2011 年占据 46％比例的新教师到 2012 年 60％比例的新教师。这些数据提示着目前我园的工作重心应该而且必须迁移到对新教师的培养和培训中。

（二）教师学历背景构成的变化

	2011 年以前		2011 年		2012 年	
	人数	百分比	人数	百分比	人数	百分比
本科	13 人	86.7％	15 人	51.7％	17 人	44.7％
专科	2 人	13.3％	5 人	17.3％	9 人	23.7％
中专	0	0	9 人	31％	12 人	31.6％

2011 年以后，园所教师的专业背景从原来的 100％专科以上学历，转变为分布为本科、专科、中专三个专业背景的教师。从这些数据可以发现我园职初期教师还需要在理论上有待提高。

二、职初期教师发展特点分析

以教师专业发展阶段理论、复杂性科学理论为基础，结合社会普遍现象和我园教师的实际调查，我们发现职初期教师存在以下专业发展特点，并引发了我们如下思考。

第一，即使是作为职初期三年内的新教师，在其职业发展中也是存在着不同的需求和心理状态的。因此，在面对职初期的教师时，作为保管理者要细化到对新教师三年中每一年的培训和帮助，为新教师职初期发展中的不同阶段提供支持和帮助，形成有效的"职初期支持体系"。

第二，作为新入职教师，他们不能脱离自己所在的复杂整体而孤立地寻求成长与发展。这提示我们，在面对新教师群体的时候，除了采用具有普遍性的支持策略之外，还要面对教师队伍整体的复杂性，寻找到对每一名职初期教师的个性化支持策略及帮助。

第三，作为 80 后、90 后的独生子女，他们具有独立的个性、较强的自信心和良好的适应社会能力。但是同时也具有较强的自我中心意识、抗挫折能力弱等现实情况。这也就提示我们，必须在专业培养中关注教师心理特质，从心理上帮助新入职教师认同自己所选择的职业，认同周围的同事，从而真正开始自己教师职业生涯。

第四，职初期的教师普遍存在着入职初期的心理焦虑和担忧，具体表现为：强烈的需要获得领导、同事的认可；担心处理不好与同事的关系；喜欢幼儿园工作，但是不知道如何面对工作中的一些具体问题；不知道如何与家长交流，害怕家长欺负他们年轻；有理论，但是欠缺实践，不知道如何应用学习到的理论。因此，我们将帮助职初期教师减轻职业焦虑、愉快面对工作也作为培训的出发点。

三、职初期教师培养策略

以上述分析为基础，我园制订了相应的新教师培养策略，帮助他们顺利度过职初期的困境，引领他们走上快乐、幸福的教育生涯。

（一）初步制订"职初期教师培养方案"

1. 培养总目标

第一，协助职初期（三年）教师迅速适应幼儿园工作，逐步形成良好的师德品质。

第二，形成职初期教师职业追求的内在动力，喜欢并愿意开展专业探索。

第三，提升职初期教师的专业能力和专业知识。

2. 阶段分目标

（1）第一年。

第一，热爱工作，喜爱幼儿，认同选择的职业，制定目标明确的三年发展规划。

第二，熟悉日常工作流程，能在正确的教育观念下，自如、顺畅地完成一日保教工作。

第三，能主动与家长交流沟通，有一定专业角度的建议。

第四，能观察活动中的幼儿，并进行简单的分析，努力寻找支持幼儿的策略。

第五，愿意参加区、园的培训和教研活动，并能把培训、教研的收获运用在实践工作中。

（2）第二年。

第一，热爱幼儿园教育，形成和建立良好的师德素质。

第二，建立学习的意识，并能在学习中提升专业能力。

第三，熟悉《标准》，并能依据《标准》开展班级活动。

第四，独立思考和设计班级环境，能依据幼儿发展需求创设环境。

第五，在观察、了解、分析基础上，为幼儿提供有层次的区角材料支持。

第六，能运用幼儿心理学、教育学等理论分析幼儿行为，并制定支持策略。

第七，具有团队合作精神，能与同事积极开展协作与交流。

第八，善于自我调节情绪，保持平和心态。

（3）第三年。

对新教师的培养途径主要通过行政支持、业务引领和制度保障三个层面来实现职初期教师的专业发展。

①行政支持：从行政管理上，园长直接参与和指导职初期教师的培养方案的设计；监督培养方案的落实。

②业务引领：从业务层面，采用区园联动新教师培训、日常保教工作实践与指导、幼儿园园本教研、集中制版块式培训、教师思想建设、师徒结对、个性化教研组等途径实现职初期教师的专业成长。

③制度保障：从制度上设置"星光闪耀""园本学习制度""外出学习制度"等支持机制，鼓励和激励青年教师树立职业追求。

（二）探索适宜的支持方法和途径

1. 认同

认同，即帮助新教师认可、赞同、接受本园的办园理念、行为方式等文化价值观。认同是精神上的洗礼，是行为上的引领，是工作上的入轨。这比首先抓"业务""技巧"具有更重要的作用。

（1）建立职业责任感：新教师对幼教工作的认同——热爱。

当新教师进入幼教工作岗位的时候，有的新教师是有明确的职业选择和认识的，有的新教师则没有。为了帮助新教师能够认同幼教这份职业，首先，充分利用市区的培训，为新教师提供聆听专家解读《标准》的机会，帮助职初期教师初步了解作为一名幼儿教师需要具备的师德标准。其次，在园所中开展"新教师入职宣誓"等多种师德教育活动，帮助职初期教师感受职业的光荣和自豪。

（2）建立职业文化认知：新教师对园所的认同——自豪。

新教师选择一个园所工作的时候，代表了他对园所最初的外在价值的认同。这份认同来自对园所办园环境的认同和社会地位的认同。但是对于园所内在的文化，他们并不了解。而恰恰是园所的内涵和文化，才是今后职业生涯中支持他们继续走下去的重要因素。为帮助新教师主动、全面地了解幼儿园，我园开展了"解读园标""佩戴园徽"的活动，请园领导和老教师针对"园徽""园标"讲解园所历史和园所未来发展，解读他们的来历和真正含义。在了解历史的同时，每一位新教师不仅看到了曙光的未来，同时还看到了自己的未来。在此基础上，再通过"佩戴园徽"的隆重仪式，再次使得新教师深切感受到作为曙光人的自豪与责任。

（3）建立同伴合作关系：新教师对同伴的认同——欣赏。

作为一个职业人，获得同伴认同和认同同伴是非常关键的。幼儿园以班级为单位，班级中三位教师需要密切合作。因此，学会欣赏、合作就成为工作顺利开展的保证。为了让这些表面"自信"的年轻人在欣赏自我的同时，也能够发现同伴的优缺点，认同同伴，我们开展了"笔记交流与学习"的活动。我们调整了以往教师同伴之间互相打分的做法，请教师在阅读同伴笔记的同时，记录下每一篇笔记中对自己有启发的语言或事例。在这个过程中，使新教师学会了用欣赏、学习、思考的眼光和心态来阅读同伴的每一篇笔记，并且在学习中不断发现同伴的闪光点。

（4）建立职业自我认知：新教师对自我的认同——自信。

作为新教师，入职初期的不适应感容易使他们失去自信心和自我角色的认同。为了尽量减少新教师在入职初期遇到的压力和冲击，我园把对新教师的培训提前到他们的"实习生"阶段。

对于每一位来到我园实习的师范学生，无论他们将来在不在我园工作，我们都有责任帮助这些年轻的教师尽量减少他们入职时的压力。同时，当学生来到幼儿园开展实习工作的时候，也就开始了双方的互相选择。我园把这段时间，作为选择适合我园工作的新教师的重要时刻，也把这段时间作为新教师迅速入职的预备期培训。为此，我们制订了详细的实习生培训计划。（详见附件1）

此外，我园还鼓励新教师大胆尝试自荐活动，请全体教师来看课、评课；鼓励新教师勇于承担观摩活动，在和师傅、园长反复备课的基础上精心准备，呈现自信的教师风采。

2. 顺应

顺应，即是以教师为主体，幼儿园要深入了解新教师的各方面状况、从中找到他们的发展需求和最佳发展点，以便因势利导。

（1）顺应新教师的心理特征。

通过调查访谈，我们发现职初期教师心理特征主要包含两方面：一方面，新教师的理想与现实有差距，既有工作热情，又有职业困惑。另一方面，新教师盲目自信、抗挫折能力弱，迫切需要他人认可和帮助。由此，产生了我园新教师顺应策略。

第一，顺应新教师理想与现实有差距的客观状况。

针对新教师的心理落差，我园提前采取了预防帮助措施，开展了"努力做一名最好的新教师"谈话交流活动。请园里已经胜任工作的青年教师给新教师讲自己亲身经历的"工作中的第一次""做最好的自己""第一年的收获"，等等。听了过来人的讲述，新教师知道了自己工作中将会遇到的困难，也从中获得了一些方法。更重要的是，他们了解了这个阶段的工作特点，看到了学习的榜样，做好了迎接工作的心理准备。

第二，顺应新教师盲目自信、抗挫折能力弱的心理特点。

在幼儿园工作中，被他人认可和接受可以说受到方方面面的影响。从为人处世到专业能力，从团队协作到个性特征等，都会影响着新教师能否被他人接受。针对新教师的这一特征，我们在充分肯定他们工作态度的同时，顺应他们的需求，提供个别交流谈心、鼓励支持等多种形式的帮助手段，尽快使新教师获得同事、领导的认可，产生工作适应感，尽快使他们获得工作的自信和快乐。此外，我园还编制了《幼儿园教师保教手册》，把教师在一日带班中的主要环节、适宜语言行为、各岗教师在环节中的工作要求及流程等都呈现出来，有效支持了新教师对工作的熟悉，明确了应有的适宜行为，减少了工作中出现失误的概率。还在教研活动中采用了"小组讨论，代表发言""小纸条交换思想"等教研方式，鼓励新教师大胆思考，勇于表达观点，减轻他们在教研中怕说错话、被同事笑话的顾虑。

（2）顺应新教师的成长需求。

新教师入职初期，和幼儿入园一样存在着适应性焦虑。为了减轻入职焦虑，我园采取了以下措施。

第一，师徒结对满足新教师入职"哺育"需求。

我园依据每位新教师的发展规划和个人特点，采用了一对一师徒结对的模式，并制定了《曙光幼儿园师徒结对管理办法》，（详见附件2）以便新教师在日常带班中及时获得帮助。师徒结对能够建立深厚的友谊，无论是师傅还是徒弟都感受到了在这个师带徒过程中的成长和历练。

第二，递进式培训内容支持新教师获得特定问题的帮助。

新教师入职初期，非常需要获得"在特定问题上的帮助"，如不会带班、孩子出现问题不知道如何解决，孩子哭了不知道怎么哄、不知如何开展教学活动等。这些问题如果不能尽快得到解决，会直接影响他们带班的热情和质量。为此，我园成立了"新教师教研组"。征集新教师面临的问题，并逐一在新教师教研组中加以解决，并采取了两步走的策略：第一步，"就事论事"，及时解困。提供一些可以拿来就用的经验和方法，让他们模仿学习，渡过难关。第二步，"就事论理"，学会分析。当新教师经过了一段时间的带班，有了一定的职业心理的稳定感时，就可以逐渐开展"就事论理"的教研活动了。就事论理可以帮助新教师从只关注眼前的事物，到开始用一定高度的理论和观念分析教育行为，获得专业上的提升。

第三，个性化教研支持新教师最优发展。

新教师爱好多样，具有个性发展的强烈需求。因此，我园成立了"语言组""数学组""音乐组""现代化信息技术组"等极具个性特征的教研组，鼓励新教师依据兴趣自主报名参与到研究小组中，也鼓励他们参加骨干教师的教研组活动。在骨干教师影响下，乐于研究的幼儿园文化传统也能够得以传承。

3. 提升

提升，即教师专业素质提升，重点体现为专业态度和专业能力的变化。近几年入职的新教师，普遍存在的问题是：理论与实践的脱节和教师基本功的缺失。面对这一现象，我园依据教育部颁布的《标准》，对入职1～2年、尚处于"职初期"的新教师，细化了培训内容，形成了板块式和专题式培训体系，帮助新教师提升专业素质。

（1）板块式培训。

以《标准》为依据，采用集中时间段培训的方式，把其中"专业理念和师德""专业知识""专业能力"中对幼儿教师提出的63项指标细化成一个个的培训内容。同时，连续三年的培训内容之间具有逐渐递进和完善的内在联系。下面是我园结合市区职初期教师培训板块学习内容，特别制定了入职第一年和第二年教师的培训板块，最终形成市—区—园联动、互补的培训板块。

第一，入职第一年培训板块。

作为入职第一年的教师，首先需要了解将要入职单位的性质、特点和将要工作的性质、要求。对此，我园特别为他们开设了《曙光幼儿园新教师入职前培训方案》，共设计了十个单元内容。（详见附件3）

第二，入职第二年培训板块。

作为入职第二年的教师，初步了解了职业的特点和要求，同时也在工作过程中不断产生着新的困惑和问题。因此，我园特别在调查基础上，针对他们开设了《曙光幼儿园入职第二年教师培训计划》，共设计了十个单元内容。（详见附件4）

（2）专题式培训。

在新教师入职初期，系统化的培训板块比较适宜集中的培训和学习。而在日常工作中，专题式培训则是最常用的教师培训方式。专题培训可以依据当前教师发展需求具体设置。例如，我园曾经开展的专题式培训有以下几种。

第一，带班常规专题。

为了帮助新教师解决带班常规问题，逐步明确日常保教中每个环节的教育价值和教师适宜行为，开展了以年级组为单位的带班常规交流专题活动。

第二，才艺基本功专题。

为了帮助新教师具备熟练的业务技能，开展了"泥工制作展""边弹边唱音乐会"等挑战自我的专业技能培训。同时，通过问题引领教师换位思考，把自己在基本功交流中的感受与日常保教工作、区域材料投放相结合，梳理出对班级活动开展、环境创设的新认识，并把这些收获和认识迁移到实际工作中。

第三，玩具制作专题。

通过自制玩具、展示讲解、观察录像及记录等方式，引领着教师学习玩具制作，在这个过程中，熟悉幼儿年龄特点，满足教学和幼儿游戏需求。

第四，读书分享专题。

为了提升新教师的专业理念和师德，开展了"读书分享会"，为新教师提供了《给教师的一百条建议》《教育的55条细节》等图书，并由此展开了"和苏霍姆林斯基一起做教师""换个角度看教育"等读书分享会。还采用"自主学习与专业引领"的方式和新教师一起学习《标准》和《指南》，鼓励教师在自主学习的基础上，结合园所列出的学习问题开展相关的专题讨论。

此外，我园还制订了详细的《曙光幼儿园教师（入职期教师）专项培养方案》，其中包括了"制定青年教师个人三年规划""参加区青年教师教研活动""开展一对一教师教育笔记的辅导""加强对团支部管理，增强新教师的职业道德""设置《曙光幼儿园新教师入职见习考核内容及标准》"等内容，来帮助新教师顺利度过职初期的困境，明确教师职业责任和专业发展追求。同时，我园依据教师有效培训模式的研究理论，把教师的培训模式定位在五个要素上，即理论认知、技能示范、实践练习、反馈反思、个性指导，并力图通过"学、研、训、练、习"一体的培训模式，支持和帮助职初期教师尽快获得专业提升。

附件1：幼儿园实习生培训计划安排及指导教师主要工作

幼儿园实习生培训计划安排及指导教师主要工作

时间段	实习生主要工作	指导教师主要工作
第一周	1. 实习保育员工作。 2. 了解幼儿的一日生活常规及幼儿园的相关制度。 3. 观察主班教师的活动，并写出两个半日的观察记录及思考。 4. 写一份幼儿区域活动观察记录。 5. 制订下周实习环节的计划：要求写详细。	1. 保育教师指导实习生保育工作，熟悉一日生活流程。 2. 指导教师指导实习生写出下周的一日生活环节计划并提出建议。 2. 批阅实习生的观察记录并提出意见。 3. 组织好一周的一日工作，协助实习生了解幼儿园的各项常规、制度。 4. 在了解实习生的基础上，可以灵活调整本实习计划，制订有针对性的实习计划。

时间段	实习生主要工作	指导教师主要工作
第二周	1. 逐步从环节入手，尝试带幼儿简单活动。 2. 观察主班教师的活动，并写出两个半日的观察记录及思考。 3. 写一份幼儿区域活动观察记录。 4. 制订下周半日活动计划：要求书写样案。	1. 指导实习生制订下周活动计划并根据计划提出建议。活动后及时写出反馈的意见。 2. 批阅实习生的观察记录并提出意见。 3. 指导并合理安排实习生开展一日环节的实习工作，尽快适应幼儿园的工作，了解班级幼儿基本特点。
第三周	1. 完整独立开展幼儿园半日活动。 2. 观察主班教师一个半日活动，并写出观察记录及思考。 3. 写一份幼儿生活环节的观察记录、一份教育笔记。 4. 制订下周半日活动计划。要求书写详细。	1. 观察并指导实习生开展半日活动。活动后及时写出反馈的意见。 2. 指导实习生制订下周半日活动计划，并提出具体建议。 2. 批阅实习生的观察记录、教育笔记并提出意见。 3. 做好一个半日的实习生观摩活动。
第四周	同上。	同上。 另，书写实习生实习鉴定。（要求写出实习生的特点。）

附件 2：曙光幼儿园师徒结对管理办法

曙光幼儿园师徒结对管理办法

徒弟的主要责任和义务	师傅的主要责任和义务
徒弟制定个人三年规划，并与师傅沟通	为徒弟有针对性的制订一年培养计划
主动联系师傅，请师傅指导教学计划和半日活动的开展	每周指导徒弟的教学计划
每学期观摩师傅的活动至少 3 次，并进行具体分析	每学期为徒弟做观摩活动至少 3 次
每月请师傅看半日活动至少 2 次	每月指导徒弟半日活动至少 2 次
每月请师傅审阅教育笔记，并虚心接受师傅提出的建议，遇有不同想法时及时沟通	每月月底查阅徒弟的教育笔记，并提出合理化建议
在一学年的 12 月和 6 月分别向全国开放"新教师半日活动观摩"	师傅认真填写活动记录
	如徒弟承担观摩等活动时，师傅有指导和帮助的义务
最后评出最佳师傅、最佳徒弟	

附件 3：曙光幼儿园新教师入职前培训方案

曙光幼儿园新教师入职前培训方案

培训板块		培训内容	目的意义
专业理念和师德	职业理解与认识	入职第一课——《师德是一种道德责任》	师德是入职关键第一课，树立新教师"学高为师，行为示范"的意识
		幼儿园规章与制度	了解教师的基本守则，为入职做好思想和行动上的准备
	个人的修养与行为	努力做一名最好的新教师	借鉴以往新入职教师在上岗初期遇到的问题，学习他们积极工作的态度
专业知识	幼儿保育和发展知识	幼儿园卫生保健工作	了解各项幼儿园卫生保健工作、做好班级的预防、接种等工作，学习如何配合保健医开展幼儿保健工作
		幼儿园安全教育与安全管理	幼儿园班级中存在的各种安全教育和需要注意的安全事项，确保教师入职后把好安全关
专业能力	一日生活的组织与保育	如何做好班级保育工作	幼儿园保教结合，并且以保为先；了解幼儿园保育工作的重点和要点
	教育活动的计划与实施	教师入职基本功——怎样写教学笔记、怎样写教学计划、怎样写观察记录等	了解教学笔记、教学计划的基本书写格式，为接下来的工作开展奠定基础；树立正确和严谨的工作态度
		园本数学课程的学习与感悟《让幼儿的数学学习积极主动而有实际意义》	了解园所的特色课程，为继承和发扬园所特色奠定基础
		《活动设计——抓住孩子的兴趣，开展适宜活动》	通过实例帮助教师了解《纲要》精神，了解活动的开展要来自幼儿兴趣，避免"师本位"现象出现
		读书分享：《窗边的小豆豆》细读《纲要》	通过分享读书心得，进一步理解《纲要》，深化对《纲要》的认识

189

曙光幼儿园入职第二年教师培训计划

培训板块		培训内容	目的意义
专业理念和师德	个人的修养与行为	《做一个合格的幼儿园教师》	明确师德在职业操守中的重要性，了解如何做一名合格的幼儿园教师，制定适宜的发展规划
专业知识	幼儿的保育与教育知识	幼儿园卫生与安全	新教师很容易忽略幼儿安全问题，补充相应的知识，强调安全意识，确保幼儿健康成长
	通识性知识	读书分享：和苏霍姆林斯基一起做、换个角度看教育	通过分享读书会，帮助教师认识到阅读的乐趣和意义，引领新教师学习从书本中获取理论经验，并最终能运用到实际工作中
专业能力	环境的创设与利用	提高班级教育质量	在新教师第一年工作基础上，引导他们开始关注班级中的细节，尝试从细节反思教育质量
	激励与评价	小脑袋、大智慧（学会观察与分析）	新教师往往不会看孩子，更不会分析孩子，在经历了第一年工作的基础上，帮助他们梳理如何看孩子、看什么以及怎样分析的一些方法、策略，提高教师的观察分析能力
	教育活动的计划与实施	幼儿园体育活动的开展与思考	依据园所新教师提交的工作中的困惑，同时更好地了解学科、研究学科、研究教法，为新教师提供学科专业需求上的支持
		艺术领域的学与教	依据园所新教师提交的工作中的困惑，同时更好地了解学科、研究学科、研究教法，为新教师提供学科专业需求上的支持
		在玩中学习音乐	依据园所新教师提交的工作中的困惑，同时更好地了解学科、研究学科、研究教法，为新教师提供学科专业需求上的支持
	沟通与合作	家园共育——《沟通与合作》	解决新教师在入职第一年中经常遇到的问题，获取家园共育的有效策略
	反思与发展	教师经验分享专场：促进幼儿语言发展策略研究的收获；促进幼儿园区域玩具研究的收获	通过教育实例帮助教师了解《纲要》精神，知道活动的开展要依据幼儿兴趣

第六章　保教工作评价

　　评价是一个运用标准对事物的某些方面进行评估的过程，其本质是做出价值判断，为后续的工作开展方向提供依据，是闭环式管理（计划—实施—评价—总结—计划……）中的一个重要环节。

　　随着幼儿园教育、管理改革的发展，评价的意义作用以及操作方式正在悄然发生改变。由此，许多一线保教管理者以及教师在开展保教工作评价时都会产生一些很实际的困惑问题。例如，"《纲要》《指南》等都要求教师注重在日常生活中对幼儿的评价，可一日生活环节那么多，班上几十个孩子，教师到底应该评价什么、怎么评价呢？""评价应该有标准，像阶段测查就有明确的标准。那日常幼儿发展评价的标准是什么？能否把目标作为标准？""我们尝试过让教师自评、互评等方式，但说到评价，教师往往从心里不乐意，自评、互评都往好里说，挺失真的。教师评价到底应该怎么做？"等等。所以，作为保教管理者，一方面非常有必要加强学习，转变对保教工作评价的认识；另一方面要以正确的评价观为指导，加强在实际工作中的评价研究，从而不断完善本园的保教工作评价，让评价能够发挥实效，为幼儿的发展、教师的发展服务。

　　本章将对幼儿园中经常进行的、与幼儿园教育教学质量息息相关的保教工作评价进行概述，并具体介绍幼儿发展评价和教师保教工作评价两部分的实施，帮助保教管理者更好地研究和管理。

第一节　保教工作评价概述

一、保教工作评价的内涵和范围

　　保教工作评价通常涉及很多方面，但究其根本，是对"双主体"——幼儿和教师的评价。即幼儿发展评价和教师工作评价两部分。

　　幼儿发展评价是幼儿园课程的重要组成部分，是教师工作评价的重要依据。《纲要》和《指南》将幼儿发展相对划分为健康、语言、社会、科学和艺术五个领域，并说明了也可作其他不同的划分。同时《指南》特别强调要重视儿童的学习品质和个体差异。但无论用哪套标准，基于哪个理论，都应该注意到幼儿园的教育是全面的、启蒙性的，所以评价应包括幼儿发展的各个方面。

　　教师工作评价是针对教师日常工作内容进行的评价，是幼儿园工作质量评价的重要组成部分。它包括一日生活中生活活动、区角游戏活动、户外活动、教学活动等多项活动内容以及与幼儿发展紧密联系的环境创设、家园共育等内容。

如果说幼儿发展评价主要是对幼儿学习与发展的评价，那么教师日常工作评价就是对教师教育的评价。

二、保教工作评价的意义和作用

日常保教工作是幼儿园工作的核心，对其质量的评价就显得尤为重要和必要。保教工作评价是评价者了解被评价对象现状的必要手段，是调整和改进日常保教工作的重要依据。教师借助幼儿发展评价，可以更加深入、客观、全面地了解本班幼儿的发展现状。它有助于教师了解班级中的每一位幼儿，为因材施教提供依据；有助于帮助家长了解幼儿发展情况，学习科学育儿；还有助于教师从中发现自身工作中成功的方面和需要进取的方面，改进教育发展进程。保教工作评价帮助教师及时了解和发现自己在日常保教实践中的优势和不足，明确可能需要进一步提升和改善的方面，从而找准今后努力的方向。保教管理者借助评价可以全面掌握幼儿发展状况，及时了解和发现教师日常保教实践现状，从中识别教师的进步和有待改善的方面，为日常保教质量的提升以及教师专业发展的进步找到工作依据。

随着国内外幼儿教育观念的不断进步和发展，评价的意义和作用也在不断发展和变化中。保教评价已经不仅仅是为了打分和考核，评价最大的意义和作用是为了发现、改变和提高。

三、保教工作评价的发展趋势

从《纲要》到《指南》，我国的保教工作评价追随着世界教育评价研究的脚步，经历了从标准化取向到社会效用取向，又开始向"理解"取向阶段迈进，呈现出以下一些发展趋势和变化。

（一）教育评价以发展性为目的

教育评价不再局限于对评价对象进行符合式的客观描述，抑或是以价值判断为本质。它不仅注重评价对象的现实表现，而且注重评价对象的未来发展，发挥评价的改进与激励功能。未来，将把评价看作评价参与者共同建构意义的过程，看作以诊断和改进教育教学实践、促进个体发展为共同目的，相互对话和理解的过程。

（二）教育评价内容更为多元

评价既应注意对幼儿、教师的统一要求，也要关注个体差异以及发展的不同需求，为幼儿、教师个性、有特色的发展提供一定的空间。

无论是幼儿发展评价还是教师日常工作评价，现在越来越多地摒弃了一元评价论和结论性评价方式，也就是不论优劣、不评好坏、不贴标签、不盖棺定论，以多元智能理论为基础，相信人的独特性，相信人的主观能动性，相信人的发展是不断变化、并有无限可能的。

（三）教育评价方法更加多样

过去，对幼儿的评价多采用以测查为主的量化评价，偏重评价的鉴定功能。近年来，各种观察评价的理论、模式，包括《纲要》在内都特别强调在现实生活和真实情境中，以观察为主要方法，收集有关幼儿学习与发展的直接信息，将幼儿的真实行为表现和各种作品作为依据来说明幼儿的发展。而评价和记录方式也更趋于多样，以便更加有效地了解幼儿不同方面的信息。

教师评价亦是从实证走向人文。除了课堂观察、检核表、档案袋评价等评价方法以外，未来更希望教师评价是一场"对话"，即评价参与者在民主平等的关系中进行多形式的对话交流。

（四）教育评价主体由多方参与

以前，评价主体所涉及人员范围相对较小，幼儿发展评价多由班级教师一手包办，教师评价的权利都在管理干部手里。而现在，则主张全面参与的原则，如幼儿发展评价有教师评，还有保育教师、家长等多个主体，多角度、合作化的他评，甚至还出现了幼儿参与的自评。教师日常工作评价也开始较多地出现了自评和他评相结合的方式，使得评价主体不仅是评价的组织者和实施者，而且扩展到所有利益相关者，并通过不断协商最终达成共识。

多元主体的评价提供了更多样的视角和信息，从而进一步减少评价的主观性、片面性，提高评价的客观性和有效性。

（五）教育评价工作越来越得到重视

2011年教育部颁布的《幼儿园教师专业标准（试行）》在"专业知识"和"专业能力"部分对于教师客观全面了解和评价幼儿都有着明确的要求。要求教师要秉持正确的观念，掌握多样、适宜的评价策略。国内外学者研究也指出，与日常教育过程并行的教师评价是教师职前培养和职后培训之外的第三种促进教师专业发展的重要机制，也是具有更长效促进教师专业发展的机制。

第二节　开展幼儿发展评价的原则及其实施要点

幼儿发展评价是幼儿园教育评价的重要内容，而以观察为基本方法了解和评价幼儿也是幼儿教师的基本功之一。

做好幼儿发展评价，关系到怎样看待幼儿以及他们的发展的问题。《纲要》在这方面给予了我们非常明确的指导。保教管理者应该带领教师深入学习和理解其中的"教育评价"部分，转变评价观念，准确把握评价内容，灵活运用评价方式，切实做好幼儿发展评价工作。下面就保教管理者带领教师开展幼儿发展评价工作的原则及其实施要点进行阐释。

一、发展性原则——评价嵌入课程，促进幼儿学习

幼儿发展评价的最终目的是为了通过读懂幼儿来促进其发展。评价之后，产生适合幼儿的计划，再继续观察、分析……不断循环，形成师幼呼应式的课程，支持幼儿的学习不断发生发展。因此，在日常保教工作中，幼儿评价不是孤立的一项任务，而是课程必不可少的一部分，是与幼儿园课程设计、实施和反思紧密相关的一个重要环节。保教管理者应从课程建设的高度来考虑幼儿发展评价的管理。具体可以依照以下几点开展工作。

（一）让幼儿发展评价与教育计划紧密联系

我国的教育计划以预成计划为主，教师根据早已选定好的学期目标、月目标来制订每周和每日的计划，而且通常提前一周制订好。这样的计划管理模式促成了幼儿园教育中一些"怪"现象的出现，如很多教师的计划并不符合幼儿的真实需求，还有很多计划是写给领导看的、并未真正执行等。而在教改方面，即使专家领导倡导教师依据幼儿的实际表现制订计划，也因为现有的计划管理的限制而难以完全将评价嵌入课程，不能真正做到来自幼儿和符合幼儿需求。所以，调整教育计划的书写管理是支持教师观察幼儿、依据幼儿发展评价制订课程的必不可少的重要工作。

1. 增加学情分析

《纲要》在"组织与实施"部分提出：教师要从本地、本园的条件出发，结合本班幼儿的实际情况，制订切实可行的工作计划并灵活地执行。即在计划具体的教育目标、内容、准备、过程之前，教师必须要对本班幼儿进行充分地学情分析。在教育计划中明确加入学情分析，可以促使教师观察幼儿，并依据所观察的信息来制订计划。帮助教师养规整成这样的思维和行动习惯，有利于幼儿发展评价真正发挥作用，能更好地为幼儿的发展服务。学情分析主要包括对幼儿兴趣爱好、经验水平、学习方式等方面的分析。兴趣爱好是教育内容选择的依据，经验水平是教育目标制定的依据，学习方式是教育方式方法设计的依据。

2. 支持教师依据幼儿发展评价调整计划

幼儿易受环境影响，想法、情绪、行为变化快，教育过程中有太多的不确定性因素。要想强化教师观察幼儿、生成课程的意识，管理者就要允许教师依据幼儿发展评价及时调整计划，顺应幼儿的需求。例如，户外体育活动就要开始了，孩子们被大片飘落的杏花花瓣所吸引，教师就可以根据孩子们的兴趣调整计划，改变活动内容，和孩子们一起充分地玩花瓣、聊花瓣，借助直接感知和操作进行生活中的学习。管理者应该允许、支持教师的及时观察和及时依据幼儿发展评价调整计划。

3. 分层管理，给骨干教师更大的依据幼儿发展评价制订计划的空间

对于具有一定观察意识和能力，能不断通过分析支持幼儿学习的骨干教师，管理者可以在计划书写管理上区别对待，研究不同的批阅计划的时间和方式，给他们更大的依据幼儿发展评价制订计划的空间。例如，允许他们在做好幼儿发展评价的基础上简写计划。从而引导教师将更多的精力放在观察、分析、回应和支持幼儿的学习上。

（二）让幼儿发展评价成为课程实施的一部分

一种观点认为观察记录只属于教育评价，不属于课程实施。但其实只要将幼儿发展评价加以形式的变化，就可以转化成为幼儿学习回顾的课程资源。新西兰幼儿学习故事为我们做出了榜样，其第二人称的书写方式使得观察记录变成了可以念给幼儿听的故事。教师把对幼儿学习的分析通过念给幼儿听的方式进行了直接传递，使教师与幼儿之间的情感得到有效沟通，同时，帮助幼儿认识自己，树立自信，真正发挥了教育的作用。另外，将图文并茂、富有感情的观察记录收放在幼儿成长档案里，放在班级中幼儿可以自由取放的地方，幼儿就可以随时翻阅，甚至带回家里与家人分享。进行与幼儿相关的交谈和翻阅成长记录就是幼儿在不断回顾自己学习的过程。同理，教师利用墙饰和活动夹来记录群体幼儿的学习，幼儿也可以个人或群体的回顾、讨论。可见，当幼儿发展评价与幼儿发生了作用，它就不仅是评价了，还是课程的一部分，来进一步对幼儿的学习产生影响。

（三）让幼儿发展评价与教育反思紧密联系

幼儿园一般要求教师书写观察记录和反思笔记两种文本。教师的反思是要根据幼儿的表现来进行的，而很多教师在反思时，特别容易脱离幼儿的表现，陷入自己的主观想法中，使反思丧失了意义。应使观察与反思合体，在观察分析幼儿之后反思自己的教育行为适宜与否，这样既减轻了教师的负担，将教师的精力和注意力更多地投放到观察幼儿上，又因为基于对幼儿的分析而提高了反思的质量。本章资源广角中的《爱心满满的石榴》就很好地说明了这一点。

二、多元性原则——认可差异，多元评价

很多教师在做幼儿发展评价时，往往是对照一些标准来评判幼儿处于哪一等级，然后明确本班哪些幼儿优秀，哪些幼儿比较差，下一步怎样做能够帮助那些差的幼儿达到标准。出现这样的行为，是因为教师对新型教育观下的幼儿发展评价认识有偏差，用终结性、一元性评价的方式来开展此项工作。在这

里，我们有必要再次明确。

第一，《纲要》和《指南》所倡导的幼儿发展评价是能够有机成为课程一部分的形成性评价。它不以评判好坏优劣为目的，而是以解读幼儿发展需要，力争为幼儿提供更适宜的支持为目的。

第二，《纲要》和《指南》告诉我们，应承认和关注幼儿在经验、能力、兴趣、学习特点等方面的个体差异，以发展的眼光看待幼儿，避免用划一的标准评价不同的幼儿。

每一个幼儿都是立体的、多面的，每一个幼儿发展的速度、节奏既有因年龄特点所具有的共性特征，同时也具有作为个体的独特性。用整齐划一的标准要求和衡量幼儿，横向比较幼儿的发展，会让幼儿失去自信、失去努力的动力，让教师和家长对幼儿形成"刻板印象"，这些都是违背做幼儿发展评价的初衷的。

所以，保教管理者需要通过多种途径和方法使教师正确理解幼儿发展评价，将教师的注意力从评判幼儿是否达到标准转向发现每一名幼儿独特的发展和需要，通过幼儿发展评价不断地研究和理解幼儿，以便实施最贴合他们每个人的教育。

（一）欣赏幼儿的现在，让教师内生研究幼儿的动力

教师容易习惯性地看幼儿的缺点和问题。长此下来，眼中充斥的都是有问题的幼儿，总想通过教育来改变幼儿。这样，不仅职业幸福感没了，"教"的视角也难以撼动。

动机是做事的前提。我们需要让教师转变观察的角度，发现幼儿的闪光点，多挖掘一下幼儿表现中所反映的积极信息。例如，他们知道了什么；正在学习或已经学会了什么；他们的优点和优势有哪些等，从而帮助教师在一次又一次的观察中不断强化着"孩子们多棒"的认识，发现幼儿的力量，自然、真切地生发出爱每一个孩子的情感，拥有"他为什么这么做/想"的好奇心。显然，这种温暖而富有人性的观察角度更能够激发教师研究幼儿的内在动力，并会积极影响着他们的专业理念和师德。看到幼儿的表现后，多挖掘其优点优势，试着欣赏幼儿。只有这样，教师才会真正拥有爱，拥有观察幼儿的兴趣，从而做好幼儿发展评价。

（二）追问幼儿的内心，让教师理解幼儿的需要

幼儿的世界与成人差异很大，如果我们用成人的眼光、思维来分析他们，一定会经常误读。所以要想走进幼儿的世界，需要教师不急于主观判断，而是站在幼儿的角度多问几个"为什么"，去了解幼儿的意图、思维、需要。即使貌似是一个不太令人愉快的孩子举动，也要求教师去进一步了解孩子的想法，

站在孩子的角度去体会他的需求。比如，一个平时很调皮的男孩在一个很冷的早晨，穿着蜘蛛侠睡衣来到幼儿园。教师没有急于评判幼儿的行为，而是耐心倾听他的想法，从他侃侃而谈对蜘蛛侠的喜爱中读懂他渴求力量、渴求被人欣赏和认可的深层需求，进而开展"超人日"等活动来满足男孩的愿望。教师的理解和支持很快让这个男孩发生了可喜的变化。可见，站在幼儿的角度追问原因，发现和理解他们的需要，才是好的幼儿发展评价，才会带来好的教育。

（三）分析幼儿的学习，让教师读懂幼儿的行为

教师需要知道观察什么，以便更好地读懂幼儿。而保教管理者就是要帮助教师明晰和理解以学习为核心的观察知识。例如，和他们一起研究观察评价哪些方面，为什么观察这些方面，这些方面和幼儿的学习有什么关系，怎样观察这些内容等。以下三方面是直接影响到幼儿的学习的重要观察内容。

1. 观察分析学习品质

随着《指南》的颁布，学习品质被广大幼儿园教师熟知。学习品质是幼儿可持续发展的不竭力量。观察评价幼儿的学习品质，可以帮助教师将关注点从知识技能等短期发展点转向可持续发展点，发现幼儿的学习者形象，更加欣赏幼儿，进而通过称赞等多种方式来帮助幼儿认识、建构自己的学习者形象，发现自己的力量，增强自信。同时，给幼儿提供更多的运用这些学习品质的机会，巩固、发展他们的学习品质。

2. 观察分析学习兴趣

大部分教师都知道要关注幼儿的兴趣，从中生成活动。但在实际观察记录中，兴趣很少成为教师的关注点。这一奇怪的现象也证明了普遍的观察与计划脱节的问题。兴趣是幼儿学习的动力，无论是学习品质的发展，还是各方面经验的发展，都不是凭空做到的，一定是幼儿基于具体的兴趣，在积极地参与和行动中习得。所以，发现幼儿的兴趣就找到了幼儿学习的动力，从而可以有效地促进幼儿的学习。

3. 观察分析学习经验

人的学习是一个主动建构的过程。之所以说幼儿的经验是其发展的线索，是因为识别了幼儿的经验，我们就了解了幼儿已经知道什么、会做什么，在这样一个新的发展起点上，幼儿还可以通过探索进一步知道些什么、学会做些什么，这样教师才有可能更恰当地发挥支持作用，促成幼儿新经验的建构，也就是促进幼儿的学习与发展。可见，分析经验是教师有效回应幼儿的重要参考。

三、协同性原则——多方平等参与评价

多数幼儿园会要求教师定期上交所写的观察记录。可能有些保教管理者会借助批阅以及有针对性的跟进指导来给教师提供专业上的支持。但更多情况

下，教师在开展幼儿日常评价时都是"单独作战"的，甚至同班的教师也很少有机会就幼儿日常评价进行分享和讨论。单独个体的评价难以保证客观和准确，也难以突破自己的经验圈来获得此方面的专业成长。因此，保教管理者需要打破教师单独评价的实施方式和研究方式，用"协同作战"来促进"单独作战"，提升教师评价能力以及评价工作的质量。

（一）吸纳各方群体参与幼儿发展评价

1. 教师是幼儿发展评价的主要参与者

教师作为与幼儿学习、生活、发展关系密切的人，是幼儿发展评价工作最重要的群体。幼儿园的幼儿发展评价工作主要应由带班教师负责，带动保育教师、家长还有幼儿自己进行评价。

2. 家长是幼儿发展评价的重要参与者

家长是幼儿最亲近的人，是幼儿发展评价工作不可缺少的人群。幼儿园应创造条件让家长参与其中，通过学习和实践幼儿发展评价来不断研究幼儿，转变自身的教育观念，学习科学育儿的方法。

3. 幼儿及同伴是幼儿发展评价的贡献者

幼儿参与自我评价和评价他人不仅是"自由、平等、尊重"的体现，更是科学评价的一种体现。一方面，这一过程本身是对幼儿评价能力的锻炼和促进。另一方面，它也能够给成人的幼儿发展评价提供另一种视角的参考，不断提醒我们站在幼儿的角度想问题，反思和矫正自身对幼儿的判断和认识，更好地走进幼儿的内心世界。

4. 幼儿园其他人员是幼儿发展评价的协助者

在幼儿生活的周围还有很多人，或多或少地对幼儿的学习产生着影响。这些人也是幼儿发展评价的参与者，协助教师和家长更好地研究幼儿，理解幼儿。例如，幼儿园保教管理者，通过进班观察各种教育活动和批阅教师的各类教育文案，可以从另一个角度来观察了解幼儿，与教师一起分析探讨幼儿的发展需要。再如，保健医，可以利用自己的专业知识，通过日常进班查班，在幼儿健康领域评价方面重点发挥协助、指导作用。而在各种观摩研讨活动中，其他班级教师对幼儿的观察也会给主班教师以很好的参考。

（二）搭建平台，促成多方参与和分享幼儿发展评价

建立多方参与的平台，有助于让参与幼儿教育的人能够彼此分享对幼儿的观察和分析，在交流探讨中澄清幼儿的发展和需要，不断提高对幼儿的观察评价能力。最直接有效的方法就是建立幼儿成长档案，班级的每一位教师和幼儿家长都可以将自己对幼儿的观察放入其中，汇总在一起，不断积累，从而帮助每个人更加全面、客观、详细地了解幼儿，达成共识，实施一致的教育。

1. 利用幼儿发展评价联系家园

因为原来的评价主要是记录幼儿的问题，所以大部分幼儿园的幼儿发展评价是不给家长看的。如果教师的观察评价能够做到欣赏幼儿的现在，坚持多元评价，家长一定会希望看到教师所做的幼儿发展评价，并从中更好地了解自己的孩子，理解科学的育儿理念，配合教育。而教师也可以从家长的观察中更全面地了解幼儿。

案例

以幼儿发展评价联系家园，共促幼儿发展

扬扬妈妈从老师那里得知扬扬在幼儿园开始痴迷于小球轨道的游戏，就带着他到中国科技馆，从各种角度拍摄了小球轨道，支持他设计自己的轨道。临临妈妈看过老师写的孩子玩酸奶杯的观察记录后，感慨道："以前老师征集废旧材料时，我不太理解为什么，从来不知道酸奶杯也可以让宝贝们玩得这么开心和有趣。现在我相信了这样的'玩具'比玩具汽车更有价值。"洋洋妈妈则延续了老师的观察，记录下洋洋在家中玩磁铁棒的表现，为教师进一步支持幼儿的科学探究提供了宝贵信息。

可见，家园可以因为幼儿发展评价而紧密联系起来，并得到及时地彼此了解、沟通。家园合力做好幼儿发展评价，最终让幼儿受益。

2. 利用幼儿发展评价开展教育研究

幼儿的内心世界如此丰富，读懂不易。共同观察幼儿，分享不同的解读；观察幼儿的不同方面或者观察不同的幼儿，分享不同的发现，都是极有意义的。保教管理者建立这样的平台和机制，无疑将大大促进教师之间、教师和家长之间的共同研究。

3. 利用幼儿发展评价进一步了解幼儿想法

教师或家长还可以将所写的评价念给幼儿听，在和幼儿一起回顾的基础上进一步了解幼儿的想法，验证对幼儿的评价是否准确，甚至依据幼儿的反馈来修改和补充评价。如果是图文并茂的观察记录，幼儿还可以随时翻看，不断增强自我认识。当幼儿发展评价成为幼儿生活一部分的时候，他们常常会主动要求成人记录下他们引以为自豪的时刻。

当然，建立幼儿成长档案沟通各方群体离不开各方参与幼儿发展评价的意识以及平等分享探讨幼儿发展的氛围，所以保教管理者不是在班级里设立幼儿成长档案就大功告成了，而是要将大家的焦点都集中在关注幼儿行为表现、读懂幼儿内心世界上，来为支持幼儿学习发展共同努力。

四、灵活性原则——灵活运用不同方式进行评价

（一）以读懂幼儿为目的，鼓励教师兼用多种评价方式

幼儿的思维与成人有极大差异，他们的语言表达能力又很有限，这就需要成人有意识地、努力地去了解幼儿。比如，细致观察幼儿的行为和表情，倾听幼儿的言语，分析幼儿各种各样的作品，有目的地询问幼儿的想法等。

自然观察法是各种评价方式中使用最常见、最广泛的方式。自然观察一般需要成人带着一定的观察目的、在不干扰幼儿的情况下来观察其自然表现。需要特别注意的是，从解读幼儿的角度来说，观察学习过程比了解学习结果更有意义。教师应着重观察幼儿的学习过程，了解幼儿的学习动机、所遇到的问题困惑以及解决问题的方式、方法等，进而从中发现幼儿在学习什么，为什么发生了这样的学习，还可能会有什么学习发生等，做出对幼儿成长来说更有意义的评价。

谈话法是面对面与幼儿沟通交流的一种方式。它是自然观察法的有益补充，可以进一步深入了解幼儿的想法。因为是要更为客观地了解幼儿，所以与幼儿的谈话应具有开放性，比如，"你想做什么？""你为什么要……？""你觉得怎么样？"等。

作品分析法是对幼儿作品所呈现出的表现内容和表现方式方法进行分析，进而解读幼儿思想、情感、兴趣需要、发展水平、经验等学习与发展信息的评价方法。在进行作品分析时，教师不仅要关注到作品的最后结果，还要关注幼儿完成作品的过程；不仅关注完成作品所需的技能技巧，更要关注作品所蕴含的情感和想法，以及幼儿对周围世界的认识。作品分析往往需要与自然观察、谈话等其他评价方法来综合运用，以避免评价的主观性。

没有哪一种评价方式是可以完全了解幼儿的，所以教师需要综合、灵活地运用多种方式去争取客观地了解真实的幼儿，避免主观臆断。

（二）给教师空间，鼓励教师灵活运用不同方式进行评价记录

在记录方面，保教管理者应鼓励教师灵活运用文字描述、表格图示、照相摄像、录音等多种方式，将幼儿的点滴成长永久留存下来。由于幼儿学习的内容不同，所需的记录方式也会不同。比如，绘画、建构等视觉艺术学习需要照相记录；而音乐舞蹈等时间艺术则一定要采用录音、录像的方式；学习品质以及社会性方面的学习，一定少不了文字的描述等。

在记录格式方面，记录不要被格式所囿，格式应该为内容服务。有些管理者为了规范教师的观察、引导教师的思维、提升观察质量，会设计一些专门的观察记录表格让教师使用。实践反映，这样的观察记录表格用对了能够产生所期望的效果，用错了则可能带来不良的影响。比如，表格本身设计的不科学，

直接将教师引入歧途；表格由领导制定，教师在不明白、不理解的情况下被动使用，填的内容与栏目不吻合，流于形式；过于细化和结构化的表格不仅烦琐，增加了教师负担，还禁锢了教师的思维，限制了教师主动而多样性的观察。所以，我们要提醒保教管理者，应和教师一起发现和解决实践中观察评价幼儿的问题，处理好引领教师研究幼儿发展评价和给教师自主研究幼儿发展评价空间的关系。

五、支持性原则——研究促进、管理保障

幼儿发展评价虽然很早就存在于教师的常规工作中，却往往有量无质。很多教师抱着应付差事的心理来完成观察记录，对后续教育行为帮助不大，教师也难以从中获得专业提升。究其原因，除了研究不够以外，还可能因为保教管理不配套，没有协同发挥作用。保教管理者需要系统思考，在管理保障的同时，还要加强此方面的教师研修和指导，通过多种途径和方法去帮助教师感受、理解幼儿发展评价的意义作用，掌握幼儿日常评价的方法，养成在幼儿发展评价基础上实施教育的习惯。

（一）研究促进幼儿的观察评价

1. 鼓励教师"退一步"，看见真实的幼儿

说到观察评价，很多教师认为只要自己在现场认真观察了就能够了解幼儿。殊不知保证幼儿能够真实、充分的表现自己，是现场观察的重要基础。如果没有丰富可选的环境以及自由开放的精神氛围，幼儿难以充分展现自己真实的想法和巨大的潜力，教师也就难以真正发现每名幼儿的独特和他们学习的精彩。由此可见，保教管理者在带领教师深入研究观察幼儿之前，首先是鼓励教师后退、放手，给予幼儿实现自己想法的时间和空间。

案例

给幼儿充分的自主空间

某幼儿园因为老教师比较多，一开始普遍不相信幼儿的能力，不能够给幼儿充分的自主空间。当要求放手时，教师看到家庭区中幼儿的种种表现，又着急又困惑："孩子是主动了，带来了这么多的娃娃，每天抱着娃娃走来走去，有什么发展？收玩具时，这么多娃娃放哪儿呀？……"教师的问题一个接着一个。当教师半信半疑地接纳保教管理者的建议，将问题抛给幼儿时，孩子们商量出了绝妙的办法——用教师本想淘汰的塑料架给娃娃插了一个六层床。教师的眉头解开了，心结也随之解开。

这个案例告诉我们，研究观察评价先要研究教师怎样通过后退还给幼儿自主，我们才能看到幼儿真实的表现、真实的想法、真实的需求、真实的力量。以此为基础的幼儿观察评价也才可能更客观和准确。

2. 开展合作研修，提高教师观察能力

在协同性原则中，我们已经阐明，作为单独个体来进行客观准确的评价是非常有难度的事情，合作研修是支持教师研究观察、提高观察能力的重要途径。

管理者应经常带领教师分享自己的观察，研讨不同的见解，澄清认识，总结评价经验。具体的开展策略可以参考"园本研修"一章的内容，此处就不再详述。值得注意的是，由于每个幼儿都是不一样的，所以无论是合作研修，还是教师个体研究，都要考虑幼儿的不同情况，即他平时的表现、家庭的教育等，结合过往信息来分析。另外，读懂幼儿永远是在路上，谁也不敢说当时当下的分析就一定准确，这就意味着后续跟进的观察和验证很重要。我们所观察评价的只是幼儿学习与发展旅程中的一个节点，它脱离不开幼儿行为的"前因后果"，那我们所做的幼儿发展评价也自然就要关注幼儿行为的"前因后果"。

3. 带领教师持续的观察、分析和回应，不断走近童心世界

其实教师对幼儿的行为分析不清，回应不准是很正常的事情，重要的是教师一定要继续观察、分析和回应，在通往童心世界的道路上一点点的接近。

保教管理者树立了跟进观察的意识，就可以在组织研修、日常指导工作中加以渗透。比如，进行实践指导之后，管理者要有意识地向教师了解进展情况，引导教师持续观察。再次进班时，包括组织现场观摩研讨活动时，管理者也可以对前期的研究进行重点观察，促使教师跟进幼儿的学习，帮助教师养成持续观察的习惯。

(二) 管理保障幼儿观察评价高质量的实施

在多数幼儿园保教管理中，教师所写的观察记录只有本人和管理者看，然后就收存在档案里了。教师是否用观察评价指导下一步的实践，在管理中无从显现。要让教师体会到观察对教育的意义，体会到观察对自身专业成长的意义，则优化与幼儿发展评价相关的保教管理是极其重要的工作。

1. 完善幼儿发展评价的制度管理

绝大多数幼儿园都会有对幼儿的阶段性评价，并已形成一定的规范，有相应的制度、流程、标准、档案等，在一定程度上保证了阶段性评价的质量。问题在于，很多幼儿园对幼儿日常观察评价的管理主要停留在量的要求上（多长时间交几篇），缺少在研究基础上形成的质的要求和引导。

（1）加大在日常活动中开展幼儿发展评价的管理

幼儿发展是一个持续、渐进的过程，对幼儿的发展状况进行分析和评价从时间上一般可以分为过程性评价和阶段性评价两类。从《纲要》的要求以及近年来关于幼儿发展评价的研究趋势看来，对幼儿的观察评价应主要在日常活动中常态进行。

日常活动包括很广，生活活动、区域活动、户外活动、教学活动、参观活动、节日活动等都在其列。保教管理者应重视教师对幼儿的日常观察评价工作，在管理上加以保障，比如，完善幼儿发展评价制度、配备有利于教师随时观察的物资（如相机、方便携带纸笔的围裙等）、合理安排教师上班时间以方便教师观察幼儿和分享讨论幼儿评价、依据教师实际开展情况适时调整日常观察评价的要求、以幼儿表现为基础进行教师工作评价等。

（2）完善阶段性测查评价，保证评价的教育促进功能发挥

目前，在不断加大日常活动中的评价的同时，绝大多数幼儿园还保留着幼儿阶段性测查或检核的评价方式。它也是帮助教师全面掌握幼儿发展状况的措施之一，一般在新生入园初期和每学期末进行。但在操作中，教师要注意避免这种评价的弊端，保证评价的教育促进功能的发挥。

第一，充分与日常活动中的评价相结合。即以日常观察评价为重要参考来完成阶段性测查或检核，保证两类评价的协调统一，减少阶段性测查或检核的工作量及失真性。

第二，测查或检核后，要进行统计和分析，找到一些发展的共性特点和问题，客观的做出幼儿发展评估报告，为制订班级或年龄班组、全园的保教计划提供依据。

第三，评价指标应随着《纲要》《指南》等政策文件、研究的变化而进行适当调整，保证对幼儿的评价更加科学。

2. 共建与幼儿发展评价紧密联系的课程管理

幼儿发展评价并非独立的工作，而是课程必不可少的一部分。教师需要在观察评价幼儿的基础上，生成课程，开展个性化的教育。如果幼儿园课程建设或管理机制没有与之相匹配（如注重预成、轻视生成，给教师主宰课程的空间不够等），教师观察了也不能自主进行调整，就会影响教师研究和开展幼儿发展评价的积极性和有效性。管理者要树立幼儿发展评价是幼儿园课程一部分的意识，并通过管理帮助教师建立幼儿发展评价与课程设计、实施、反思的紧密联系，落实评价促进发展、嵌入课程的原则。

3. 规范幼儿发展评价的档案管理

幼儿发展评价是保教管理中非常重要的一部分，当然也需要规范的档案管

第六章　保教工作评价

理。幼儿发展评价的档案管理分为班级和园级两个层面。幼儿在园期间的日常评价档案主要存放于班级教室中，便于教师、家长、幼儿随时能够收集、翻阅、沟通。教师应定期进行整理，保证档案齐整，没有缺失，这也有利于教师能够及时发现在开展幼儿发展评价时关注较少的幼儿或关注不够的方面。幼儿毕业离园时，这份档案将是非常珍贵的礼物。教师应将所做的幼儿发展评价留存一份，作为工作的印迹、成长的足迹、研究的素材收纳在教师个人档案中。而阶段性评价的相关材料（如班级和园级幼儿阶段性测查数据及分析报告）应在每次完成后统一交由专人或相应部门管理。

为了更好地促进教师在幼儿发展评价方面的研究和提高，这些评价资料可以在教师教育教学和研究需要时内部借用，但需建立相应的借阅制度，避免资料的丢失、破损以及幼儿隐私的泄露。具体可参见本章资源广角《北京市西城区棉花胡同幼儿园幼儿发展评价与报告制度》。

第三节 开展教师日常工作评价的原则及其实施要点

不同理念指导下的教师日常工作评价，其操作方式必然不同，但依然可以遵循以下基本原则。

一、主体性原则——教师日常自评为主、多方参与为辅

在传统的保教管理模式中，更多是领导专家来评价教师的教育行为。因为评价多与教师的荣誉或待遇挂钩，所以很多教师工作评价都是由领导（或者专家）来完成的，包括评价标准也多是由领导来制定的。在诸多评价、评比中，教师基本都是被执行，被评选。而这种被动评价的心理和状态很难达到自我发展、不断提高的效果。

现在，教师作为研究者，是保教工作中的主体，日常工作评价的权利应该还给教师。相较于数量有限、价值不高的正式评价，对教师发展更有意义和作用的还是教师基于日常、基于主动的自我评价。

（一）鼓励教师日常主动进行自评，与自我对话

保教管理者首先要树立正确的评价观，多关注评价过程给教师带来的学习和提高。也许单纯从结果来看，你会觉得教师不客观、不准确。但其实自评是教师主体自我意识的体现，由自评所带来的自主研究态度和能力才是对教师专业发展来说更为重要的。所以评价需要教师在关乎自身发展的活动中主动发挥其主观能动性，积极进行面向自我的对话。

教师自我评价的方法很多，如反思日记、成长档案、教育自传等。请管理者相信教师的责任感和上进心、欣赏他们敢于直面自己的勇气、发现他们对自

己的客观深入剖析、鼓励他们主动做出自我评价的举动。并学习从他们的评价中去读懂他们——分析他们真实的认识和原有经验是什么，他们的发展需求是什么等，给予教师适宜的帮助。通过教师自评，让教师主动思考、主动寻求进步、主动学习和发展。

（二）借助双方或多方对话激发思考、走向理解

因为个体所在客观环境条件的限制，自我评价终有其认识上的局限性。而他人的评价能够引发教师不同角度的思考，是教师评价中不可缺少的一部分。比如，哪些幼儿或家长喜欢或不喜欢自己，为什么？同事觉得自己在日常工作中哪些地方做得更专业或者可以更有进步？等等。通过与他人的交流、对话，可以帮助教师从不同角度看待自己的观念和行为，不断发现问题，找到学习与发展的生长点。所以，保教管理者要特别注意发挥教师群体的智慧和合作精神，使教师在有困惑、有需要的时候能够借助同伴评价来共同研究、共同提高。

而管理者在评价结果反馈环节（无论是正式的，还是非正式的）也应抱以理解、尊重的态度，重视教师对评价结果的认同。不能只顾自己长篇大论，而是要保持双向沟通，多倾听教师的想法，了解教师的感受。通过对话，让教师主动审视自己的优势和问题，从而实现自我反馈，最终成为一个自我引导、自我监控的学习者。

二、促进性原则——明确目标，不断审视，主动调整

绝大多数幼儿园的教师工作评价都与教师的荣誉、待遇等挂钩。这样的评价发挥着监督的职能，用外在手段来督促教师依据标准行动；它还发挥着评判、选拔的功能，将教师的工作分出优、良、中、差，将教师分出三六九等。这样的作用自然使得很多教师对评价难有好印象，并产生或恐惧、或厌烦、或抵触的心理。这也是一些幼儿园即使尝试着让教师自评、互评，也效果不佳的原因。教师碍于面子、为了利益，评的"皆大欢喜"，不能真正做到实事求是、坦诚对话，又何谈改进呢？

日常工作评价不是为了评出谁优谁劣，而是为了深入分析教育教学现象背后的原因，寻找教育的规律，从而达到经验加反思等于成长的目的，使评价为教师的专业成长和幼儿园保教质量的提高更好地发挥作用。

（一）评价与课程设计相联系，指引观念和行为

评价标准具有导引功能，告诉教师应该做什么、怎样做。如果教师在课程实施之前就知晓和理解标准，并有意识地朝着评价所指引的方向努力，而不总是当"事后诸葛亮"，那将会大大加快专业成长的速度，有效提高其工作质量。这就将教师日常工作评价与课程设计建立了联系。例如，本章资源广角《北京

市西城区教师半日活动评价标准》中，要求教师在生活活动中"给幼儿提供生活自理和参与劳动的机会，支持幼儿在生活中自然学习。"有心的教师就可以思考一下这一条标准依据的是什么教育理念，本班当前是否给幼儿提供了生活自理和参与劳动的机会，还可以提供哪些机会来支持幼儿在生活中自然学习等说问题。从而设计班级课程，实现自身观念和行为的转变。

（二）评价与反思紧密联系，诊断观念和行为

保教工作评价应与日常反思紧密联系，成为教师的常态行为，自然地伴随着整个教育过程进行，而不是仅在考核、定级、评优评先时用到它。教师随时都可以参照评价标准，来判断自身的教育观念和行为，反思优势与不足，分析原因，寻找对策。保教管理者应鼓励教师经常进行自评，不断反思和调整自身的教育行为，提高日常保教工作质量。

管理者除了鼓励教师通过自评、他评不断自我诊断、自我修正、自我提高，还要通过多种方式收集广大教师的评价信息，以及教师依据评价所做的反思及动态来掌握教师开展保教工作的状况，并从多种角度进行管理层面的反思。比如，综合梳理全体教师的评价，可以找到全园保教工作的优势和问题；纵向比较一位教师不同时期的评价，可以发现教师的成长轨迹；将教师的自我评价和其他人的评价比较分析，可以发现教师对评价标准的理解情况；对照园本研修前后的相关方面的教师评价，可以一定程度上了解园本研修的效果等而这些多角度、多方面的反思，为管理者后续的计划与调整提供了重要依据。

（三）扬长避短，激励改进观念和行为

在向理解取向的教育评价渐进发展的过程中，我们期望保教管理者更要关注评价的激励功能。也就是说，不要因为诊断、改进功能的强化，而让教师在一次次的评价中怀疑自己的能力，失去自信。而是要充分挖掘和肯定教师当前的优势、当前已经做到的正确的观念和行为以及为进步所作出的努力，使教师通过一次次评价能够更加积极的、正向的认识自己，坚信自己的力量。另外，还要注意评价反馈时的具体性，结合教师的个人实际提出具体而有针对性的建议，让教师充满信心和期待地寻求改进。

三、客观性原则——直面真实，理性分析

管理者和教师在进行保教工作评价时，特别容易用通常经验、主观印象来判断。虽然也能得到评价的结果，但难保公正和科学；走了评价的过场，却达不到发展的目的，所以是评价的大忌。为了保证评价的客观科学深入，保教管理者应注意把握以下三点。

（一）以幼儿真实表现为基础进行客观的评价

"以学定教"既然是我们所追求的教育理想，那么，教育教学工作评价也需以幼儿的学习与发展为基础来开展。保教管理者可以创造性地运用多种方式来引导教师观察幼儿，从幼儿的表现开始反思，与教师行为、目标追求建立联系，进而做出客观的评价，避免自说自话。当然也要注意，因为幼儿的学习与发展不是立竿见影的，难以量化和测量的，又是受多种因素影响的，所以以幼儿表现虽然是教师工作评价的基础，但不能成为教师工作评价的唯一标准。

（二）以理论为指导进行科学的评价

高质量的教育评价不能是用自身的已有经验去主观随意地解释。保教管理者需要在园所提供丰富的专业书籍，并提倡和带领教师结合实践学习理论，帮助教师养成在评价时运用幼儿发展知识、学前教育原理等专业知识去分析、解决教育实践中的问题的习惯。

（三）以对话为依托进行深入的评价

国外相关研究表明，与教师没有交流的评价对评价结果及其作用是没有把握的，有时甚至可能产生事与愿违的结果。评价中没有交流，不但侵害了教师的知情权，也是造成教师在评价中感到不安的一个重要原因。[1] 所以，教师评价需要对话。通过对话，评价参与者不再单纯以自我为出发点，也不再以说话者的意图为主要出发点，而是一种不断更新自己的努力。在对话过程中，保教管理者要鼓励被评价的教师放下自己，开放心态，既能大胆、坦诚地表达自己真实想法，又能接纳和尊重他人的专业建议。另一方面，保教管理者要引导评价参与者倾听和了解被评价者的经验结构、需要和愿望，识别其背后的观念，提出专业性建议。从而借助对话将参与评价的每个人带入深入思考和发现的空间，提升评价质量，实现评价意义。

四、研究性原则——通过研究动态形成和理解评价标准

每一个评价内容和指标的制定都起着一定的导向作用，对教师的观念和行为、幼儿园质量产生潜移默化的影响。所以评价标准的制定有很大难度，需要认真对待、反复推敲。

（一）管理者通过研究，提高制定、修订、理解评价标准的专业性

1.把握国家、社会对教师的要求，让标准引导工作质量

当前的教育改革变化很快，很多理念和实践做法都在发展之中。比如，过

---

① 赵希斌.国外发展性教师评价的发展趋势［J］.比较教育研究，2003（1）：72-75.

去的区角游戏非常强调目标性，所投放的材料也是非常有教育目的的。但现在我们知道了游戏是幼儿自主的活动，幼儿可以根据自己的想法来使用材料。即使是同样的材料，不同幼儿会有不同的玩法，获得不同的学习与发展。此时，"投放活动区材料要有明确的教育目的"这条标准就不太合适了。类似值得推敲的标准还有很多，对教师的工作乃至专业成长有着潜移默化的负影响。管理者应深入学习国家相关法规政策、先进教育理论，以研究武装自己，用过硬的专业功底去敏锐把握标准。使评价既能发挥监督提高质量作用，又能发挥激励、导向和促进作用。

2. 把握本园教师专业现状，让标准贴合教师实际

每个幼儿园的基础不一样，教师水平不一样，因此没有"通吃"的评价标准。评价也需要因地制宜。由于评价标准制定有难度，所以很多幼儿园喜欢借鉴他园的经验，拿来就用，但直接挪来的标准往往难以真正执行，最终成为"鸡肋"。可见，评价标准的制定一定要结合本园教师实际，即使学习了姊妹园的好经验，也要在充分考虑本园实际情况的基础上修改或拟定评价标准，适度借鉴。

（二）管理者与教师一起研究，就评价标准达成共识

有调查研究表明，教师参与评价标准的制定，对教师在评价实施中所持态度和教师责任意识有直接的影响，同时间接地影响教师个人的专业发展。[1] 可见，教师评价应充分重视教师的参与。日常保教工作评价标准应是评价参与者共同建构生成的内生性标准，其道理与制度建设相同。管理者通过自下而上和自上而下相结合的方式，让教师参与到评价标准的制定或修订中，并在这一过程中理解和认同评价标准，更为自觉、有效地运用评价来指导自己的工作。

教师日常工作评价是幼儿园常规工作之一。有研究指出，影响当前新课程改革观念更新、方式转变的最大阻力之一就是评价机制，教师反映最强烈的问题之一也是评价问题。[2] 所以要想让每园、每日、每人都在做的教师日常工作评价能对教师发展有意义、对幼儿园保教质量提高有帮助，需要保教管理者深入学习和思考，大胆改革和实践。

---

① 张光旭，王秀梅，宋宜梅. 关于现行教师评价方式对中小学教师激励作用的调查研究 [J]. 教育探索，2003（11）：104-105.

② 教育部基础教育司. 走进新课程：与课程实施者对话 [M]. 北京：北京师范大学出版社，2002：113.

北京市西城区幼儿教师半日活动评价标准

内容	标准	分值
教育环境 （16分）	班级氛围民主、和谐，师生之间、幼儿之间关系平等、友好。	4
	以幼儿为主体，因地制宜、安全、科学合理地创设环境，能体现幼儿想法、意愿和创造。	4
	教师充分利用各种资源，为幼儿在生活和游戏中学习与发展提供有效支持。	4
	幼儿参与环境创设，是环境的主人，并在与环境互动中获得积极发展。	4
生活活动 （15分）	有符合幼儿年龄特点的、科学合理的生活常规，各环节过渡自然。	3
	保教结合，关注幼儿生理、心理需求和个体差异，并给予必要的呵护和支持。	4
	给幼儿提供生活自理和参与劳动的机会，支持幼儿在生活中自然学习。	4
	幼儿生活愉快、轻松、自主、有序，有良好的生活卫生习惯和基本的自理能力。	4
活动区活动 （18分）	给幼儿充分的自发、自主游戏时间和空间，并依据实际灵活调整。	3
	活动区设置科学合理，能够满足幼儿全面发展的需要。	3
	材料符合幼儿年龄特点，具有趣味性、丰富性、开放性、挑战性，能满足不同幼儿的游戏需要。	3
	教师注意观察、发现幼儿的兴趣、已有经验、想法和需要，给予适时适度、多种形式的支持和引导。	3
	灵活运用多种形式，鼓励幼儿分享游戏的感受和经验。	3
	幼儿游戏时积极、主动、专注，情绪愉快，能遵守共同约定的游戏规则。	3
学与教活动 （15分）	全面分析本班幼儿学情，生成或确立适宜的目标和内容，自然整合和渗透多方面发展。	3
	把握幼儿的学习方式和个体差异，发挥幼儿在活动中的主体性，采取适宜、有效的支持策略，灵活开展多种形式的活动。	3
	关注幼儿的学习过程，把握各领域核心价值，解决学习重点、难点。	3
	合理利用资源，提供适宜环境，支持幼儿在与环境相互作用中主动学习与探索。	3
	幼儿积极、主动，思维活跃，在学习过程中有收获。	3

内容	标准	分值
户外活动 （15分）	能够针对本班幼儿现状，开展丰富多样、适合幼儿身心发展特点的各种活动。	3
	因地制宜创设安全、合理的活动场地，活动材料丰富，具有趣味性、层次性、挑战性。	3
	活动安排科学合理，符合季节和天气特点，强度、密度适宜。	3
	教师观察幼儿的活动情况，有针对性地进行支持和引导。	3
	幼儿在活动中积极、愉快，有安全自护意识，动作发展符合本年龄段应有的水平。	3
综合评价 （21分）	半日活动的设计与实施科学合理，符合《纲要》《指南》精神。	2
	各领域之间、目标之间相互渗透、整合，促进幼儿身心全面协调发展。	2
	教师与幼儿关系自然，双方相互关爱、相互信任、相互支持和鼓励。	2
	关注幼儿的个体差异，因材施教。	2
	注重幼儿学习品质培养，支持幼儿积极、主动、有意义地学习。	2
	幼儿快乐主动、乐群友好、富有个性，敢于大胆表达和表现。	2
	教师能巧妙地利用和挖掘生活契机，寓教育于一日生活之中，体现较高的教育智慧。	4
	教师能从幼儿学习角度对自身实践进行有效反思，能把握活动的关键点。	5

北京市西城区棉花胡同幼儿园幼儿发展评价与报告制度

为了帮助教师更好地了解幼儿的生长和发展，有效履行保育者、看护者、教育者的职责，使他们以有意义的方式"看"和"听"，实施适合幼儿的教育，我园特制定幼儿发展评价与报告制度。

一、制定此制度的目的

（一）促进教师成长

通过制度规范幼儿发展评价及报告工作，引导教师关注幼儿，增强研究幼儿的意识，积累和理解幼儿学习发展知识，提高观察评价幼儿的能力。

（二）促进幼儿发展

通过制度促使教师在了解幼儿兴趣、经验、发展水平、学习方式等基础之上实施符合幼儿身心发展规律的教育，落实尊重个体差异，保证每一名幼儿的和谐发展。

（三）促进家园共育

通过制度促进教师和家长共研幼儿、共商教育的意识和行为，逐渐统一儿童观、教育观，落实家园共育。

二、幼儿发展评价与报告的原则

1. 日常评价与定期评价相结合。

2. 观察评价与教育实施相联系。

3. 班级教师及家长、其他部门人员共参与。

4. 观察评价与教育研究、教师成长共伴随。

三、幼儿发展评价与报告要求

（一）日常观察与评价

日常观察与评价是真实深入了解幼儿的重要手段。在日常工作中，教师应对幼儿生活、学习、游戏表现进行有目的的观察或随机观察，形成多种方式的记录，作为开展个性化教育、教育研究及家园共育工作的重要依据。

1. 观察要求

（1）加强有目的的观察，保证对全班每一名幼儿的关注和了解。

（2）灵活进行随机观察，保证对有需要幼儿的及时观察和解读。

（3）客观细致地观察幼儿的行为、语言、表情，了解幼儿的学习过程和结果。

（4）根据需要灵活采用多种观察策略，如旁观、谈话、作品分析、向家长了解等。

2. 记录要求

（1）根据观察目的灵活采用多种方式进行记录，如文字描述、表格记录、视频音频记录等。

（2）任何方式的记录都要保证基本信息的完整。包括观察对象及年龄、观察时间、地点情境、记录人等。

（3）及时将记录整理收放在相应档案中。

（4）描述性观察记录中，应注意：

①观察目的明确具体。

②叙述过程真实客观。用描述性语言详细记叙与幼儿行为相关的场景和过程，准确记录幼儿的关键话语。

③解读幼儿专业准确。用理论分析幼儿的行为，避免主观判断、凭经验判断。

④教育措施具体可行。基于对幼儿的解读制定下一步具体可行的教育措施，满足幼儿需求，支持幼儿的进一步学习发展。

3. 评价要求

（1）侧重对幼儿真实需求的解读，挖掘幼儿行为的积极面，学习欣赏幼儿，避免主观判断，减少负面评价。

（2）学习幼儿学习发展理论，借助理论来解读幼儿行为背后的原因，保证对幼儿的评价科学准确。

（3）当所观察信息不足以支持评价时，不急于得出结论。应制订进一步的观察计划，追踪观察，保证评价质量。

（4）多与家长讨论，共同研究幼儿，既保证评价的准确性，又有利于双方达成共识，共同提高。

4. 报告要求

（1）经常与同班教师分享、沟通幼儿发展情况。

（2）及时与家长分享观察记录，分析幼儿发展情况，研究幼儿的教育。

（3）定期向保教主任上交观察记录，研究教师观察行为，提高观察评价能力。

（二）定期测查与评价

定期测查与评价可以全面系统的掌握全体幼儿发展情况。教师应根据统一要求，结合对幼儿的日常观察，完成综合测查与评价，进行规范的记录和统计，为全班及全园的整体教育工作提供依据。

（1）各班教师要根据本园的"幼儿发展评估测查"内容，在小班新入园和大、中、小班每学期末，对每个幼儿的发展进行综合的测查评价，并对全班幼儿群体发展情况进行统计。

（2）在个体测查和群体统计的基础上，各班教师要写出本班幼儿发展评估分析，评估分析应包括：

①幼儿发展的状况。

②分析原因。

③提出下阶段的教育措施。

（3）所做出的幼儿发展评估分析，应作为教师制订班教育目标和教育工作计划的依据。在班级教育工作计划的第一部分"现状分析"中，应概括体现出来。

（4）保教管理者要对所负责的年龄班幼儿发展评估测查和分析进行检测与汇总。

①检测评估结果是否认真、科学、可靠。

②检查评估结果是否作为教师的工作依据。

③检查教师是否做好有关幼儿的家长工作。

④根据各班的评估分析、汇总，写出年龄班或全园幼儿的发展情况分析，作为制订教育教学工作计划，开展有关教育教学管理工作的重要依据。

（5）学期末教科室人员应对全园幼儿在某方面的发展水平有整体的汇总、评价和分析，并形成报告，作为开展专项研究的重要依据。

（6）每学年结束时，幼儿发展评估测查与分析的全部材料要整理归档，交资料室保管。教师接新班，制定教育工作目标、制订计划时可借阅。

爱心满满的石榴

北京市西城区棉花胡同幼儿园　王培/文

帅帅：

你好！

今天你一进门就兴高采烈地把一个石榴举到我面前。兴奋地对我说："王老师，这是我家小区的石榴。我想把这个石榴送给阳阳。"我说："好啊。"听完我说的话，你大步走进活动室，四处寻找阳阳的身影。活动室、洗手间，都没找到。你有点失望，却没有放弃，郑重地对我说："王老师，阳阳可能一会来，我把石榴放在电脑桌上，一会儿阳阳来了，我再给她。"说完，你把石榴小心翼翼地放在了电脑桌上，还往里推了推。我猜你是怕石榴掉下来摔坏，就没法给阳阳了对吗？

你洗手、喝水、看书，但眼睛总是向门口扫去。都开始吃早饭了，始终没有阳阳的身影出现。一会儿，张老师进班对我说："阳阳周末把胳膊摔坏了，要休养一段时间。"我们的谈话被你听到了，你问我："阳阳是不来了吗？"我回答："她胳膊骨折了，要休息几天，好了就来。"你说："那我的石榴放时间长了会烂的。"看着你焦虑的样子，我一时不知怎样劝慰你，只好说："先吃饭吧，一会儿咱们一起想办法。"

饭后你迫不及待地找到我，问我怎么办。这时几个小朋友围过来，有的说让你给阳阳打电话，有的说要陪你去阳阳家……一直和你一起想办法，可是你都觉得不够好。受到大家的启发，我想到了一个办法——我下班代表你和中五班的小朋友去看阳阳，把你的石榴送给她。你高兴地点点头，对我说："王老师，你把我录到你的手机里，这样阳阳就能够听到我跟他说的话了。"这真是个好主意！我拿来相机，你羞涩地对着镜头说："阳阳，我给你带了石榴，你快点好起来。"很多小朋友也向你一样，让我带去祝福。

你对朋友的关爱感动了我和全班小朋友。阳阳刚到咱们班半个月，你就已经和她成为朋友。你特意留出一个石榴与她分享。好朋友受伤你会担心，还想到用录像给她送去关心、问候。这些都是真正的朋友之间会做的事情，这就是友情！你给阳阳送去快乐，我们都为能有你这样一个友善、有爱心的同伴而自豪！

我很愿意去阳阳家送这个石榴，让她听到你们的祝福。

这是一个爱心石榴，它是你和阳阳之间友情的开始，也是咱们班小朋友之间友情的开始。真希望大家都能像你今天这样关心朋友，给别人送去快乐和温暖。

阳阳的手还需要恢复一段时间，她休息的这段时间里，我们还可以为她做些什么呢？让我们一起想一想。

爱你的王老师

阳阳妈妈的反馈

王老师，您好！很遗憾您来的时候我不在家。听阳阳奶奶说阳阳今天特别开心，拿着石榴都舍不得吃呢。您带来的录像，阳阳反复地在看，说她在中五班交到很多好朋友。一边看一边告诉我哪个小朋友叫什么。我们能够看出阳阳对新班级新朋友的喜欢。开始还担心阳阳不能够适应新的班级呢，看来这个担心是多余的。阳阳在短短的时间交到这么多的好朋友让我很是欣慰。谢谢老师，谢谢中五班这么有爱的小朋友。今天我还收到了很多家长们的问候，谢谢大家！

阳阳说自己在家没有意思，要赶快好起来和小朋友一起玩。她还说下周去换药，要顺路看看小朋友呢。

谢谢小朋友，谢谢家长们，谢谢老师！我们一定加油快快地好起来。

帅帅妈妈的反馈

今年院里结了很多石榴。那天在院里摘石榴，帅帅说要留一个给阳阳。阳阳这个名字我听着比较陌生，他告诉我是新来的小朋友，说阳阳漂亮，唱歌也好听，那天他们还一起玩娃娃家的游戏呢，说他们是好朋友。

今天听了您叙述的爱心石榴这件事，让我们也觉得很感动。之前没有觉得什么，就是送一个石榴。但是现在看来，这孩子开始关心同伴了，还能积极想办法送祝福，让我这个做妈妈的觉得孩子真的长大了。中五班是个有爱的班级，孩子们在这种环境中，会更好的感受爱，学着爱。

教师反思

·看见孩子

帅帅的故事深深地打动了我。一个四岁多的孩子，用极其朴素的方式表达着他的渴望——送礼物给好朋友。这份爱如此单纯，表达又是如此简单，朴素的很容易让成人忽略。可一旦我们读懂孩子的渴望，就会强烈地感受到幼儿行为的美好和力量。孩子的世界或许就是这样，看似平淡无奇，其实极其丰富、可贵。每一个孩子都似璞玉，等待着我们去发现。当我们淡然扫过孩子的一举一动时，可能根本没有看见孩子；当我们想要了解孩子行为背后的意图时，可能才开始看孩子；当我们关心孩子意图背后的需要和感受时，才是真正的看见了孩子。用心体会孩子细微的需要，或许就是作为教师的我们能够给予孩子的最深的爱。

·传递爱滋养爱延续爱

　　一个普通的石榴因为一个小男孩的爱而拥有了非凡的魔力，将帅帅和阳阳联系了起来，将我和班上其他的小朋友聚集起来，将帅帅和阳阳的家长、甚至更多的家庭吸引进来……爱在彼此之间传递的同时，也在每个人的内心生长。看来每个孩子的内心都有一颗爱的种子，教师最应该做的是去发现、去呵护、去支持……我正努力去读懂每一个孩子的内心世界，去呵护他们稚嫩的情感，让这个爱的故事不断延续，不断扩展。

后　记

　　赠人玫瑰，手有余香。一直想用一个词或者一段话来形容业务园长/保教主任这份工作的职责、这份工作的意义和价值，这份工作的美丽，用这句英国的谚语来概括，感觉十分得贴切。其寓意既可以理解为送人玫瑰，手里会留有玫瑰的余香，即给别人做好事，自己也会感到快乐。还可以理解为尊重他人、为他人付出的人，自己也会被尊重，也会有所收获。我认为保教管理者就是这样一类人。

　　从一名优秀教师成为一名保教管理者，从当年的红花成为了如今的绿叶，从被前辈、领导指导到成为指导者，成为他人的人梯，这个角色转换不是一帆风顺的。一名优秀的教师未必能够成为一名优秀的管理者，因为管理是另一门技术，倘若不知这门技术的价值、意义、内容、方法以及精髓，便会难以胜任，也许几年几十年做了不少工作但仍一事无成，甚至对幼儿、教师和幼儿园的发展产生负面影响。

　　保教管理是一个用生命影响生命的工作。即管理者以自己的为人处世、言传身教潜移默化的对教师产生影响。正如叶澜教授所言"教育是直面人的生命，通过人的生命、为了人的生命质量的提高而进行的社会活动，是以人为本的社会中最体现生命关怀的一种事业"，教育通过"教天地人事，育生命自觉"实现人的生命质量的提升，体现教育中人文关怀的特质。如此，保教管理者作为教师的指导者，是经常与幼儿和教师直接接触的人，其对教师品行、人生价值和专业成长等影响不亚于园长。保教管理者能不能倾情投入、无私奉献和付出，甘当绿叶衬红花，以成就教师为己任的精神、以自己对幼儿、对教师、对事业的爱去激发教师同样的爱，使教师热爱生命和生活，悦纳自我和幼儿，饱有积极向上、自信、不怕困难的人生态度，并愿意不断实现自我、有超越自我的信念和能力，并能主动策划、掌握自己人生的智慧，这些是一名优秀教师能否成为一名优秀的保教管理者的试金石，也是保教管理者成长的必由之路。

　　保教管理是一个专业助推专业的工作。它的不可替代性是与我们对专业的理解、认识以及能力分不开的。保教管理者能不能通过自己的学习和研究掌握更多的专业前沿信息、专业理念和知识、专业能力，并用专业的视角带领教师开展教科研，帮助教师树立起正确的儿童观、教育观、发展观、课程观，帮助教师学会观察解读幼儿，支持和引导幼儿在游戏和生活中的自主学习和发展，并将这种理念渗透给家长，或者辐射到社区，这是考验一名优秀教师能否成为一名优秀的管理者的最基本的能力，也是需要在管理岗位不断学习和修炼的。

保教管理者就是这样在与幼儿、教师日复一日，年复一年的相互关爱、相互影响、相互尊重、相互支持中不断成长着，在与教师的共同研究中，在给予他们一点一滴的服务、帮助和指导中摸索着教学和管理经验，实现着自己的价值，也收获着自己的专业发展。幼儿园质量的提高和优质文化形成，骨干教师梯队的不断壮大，幼儿健康主动的发展，家长、社会良好口碑的形成，将是保教管理者团队和园长的最大成就。

当看到幼儿和教师在你们的共同努力下取得一个个好成绩，孩子们的发展成为家长津津乐道的事情，并获得良好的社会口碑时；当一些在教学上小有成功、小有成就的教师在谈及自己的成长时，总会情不自禁的提起助力自己成功的人物和事件，主动谈起为他们的成长默默付出、与他们并肩作战的苦乐同担的业务园长、保教主任时，作为一名保教管理者你将感到无比欣慰和自豪。

希望每一名保教管理者都能够用自己的热情去拥抱这份工作，用自己最真诚的责任心去面对和研究工作，与时俱进的学习和研究，不断提高自己为幼儿、家长、教师和幼儿园服务的能力和水平，让他人因为你的存在而感到幸福，让幼儿园因为你的存在而发展更好！爱出者爱返，福往者福来！

赠人玫瑰，手有余香！

北京市西城区教育研修学院学前部　陈立

后记

参考文献

1. 白爱宝. 幼儿发展评价手册 ［M］. 北京：教育科学出版社，1999.

2. 北京市教育委员会. 幼儿园计划管理实用手册 ［M］. 北京：同心出版社，2007.

3. 车文博. 当代西方心理学新词典 ［M］. 长春：吉林人民出版社，2001：299.

4. 丛中笑. 幼儿园管理 ［M］. 北京：中国劳动社会保障出版社，1999.

5. 崔岚，黄丽萍. 如何当好教研组长 ［M］. 上海：华东师范大学出版社，2011.

6. 丁家云，谭艳华. 管理学：理论、方法与实践 ［M］. 合肥：中国科学技术大学出版社，2010.

7. 方明. 根深才能叶茂：谈幼儿家庭教育 ［M］. 北京：北京师范大学出版社，2000.

8. 教育部基础教育司. 走进新课程：与课程实施者对话 ［M］. 北京：北京师范大学出版社，2002.

9. 教育部教师工作司. 幼儿园教师专业标准（试行）解读 ［M］. 北京：北京师范大学出版社，2013.

10. 李槐青. 当前园本培训存在的问题及对策思考 ［J］. 教育导刊（下半月），2010（12）：69-71.

11. 李季湄. 回到基本元素去——走进新《纲要》［M］. 北京：北京师范大学出版社，2006.

12. 零点方案等. 让儿童的学习看得见 ［M］. 朱家雄等，译. 上海：华东师范大学出版社，2007.

13. 刘峰峰. 批阅教学计划和教育笔记　促进教师专业化成长 ［J］. 北京教育学院学报，2012（S1）：29-32.

14. 刘良华. 校本行动研究 ［M］. 成都：四川教育出版社，2002.

15. 刘占兰. 改善在职幼儿园教师培训过程与方式的研究 ［J］. 幼儿教育（教育科学版），2006（1）：29-33.

16. 刘占兰. 以园为本扎根实践——探索有效促进幼儿教师专业成长的教研方式之一 ［J］. 学前教育，2004（9）：30-32.

17. 刘占兰．园本教研的基本特征［J］．学前教育，2005（5）：12-13.

18. 柳海民．《幼儿园园长专业标准》解读［M］．北京：北京师范大学出版社，2016.

19. 陆明．试论园本培训对教师专业化成长的作用［J］．江苏教育学院学报（社会科学版），2009，25（3）：35-36.

20. 马虹等．幼儿园保教管理工作指南［M］．上海：华东师范大学出版社，2014.

21. 任瑛．构建以园为本的教学研究制度［J］．学前教育研究，2005（2）：24-26.

22. 汪淙．深化园本教研，加速幼儿教师的专业发展［J］．贵州教育，2006（11）：20-21＋25.

23. 王世芳．园本培训呼唤教师的主体意识［J］．上海教育科研，2005（1）：75-76.

24. 颜晓燕．园本教研多样化模式探析［J］．教育导刊．幼儿教育，2005（9）：24-27.

25. 杨晓萍，邵小佩．从工具性到人文性：园本教研价值取向的转换［J］．学前教育研究，2009（2）：34-37.

26. 张光旭，王秀梅，宋宜梅．关于现行教师评价方式对中小学教师激励作用的调查研究［J］．教育探索，2003（11）：104-105.

27. 张睿锟．园本培训——挑战传统的幼儿教师在职培训方式［J］．兵团教育学院学报，2007，17（1）：45-47.

28. 张燕．学前教育管理学［M］．北京：北京师范大学出版社，2009.

29. 张燕．幼儿教师专业发展［M］．北京：北京师范大学出版社，2006.

30. 赵希斌．国外发展性教师评价的发展趋势［J］．比较教育研究，2003（1）：72-75.

31. 郑金洲．校本研究指导［M］．北京：教育科学出版社，2002.

32. 中华人民共和国教育部．3—6岁儿童学习与发展指南［M］．北京：首都师范大学出版社，2012.

33. 中华人民共和国教育部．幼儿园教育指导纲要（试行）［M］．北京师范大学出版社，2001.

34. 中央教育科学研究所学前教育研究室．幼儿园教育质量评价手册．北京：教育科学出版社，2009.

35. 周三多．管理学［M］．北京：高等教育出版社，2014.

36. 朱家雄，张婕．走向基于行动的园本教研——论教师专业发展范式的转向［J］．幼儿教育，2005（17）：30-31.

参考文献

37. 朱家雄．基于案例学习的幼儿园园本教研［J］．幼儿教育，2005（17）：34-35.

38. ［美］格朗伦，［美］英吉儿．聚焦式幼儿成长档案——幼儿完全评估手册［M］．季云飞，高晓妹，译．南京：南京师范大学出版社，2007.

39. ［美］萨特勒等．儿童评价［M］．陈会昌等，译校．北京：中国轻工业出版社，2008.

40. ［英］纳特布朗．读懂幼儿的思维：幼儿的学习及幼儿教育的作用［M］．刘焱，刘丽湘，译．北京：北京师范大学出版社，2009.